新零售
模式与运营

XINLINGSHOU
MOSHI YU YUNYING

潘兴华 ◎ 编著

企业管理出版社
ENTERPRISE MANAGEMENT PUBLISHING HOUSE

图书在版编目（CIP）数据

新零售模式与运营 / 潘兴华编著 . — 北京 : 企业管理出版社 , 2021.5

ISBN 978-7-5164-2242-7

Ⅰ.①新… Ⅱ.①潘… Ⅲ.①零售业—商业模式②零售业—商业经营 Ⅳ.① F713.32

中国版本图书馆 CIP 数据核字 (2020) 第 186698 号

书　　名：	新零售模式与运营
作　　者：	潘兴华
责任编辑：	蒋舒娟
书　　号：	ISBN 978-7-5164-2242-7
出版发行：	企业管理出版社
地　　址：	北京市海淀区紫竹院南路 17 号　　邮编：100048
网　　址：	http://www.emph.cn
电　　话：	编辑部（010）68701661　　发行部（010）68701816
电子信箱：	26814134 @qq.com
印　　刷：	北京环球画中画印刷有限公司
经　　销：	新华书店
规　　格：	700 毫米 × 1000 毫米　　16 开本　　16 印张　　246.7 千字
版　　次：	2021 年 5 月第 1 版　　2021 年 5 月第 1 次印刷
定　　价：	68.00 元

版权所有　翻印必究　印装有误　负责调换

前　言

对零售行业来说，这是一个充满挑战与变革的时代。在线下，传统零售企业在遭受电子商务冲击的同时，还面临着房屋租金上涨、人力成本上涨、客流量减少的困境。在线上，电子商务经过一段时间的高速发展，也陷入了发展瓶颈：网络流量红利消失，流量成本不断上升，商品价格优势逐渐丧失。此外，消费者场景体验消费意识逐渐觉醒，而场景体验恰恰是电子商务的短板。毫无疑问，无论是在线下，还是在线上，零售行业都面临着巨大挑战，亟须寻找新的发展突破口。

万物皆有裂痕，那是光照进来的地方。2016年杭州云栖大会上提出，纯电商时代很快会结束，未来10年、20年，没有电子商务这一说，只有新零售这一说。线上线下和物流必须结合在一起，才能诞生真正的新零售，线下的企业必须走到线上去，线上的企业必须走到线下来，线上、线下、现代物流合在一起，才能真正创造出新零售。新零售的提出为零售行业带来了曙光。大家都迫切地希望通过新零售获得转型与升级，获得突破与发展。

新零售并不是简单的商业模式的变革，而是思维方式、运营模式、技术工具深度融合后的巨变，是零售企业加强线上、线下协同能力，重新发现和满足消费者需求的新的经营模式。

在新零售的时代风口下，零售企业要想抓住新零售这个时代的风口，首先要对其有深刻的了解。究竟什么是新零售？如何寻找新零售的切入口？传统零售企业转型新零售需要应用哪些技术？如何将消费体验做到极致？如何根据人们消费习惯的改变调整营销策略？……这些都是零售企业探索新零售时需要面对和解决的问题。

为了帮助读者更好地理解新零售的商业逻辑，迎接新零售时代的到来，笔者精心策划并编写了本书。本书从解读新零售的本质出发，介绍了传统零售企业向新零售转型应用到的新技术、新战略，阐述了传统零售企业进行商品创新、打造极致体验、优化营销策略、进行转型升级的方法，并深度解读了便利店、美妆、电商、生鲜、家居建材、母婴、餐饮、文化商品等行业向新零售转型的策略，帮助零售企业运营者加深对新零售的认知，掌握重构营销场景的方法，快速切入新零售的轨道中。

变革是一种挑战，更是一种机遇。新零售时代已经到来，如何抓住这个机遇，或转型升级，或大胆创造新物种，是每一家零售企业需要思考的问题。希望本书能够让读者在探索与实践新零售的过程中受益。

编者

2020 年 9 月

目 录

第一章 新零售，颠覆传统的零售新业态 … 1
一、零售，由"人""货""场"构成的商业活动 … 1
二、新零售，重构"人""货""场"商业新生态 … 2
（一）新零售是体验、数据、技术的革命性升级 … 2
（二）新零售具有"线上＋线下＋物流"的特点 … 4
（三）新零售的三层架构 … 5
三、五个"新"，新零售的突出特点 … 7
（一）新角色：零售商扮演"组织者"和"服务者"的角色 … 7
（二）新理念：以为消费者创造价值为出发点 … 8
（三）新关系：商业关系供需一体化 … 8
（四）新形态：经营形态多样化 … 9
（五）新内容：零售商产出新内容 … 9
四、三个突破性发展，新零售与传统零售的区别 … 10
（一）渠道布局的发展（单一渠道→全渠道） … 10
（二）消费场景的发展（单一化→多样化） … 11
（三）经营思维的发展（以商品为中心→以消费者为中心） … 11
五、三大因素，推动新零售发展的驱动力 … 12
（一）技术创新为新零售提供动力 … 12
（二）消费升级是新零售发展的牵引力 … 13
（三）场景营销带来更好的体验 … 14
六、零售新物种，新零售典型业态模式 … 15
（一）线上线下融合模式 … 15
（二）无人零售模式 … 17
（三）全渠道零售模式 … 20

（四）社交电商模式 ······ 21
七、新零售对零售行业的四大影响 ······ 22
　　（一）重新定义商圈 ······ 22
　　（二）重构消费价值观 ······ 23
　　（三）重构零售内涵 ······ 23
　　（四）重新定义零售价值 ······ 23
八、新零售未来发展的三大方向 ······ 24
　　（一）实体门店体验再升级 ······ 24
　　（二）供应链重构 ······ 24
　　（三）服务商涌现 ······ 25

第二章　技术支持，新零售发展的核心驱动力 ······ 26
一、数据+零售，打造数字化零售 ······ 26
　　（一）大数据在新零售中的商业价值 ······ 26
　　（二）消费者画像是精准营销的基础 ······ 29
　　（三）新零售对大数据的创新应用 ······ 34
　　（四）数据分析指导新零售精细化运营 ······ 37
　　（五）零售小数据有大价值 ······ 42
二、云计算+零售，助推零售实现自助化 ······ 44
　　（一）云计算，新零售时代的核心技术 ······ 44
　　（二）三种可实现方式，助力零售业云转型 ······ 46
　　（三）阿里云计划，新零售数智化转型"五部曲" ······ 47
三、人工智能+零售，助力打造零售智慧场景 ······ 50
　　（一）人工智能如何赋能新零售 ······ 51
　　（二）从"人""货""场"三个维度打造智能购物体验 ······ 52

第三章　新零售战略，以升维体验构建全新商业模式 ······ 56
一、三个维度，设计单维体验的商业模式 ······ 56
　　（一）终端——消费场景 ······ 56
　　（二）算法——数据赋能 ······ 59
　　（三）社群——会员营销 ······ 61

二、以升维体验升级新零售商业模式 ………………………… 63
　　　　（一）"终端＋算法"模式：以大数据赋能消费场景 ……… 64
　　　　（二）"终端＋社群"模式：从消费心理出发搭建"合作式"消费
　　　　　　　场景 …………………………………………………… 66
　　　　（三）"算法＋社群"模式：以大数据开展会员个性化营销 … 70
　　　　（四）"终端＋算法＋社群"模式：构建场景、数据、会员三位一体
　　　　　　　模式 …………………………………………………… 72

第四章　商品创新，赋予商品全新引领力 …………………………… 76
　　一、商品，实现新零售转型的基石 ………………………………… 76
　　二、新零售时代的商品评价体系 …………………………………… 77
　　　　（一）"体验"是商品终极评价体系 ……………………… 77
　　　　（二）商品三要素统一于体验 ……………………………… 80
　　　　（三）零售门店对自己商品的评价体系 …………………… 81
　　三、创新思维模式，突破商品创新的瓶颈 ………………………… 83
　　　　（一）简约思维 ……………………………………………… 83
　　　　（二）分解思维 ……………………………………………… 83
　　　　（三）复制思维 ……………………………………………… 84
　　　　（四）改变属性联系思维 …………………………………… 84
　　　　（五）统合思维 ……………………………………………… 84
　　四、创新不等于陌生，用熟悉的新奇感吸引消费者 ……………… 84
　　　　（一）选择富有熟悉感的场景 ……………………………… 85
　　　　（二）为商品创造新奇感 …………………………………… 85
　　五、以消费者需求为引导，实现商品创新 ………………………… 85
　　　　（一）为消费者提供超出预期的商品 ……………………… 86
　　　　（二）对商品进行微创新 …………………………………… 87
　　　　（三）开展数据分析 ………………………………………… 88
　　六、用商品组合创造海量个性化商品形态 ………………………… 89
　　七、用"配方"打造专业商品组合 ………………………………… 90

第五章　体验建设，以消费者为核心深耕体验营销……92
一、体验经济下的消费者体验管理……92
（一）体验经济是第四代经济形态……92
（二）体验经济的十大特征……94
（三）国内零售行业体验营销存在的问题……96
（四）消费者体验管理……98
二、实体店，新零售体验经济的最佳载体……100
（一）体验经济下的消费者行为特点……100
（二）电商在体验建设上"先天不足"……102
（三）实体店在消费者体验建设上的先天优势……102
三、优化场景，提高消费者体验的根本入口……104
（一）新零售时代的场景思维……104
（二）线下门店场景化变革的三个角度……106
（三）打造互动式体验消费场景……109
（四）激活消费者在"五感"上的原始知觉……111
四、加强体验，线下实体店的创新趋势……113
（一）由销售商品到销售生活方式……113
（二）突破常规，纵横延伸……116
（三）颜值升级，让消费者为美买单……117
（四）沉浸式体验建立深度情感链接……118
（五）通过优质 IP 抓住年轻消费群体……119
五、VR/AR，打造身临其境的全新购物体验……119
（一）AR 提升购物体验的三种方式……120
（二）利用 VR 塑造互动式购物体验，提升购物趣味性……122

第六章　营销建设，打造智慧化营销新生态……124
一、新零售时代的新营销……124
（一）推销转变为认知……124
（二）营销商品转变为营销客户……125
（三）单一营销转变为多元化营销……125

二、做好新营销的四个关键点 126
（一）精准定位目标消费群 126
（二）用"视觉 + 故事"设计场景营销 127
（三）将产品 IP 化，赋予产品情感 128
（四）全方位营销，让传播无处不在 129

三、跨界营销，打造"1+1>2"的营销效果 130
（一）以消费者为核心，找到跨界的桥梁 130
（二）做好跨界营销需遵循的原则 130
（三）如何打好跨界营销之战 133

四、社群营销，以用户思维打造粉丝经济 135
（一）实体店社群营销"五部曲" 135
（二）实体店如何创建社群 139
（三）实体店社群营销盈利方式 145
（四）做好社群营销的关键 146

五、用"四全"开展智能化全域营销 148
（一）全链路 148
（二）全媒体 149
（三）全数据 150
（四）全渠道 151

第七章 新物流，构建新零售时代供应链模式 153
一、物流改革，适应新零售的新诉求 153
（一）新零售背景下的物流新诉求 153
（二）积极推进物流体系变革 154
二、供应链物流，新零售升级发展的关键 156
三、新物流，物流模式的智慧升级 156
（一）何为新物流 157
（二）新物流的三重属性 158
（三）新物流的四大特征 159
（四）新物流的三层逻辑架构 160

四、构建以消费者为中心的新物流格局 …………………………… 162
 （一）以消费者为中心，构建高效供应链 …………………… 162
 （二）用逆向业务和售后服务提高物流体验 ………………… 164
 （三）降本增效，优化物流服务体系 ………………………… 164
 （四）提高物流效率，抢占"最后一公里" ………………… 165

五、以数字化推动供应链物流升级 ……………………………… 169
 （一）从企业端整合供应链，提升企业商业价值 …………… 169
 （二）建立动态调配的供应链结构 …………………………… 170
 （三）充分运用第三方供应链平台 …………………………… 170
 （四）建立数据驱动的数字化供应链 ………………………… 171

六、技术驱动物流智能化转型 …………………………………… 172

第八章　转型升级，传统企业向智慧新零售的蜕变 …………… 174

一、传统企业智慧创新，打破传统模式僵局 …………………… 174
 （一）做好传统企业转型的策略 ……………………………… 174
 （二）清楚传统企业转型新零售的痛点 ……………………… 176
 （三）明确传统企业转型新零售主要路径 …………………… 179
 （四）打造智慧门店，提升零售企业运营效率 ……………… 182

二、数字化运营，开启智慧零售新模式 ………………………… 185
 （一）传统企业实现数字化转型升级的要求 ………………… 185
 （二）构建零售企业数据化运营模式 ………………………… 186
 （三）借助数据赋能，做好传统零售转型 …………………… 187

三、转变经营理念，向新零售进化的第一要义 ………………… 189
 （一）从被动销售转向引导消费 ……………………………… 190
 （二）从理性展示转向情感传递 ……………………………… 191
 （三）从线下销售拓展为线上线下融合 ……………………… 192
 （四）从销售商品延伸为注重体验 …………………………… 195

四、传统企业转型新零售的六大思维方式 ……………………… 198
 （一）用户思维 ………………………………………………… 198
 （二）数据思维 ………………………………………………… 199
 （三）跨界思维 ………………………………………………… 199

（四）流量思维 200
　　（五）共享思维 200
　　（六）极致思维 200
五、传统企业转型新零售的七大关键模块 201
　　（一）营销数字化 202
　　（二）关系数字化 202
　　（三）门店数字化 202
　　（四）场景体验力 203
　　（五）商品吸引力 204
　　（六）资源共享力 204
　　（七）数据驱动力 205
六、传统企业转型新零售的正确姿势，做好四个"在线" 206
　　（一）员工在线 206
　　（二）产品在线 206
　　（三）客户在线 207
　　（四）管理在线 207

第九章　打破天花板，各行业新零售落地实践探索 209
一、便利店：用新零售武装实现"小店变大店" 209
二、电商零售：全力打造双线购物 211
　　（一）电商转型的三个关键点 211
　　（二）电商转型的三种商业模式 213
　　（三）解锁社交电商新模式 214
三、美妆零售：做好三项工作，助力向新零售转型 218
　　（一）洞察消费需求变化 218
　　（二）搭建私域流量池，深耕存量用户价值 219
　　（三）借助"黑科技"打造线下体验空间 219
四、生鲜零售：四大关键点助力实现新零售突围 221
　　（一）完善物流配送体系 222
　　（二）数字化运营 222
　　（三）建立多方合作共赢的商业合作模式 223

IX

（四）丰富服务内容，创新业务经营形式 …………………… 224
五、家居建材：借新零售模式为消费者创造全新购物体验 ………… 225
　　（一）家居建材行业的特点 ………………………………… 225
　　（二）家居建材行业向新零售转型的四种方式 ……………… 226
　　（三）线上商城＋实体店，线上、线下互相赋能 …………… 229
六、母婴行业：用"实体店＋互联网"突破壁垒 ………………… 231
七、餐饮行业：场景升级实现精准化用户营销 …………………… 235
八、文化商品：创意＋商业，用情怀打造商业体验空间 ………… 239
　　（一）融合关联业态，实现多元覆盖 ………………………… 239
　　（二）以文化为核心，做文化衍生品，扩大品牌延伸价值 …… 240
　　（三）美学场景设计，营造富有趣味性、归属感的空间 …… 243

第一章

新零售，颠覆传统的零售新业态

新零售概念出现以后，迅速成为社会各界热议的话题。尽管当前业内对新零售的概念没有达成统一认识，但毋庸置疑的是新零售颠覆了传统的零售业模式，它代表着一种新的发展趋势，这一趋势就是从价格消费时代向价值消费时代的转变和升级。

一、零售，由"人""货""场"构成的商业活动

零售是一系列商业模式的统称，是通过某种交易场景，让消费者和商品之间产生连接，把商品卖给消费者，让消费者找到商品。零售的历史非常悠久，先后出现物物交换、集市、百货商场、连锁商店、超级市场，以及如今的电商等形式。

零售是整个商品供应链的最后一个环节，之前环节的主体是所有为商品提供增值的参与者，如制造商、经销商、代理商、分销商等，而其对接的是消费者。零售活动必须包含三个要素，如图1-1所示。

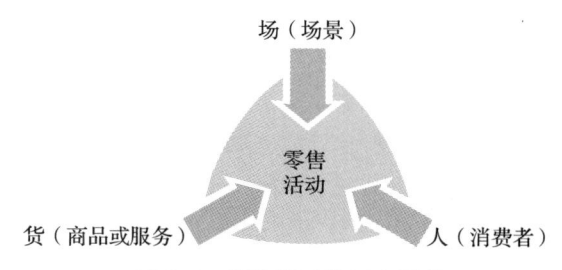

图1-1 零售活动的三个要素

不管技术与商业模式历经多少次变革，零售都离不开"人""货""场"这三个基本要素，"人""货""场"是零售永恒的概念。

零售活动具有以下几个特征。

1. 零售活动中的商品用于消费

在零售活动中，商品是让消费者将其作为最终消费品来使用的，如果将其作为生产资料，则不属于零售。例如，海尔和宝洁就不属于零售企业，因为海尔生产家用电器，通过门店、卖场、网店销售给消费者，它属于制造商；宝洁虽然强调自己是零售品牌公司，也确实面对最终消费者，但它生产的洗化用品都是通过超市、网店等渠道与消费者连接的，真正做零售的是超市等渠道，而不是宝洁。

2. 零售活动中的商品也包括服务

零售活动中出售的商品既包括实物的商品，又包括服务。在很多零售活动中，各种服务也常伴随商品被出售，如送货、家用电器维修、家用电器安装等。消费者在购买商品的同时也买到了某些服务。而在服务行业，消费者直接购买的就是各类服务。

3. 零售活动的场景多变

零售活动的场景是多变的，零售活动不一定发生于百货商场、连锁商店或超级市场，也可以通过诸如上门推销、邮购、自动售货机、网络销售等节省消费者操作成本的方式来开展。不过，无论商品以何种方式出售或者在何地出售，其本质都是零售活动。

4. 零售企业的目标客户多样化

零售企业的目标客户不只有个体消费者，也包括非生产性购买的社会组织，例如，某公司购买办公用品供员工使用，某学校订购图书供学生阅读。因此，零售企业在寻找目标客户时不能忽视团体对象。

二、新零售，重构"人""货""场"商业新生态

在传统零售行业中，"人""货""场"是三个永恒不变的组成要素，新零售时代也是如此。不过，由于新技术赋能和商业模式的演进，"人""货""场"这三个要素需要全方位升级，以满足新零售时代的新要求。

（一）新零售是体验、数据、技术的革命性升级

随着零售行业的发展，零售商品越来越丰富，零售效率也越来越高，而新零售是更高效率的零售，其高效率主要得益于体验、数据和技术的革命性升级。

1. 体验升级

在以往的零售活动中，线下门店零售与电商平台零售各有优缺点。线下门店零售可以让消费者身临其境，在商品试用、服务咨询、购物环境等方面拥有电商平台零售所缺乏的实景体验。在电商平台，消费者可以足不出户地选择海量商品，操作便利，性价比高，而且电商平台可以根据消费者购买行为进行智能化推荐，其商品的丰富性和购买便利性等购物体验远超线下门店。

在消费者体验上，新零售融合了电商平台购物和线下门店购物的优点，让消费者既享受到购物的立体感和真实感，又能拥有线上购物的丰富性、便利性、智能化和个性化。

2. 数据升级

在新零售时代，消费者体验升级的基础是商家对消费者识别的精准度有了大幅度提升，更"懂"消费者。从这个角度来看，新零售首先要对消费者行为数据采集系统进行革新。

消费者线上购物时，平台可以收集到的消费者购物数据包括浏览点击、收藏、下单、物流信息等。随着我们的生活越来越深入地融入移动互联网，我们的各种数据被记录在手机软件中，如出行信息、餐饮信息、娱乐信息、旅游信息、金融信息、医疗信息、教育信息等。

在新零售时代，商家对消费者的数据采集将更进一步。他们会利用物联网和视频捕捉技术将消费者在线下门店的各种消费行为转化为电子数据，弥补电商平台缺失的消费者线下行为数据。

数据采集系统革新最重要的一步就是数据与数据之间的链接。这可以分为两个方面，如表1-1所示。

表 1-1 数据与数据之间的链接

数据与数据之间的链接	说　　明
线上数据的直接链接	消费者在互联网世界的身份账号统一
线上数据与线下数据的链接	消费者真实身份和互联网身份的统一

3. 技术升级

在新零售时代，物理世界和数据世界相互融合，"人""货""场"既是物理的，又是数据的。

- 人——人脸识别技术和生物识别技术将使消费者的真实身份和互联网身份合二为一。
- 货——通过物联网技术，实体商品可以转化为数据。
- 场——消费者可以借助虚拟现实技术（Virtual Reality Technology，VRT）和增强现实技术（Augmented Reality Technology，ART）等技术手段，不限场合地进行情景式购物。

（二）新零售具有"线上＋线下＋物流"的特点

马云曾指出线下的企业必须走到线上去，线上的企业必须走到线下来。线上线下加上现代物流，才能实现真正的新零售。从这一句话中可以看出，新零售具有"线上＋线下＋物流"的特点。

1. 线上＋线下

在过去，电商的销售流程一般是先从线下采购一批爆品，将其放到线上销售，通过网络平台绕过中间商环节，最后卖掉商品获利。不过，如今流量红利逐渐消失，这种电商模式也不再是主流，主要原因在于这种电商模式有一个非常明显的弊端：消费者的线上购物体验始终不如线下门店。

但是，线下门店在租金和人力成本居高不下，以及电商平台等因素的冲击下，也面临诸多困境，甚至大量门店纷纷破产倒闭。因此，不管是线上还是线下，企业或商家必须改变以往的销售模式，谋求新的发展机会，采取全新的运营模式，即"线上＋线下"，这是新零售的精髓。

当前消费者早已习惯线上和线下多渠道并存，不管是只做线上还是只坚守线下都已经不再适应消费者的变化。其实线上线下的概念在消费者的认知中已经模糊甚至消失，消费者真正渴求的是通过最短路径满足自己的需求。

新零售的目标是不管线上还是线下都可以超预期地满足消费者的需求，其线上线下互为流量渠道，以物流为连接，线上和线下不再是竞争敌对关系，而是互补关系，实现双向闭环引流。

2. 物流

线上线下相互融合要以物流为纽带，如果没有高效、智能的物流体系，真正意义上的新零售就难以实现。

物流在新零售业态中是一个至关重要的环节。一方面，小批量、多批次的城市配送订单大量增加；另一方面，多点配送的需求也迅速增加。新零售配送需求呈现出发货时间不定、发货地点分散和货品类型繁多的特征，这对于传统物流体系来说是一项巨大的挑战。

传统物流体系的供应链链条过长，环节众多，包括货主、物流公司、承运商、终端客户等，且以"点到点"运输为主，效率低、耗时长、用户体验不好，显然无法满足新零售的要求。因此，在新零售环境下，要建立新的物流供应链，将传统物流体系升级为高效、精准、快捷的新物流供应链交付体系。

物流的重要性通过每年"双十一"的大促活动体现得淋漓尽致：消费者订单数量迅速上涨，大量线上品牌商的成交额动辄数亿元、数十亿元，假如商家不能快速、及时、完好地将商品送到消费者手中，消费者的退货、退款行为会增加，严重损害品牌形象。要实现快速、及时和完好地送货，高效、精准的物流供应链交付体系就显得十分重要。

（三）新零售的三层架构

新零售的架构主要由表现层、支撑层和基础层构成，如图1-2所示。

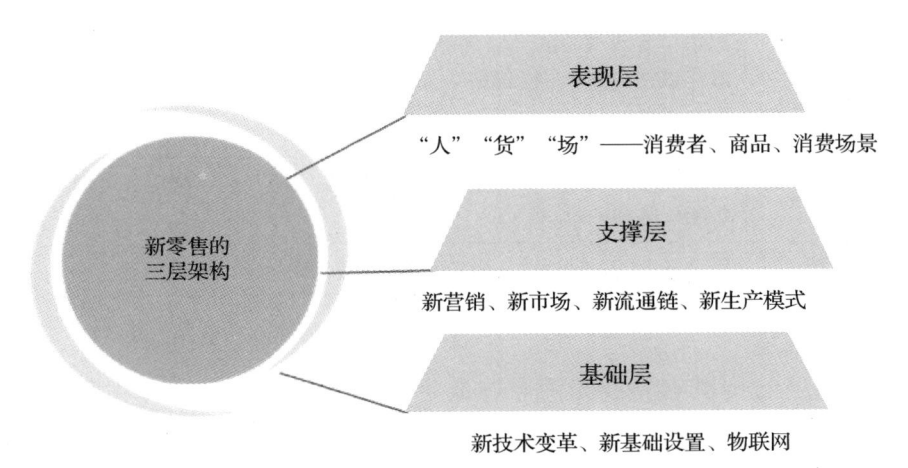

图1-2 新零售的三层架构

1. 表现层

表现层的构成主要有人、货、场，即消费者、商品和消费场景，如表1-2所示。

表 1-2 表现层的构成

表现层的构成	说　明
人	越来越精确的消费者画像
	消费者自发、自组织、参与生产
货	需求快速变化，消费升级
	从原来的功能属性、性价比、耐用升级到品质、个性化、参与感、文化属性
场	无处不在的消费场景；从传统的百货购物中心延伸到各种智能终端，各种形态
	变现层的重构，从"货场人"到"人货场"

2. 支撑层

支撑层的构成有新营销、新市场、新流通链和新生产模式，如表 1-3 所示。

表 1-3 支撑层的构成

支撑层的构成	说　明
新营销	以消费者为核心的全域营销，打通消费者认知、兴趣、购买历史、品牌忠诚度和分享的全链路
新市场	全球一体化，实时化交易，打破传统商业思维和逻辑
新流通链	数字化生产制造，供应链新金融，智能物流，数字化服务培训和门店数字化陈列
新生产模式	借助强大的数据通路，由消费方式逆向牵引生产

3. 基础层

基础层的构成有新技术变革、数字时代的新基础设施和物联网，如表 1-4 所示。

表 1-4 基础层的构成

基础层的构成	说　明
新技术变革	3D/5D 打印，AR/VR
数字时代的新基础设施	移动互联网和云服务
物联网	提升门店体验，人工智能、大数据、算法

三、五个"新",新零售的突出特点

为了顺应新时代的发展要求,企业必须做出改变,抓住新机遇,实现新的发展,最终创造新零售。

新零售区别于传统零售的新特点主要体现在五个方面,如图1-3所示。

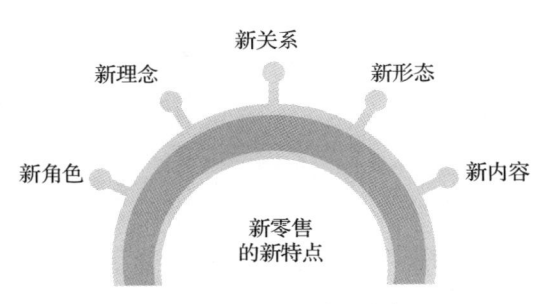

图1-3 新零售的新特点

(一)新角色:零售商扮演"组织者"和"服务者"的角色

在传统零售活动中,零售商的角色是专业化的商品交换媒介,主要从事面向消费者的商品转卖活动,首先向上游供应商(品牌商或经销商)采购商品,然后向下游的消费者销售商品,从中赚取差价。虽然后来很多零售商完成触网,通过互联网采销商品,但依然保留着其作为传统零售商的本质特征。零售商是商品的经销者,是整条产业链中的终端商业中介。

在我国零售业的发展过程中,零售商商业中介的经销职能部分被弱化,其不具备经营能力,而成为供应商与消费者进行交易的平台,如联营模式下的购物中心和百货店。零售商提供平台,并向供应商收取相应的费用。

在新零售情境下,零售商在商品交易活动中的角色发生了变化。它们的角色除了中间商或者平台以外,还是整条产业链中商品交易活动和商务关系的组织者和服务者。组织者和服务者的角色如表1-5所示。

表1-5 组织者和服务者的角色

角　　色	针对群体	说　　明
组织者	下游消费者	了解消费者的生活方式和潜在需求,为消费者提供满足其需求的商品和一系列商业服务的组合
服务者	上游供应商	利用自身在终端掌握的大数据资源,为供应商提供精准的消费者需求信息,从而走进供应商的价值链,为供应商的生产研发活动和市场推广活动提供服务和帮助

（二）新理念：以为消费者创造价值为出发点

零售经营的理念与市场供求关系密切相关。这主要体现在三个阶段，如表1-6所示。

表1-6 零售经营理念的三个阶段

阶　　段	说　　明	备　　注
供不应求	生产商主导商品流通渠道，零售经营的关键在于获得上游的货源	经济原则和效率原则是零售经营理念的核心内容
渠道为王	大规模生产方式的发展催生了大规模的商业销售，供求关系发生转换，商品流通进入"渠道为王"的时代。零售经营的关键在于强化零售的资本投入，快速扩张，实现规模经济	
消费者主权时代	伴随市场供求关系的进一步发展，供求关系进一步重构，消费者逐渐掌握市场主权，满足消费者个性化的需求成为生产活动和商业活动的出发点	为消费者创造价值的"人本原则"成为新零售经营理念的基础

新零售是适应消费者主权时代的新理念和新模式，其以为消费者创造价值为出发点，不管是新零售技术的应用，还是零售要素的调整和变革，目的都是更好地了解消费者的生活方式，以便于更精准地满足消费者的需求，为消费者创造价值。

（三）新关系：商业关系供需一体化

在传统零售活动中，参与零售活动的各个商业主体之间存在着"商品—货币"的交易关系；这种交易关系代表各个商业主体之间的利益关系是互相对立的。例如，零售商和供应商的关系是互相冲突与博弈的；零售商与消费者的关系是独立、单一的商品交易关系。整条供应链是推式的，由生产端向零售端层层推压。

在新零售活动中，零售商与供应商的关系转变为彼此信任、互利共赢的合作关系，零售商为供应商赋能，同时与消费者建立了深度互动和交流的社群关系。零售商了解消费者的需求，为消费者的新生活方式提供服务，并根据市场需求进行采购，这时零售商成为消费者的"代言人"。整条供应链由推式转变为拉式，以消费者需求为初始点。

新零售重新构建了商业主体之间的关系,"商品—货币"关系转变为人与人之间的关系,供给与需求被重新打通,各个商业主体之间形成了以信任为基础的供需一体化的社群关系。

(四)新形态:经营形态多样化

商品、服务、环境等内容构成了零售经营形态,这也是零售业态的本质。对以上内容不断调整,就促进了零售业态的持续演进和变革。

在新零售活动中,构成零售业态的各要素都实现了数字化变革,推动原来的零售业态进行转型和创新。零售商利用大数据分析技术对消费者需求痛点有了更加清晰的了解,并以此为基础再次调整构成零售业态的各要素,最终形成新型的零售经营形态。

作为零售经营形态,新零售具有复合型商业特点,如图1-4所示。

图1-4 新零售的复合型商业特点

新零售以消费者的需求为出发点,并据此对零售经营形态进行各要素的调整,这使零售经营形态的创新有了更多可能性和可塑性,成为复合型、集成型、能够满足即时购买需求的经营形态。

(五)新内容:零售商产出新内容

零售商的经济职能是为消费者提供商品或服务,其中商品是显性的,服务是隐性的,零售产出构成以"商品+服务"的组合形式出现。在传统零售活动中,零售商主要围绕商品来开展零售活动,低价买进商品,再高价卖出,从而赚取差价。但在新零售活动中,零售产出的内容变得更丰富和新颖,强调多场景购物体验,为供应商提供数据服务。

（1）将分销服务变为零售产出的核心内容

在新零售活动中，零售商不再只是商品的销售者，而是商品和服务的提供者，更加注重消费者体验。零售活动不再只是简单的"商品—货币"关系，而是成为持续互动的"零售商—消费者"关系。

（2）为供应商提供数据服务

基于对终端大数据的分析，新零售平台可以掌握消费者的各种场景数据，实现消费者生活场景的还原，以及消费者画像的形成。新零售平台将以上数据分享给上游的供应商，帮助供应商做出消费者需求画像，按需定制，并提供更精准的营销场景，强化消费者全渠道、多场景的购物体验。

四、三个突破性发展，新零售与传统零售的区别

新零售的核心要义在于推动线上线下相互融合，使线上的互联网力量与线下的实体门店形成真正意义上的合力，从而形成商业维度上的优化升级，使消费者的消费类型由价格消费转为价值消费。

关于新零售与传统零售的区别，主要涉及新零售的三个突破性发展，如图1-5所示。

新零售的突破性发展
1. 渠道布局的发展
2. 消费场景的发展
3. 经营思维的发展

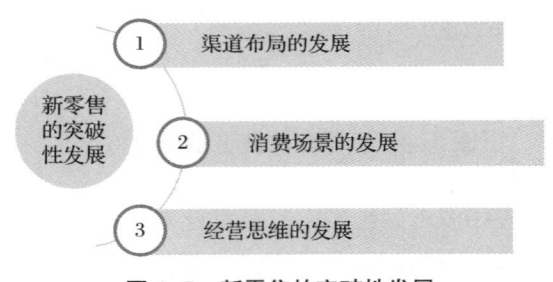

图1-5　新零售的突破性发展

（一）渠道布局的发展（单一渠道→全渠道）

在传统零售模式下，零售商或是在线下布局实体门店，或是在线上开网店，运营渠道比较单一。新零售促进线上线下互相融合，打破了传统的线上和线下的壁垒，消费者不仅可以在互联网上进行消费，也可以在线上下单、线下消费，或者线下进行多渠道协同消费，如借助VR/AR技术购物、语音购物等。

（二）消费场景的发展（单一化→多样化）

在传统零售模式下，消费者的线下消费场景往往是进店、取货、支付、离开；消费者的线上消费场景往往是浏览、下单、支付、取件。不管是线下还是线上，消费场景都是单一化的。

在新零售模式下，线上与线下实现深度融合，消费场景变得多样化，具体的消费场景如图 1-6 所示。

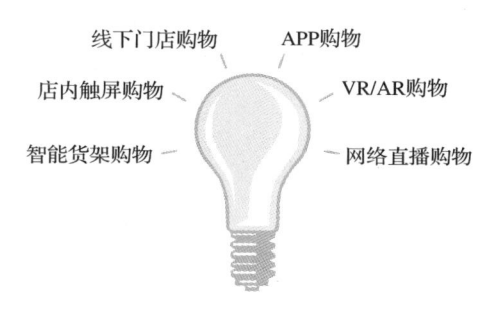

图 1-6　新零售模式下的具体消费场景

由于时间和空间的变化，新零售的消费场景与传统零售相比更加复杂和多元。线上和线下要紧密结合，偏重于任何一方都会导致失衡。"线上搭建平台＋线下沉浸式消费"是新零售相对于传统零售的一个较大优势。

（三）经营思维的发展（以商品为中心→以消费者为中心）

传统零售模式以商品为中心，零售商通过线下门店或线上网店向消费者提供商品，最后通过差价获得利润。在新零售模式下，零售商以消费者为中心，不仅为消费者提供有形的商品，还提供无形的体验、服务和场景，以此促使消费者做出购买行为。同时，为了满足消费者的个性化需求，零售商还会对消费者进行更细化的分类，根据其特点和需求为其提供相应的商品和服务。

在研究消费者的过程中，传统零售模式下的企业很难收集到消费者数据，难以洞察消费者的需求，基本按照经验来判断，再根据判断开展商品采购、营销推广等活动，所以很难实现企业效益的最大化。

但在新零售模式下，企业可以通过大数据、云计算等技术分析消费者行为，构建消费者画像，精准地挖掘消费者需求，从而开展精准、有效的营销推广活动，为消费者提供个性化、智能化的消费体验。

五、三大因素，推动新零售发展的驱动力

新零售是传统零售转型升级的必然趋势，其发展势不可挡，主要的驱动力有三个，分别为技术创新、消费升级和场景营销。

（一）技术创新为新零售提供动力

技术是零售业发展的第一驱动力。一直以来，零售商通过信息技术推动商业向消费者深度参与的方向发展。零售与技术的结合可以分为四个发展阶段，如图 1-7 所示。

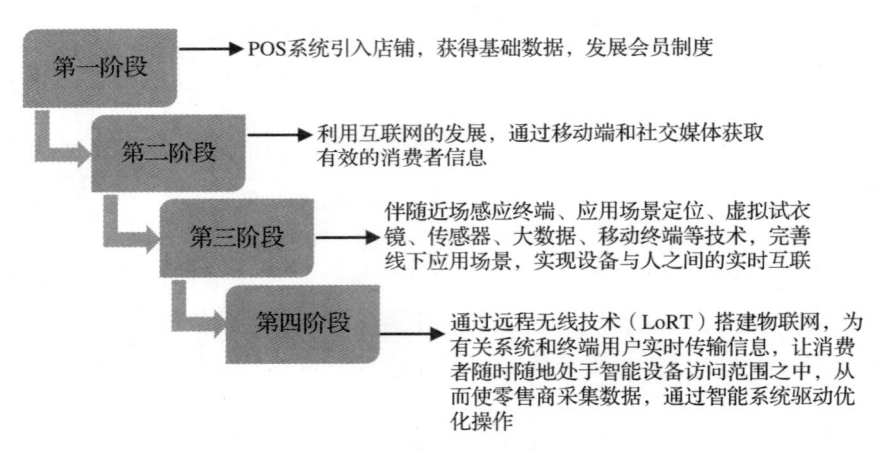

```
第一阶段 → POS系统引入店铺，获得基础数据，发展会员制度

第二阶段 → 利用互联网的发展，通过移动端和社交媒体获取
           有效的消费者信息

第三阶段 → 伴随近场感应终端、应用场景定位、虚拟试衣
           镜、传感器、大数据、移动终端等技术，完善
           线下应用场景，实现设备与人之间的实时互联

第四阶段 → 通过远程无线技术（LoRT）搭建物联网，为
           有关系统和终端用户实时传输信息，让消费
           者随时随地处于智能设备访问范围之中，从
           而使零售商采集数据，通过智能系统驱动优
           化操作
```

图 1-7　零售与技术结合的发展阶段

我国目前的零售业发展正处于第二阶段到第三阶段的过渡期，很多企业已经进入第三阶段，通过场景服务运营商提供整套"互联网+"的解决方案，实现无线网络覆盖，利用 i-Beacon 应用进行场景定位，并通过近场感应终端、传感器等技术对消费者购物轨迹进行全流程追踪。

随着物联网技术不断成熟，且在零售领域开始应用，零售行业即将进入"物联网＋零售"阶段，其服务边界进一步扩展。某些新零售平台通过云计算、大数据、人工智能等技术链接品牌商、供应商、分销商、服务商等零售业生态伙伴，为其全面赋能，使零售业逐渐具备自助化、智能化特点，与消费者产生全新的链接和互动。技术的不断进步与发展为新零售的产生和发展提供了肥沃的土壤，新零售会继续沿着以上轨迹发展，不断成熟。

（二）消费升级是新零售发展的牵引力

消费升级一般指消费结构的升级，是各类消费支出在消费总支出中的结构升级和层次提高，直接反映了消费水平和发展趋势。消费者消费升级的最大动力是消费购买力的提升。

收入是影响消费购买力的重要因素，消费者收入水平的变动直接影响消费者的消费倾向和消费结构。当经济水平发展到一定阶段时，消费者的收入水平不断提高，市场上不断涌现大量新兴的消费品，这会提高消费者的消费倾向。

人均 GDP 与消费倾向的关系如表 1-7 所示。

表 1-7 人均 GDP 与消费倾向的关系

人均 GDP（美元）	消费倾向
达到 1000	居民消费率开始上升，消费对经济增长的作用不断增强
大于 3000	休闲消费、品质消费等进入大众化阶段
大于 5000	消费升级速度加快

2019 年，我国人均 GDP 达 1.03 万美元，可见我国消费结构进入了快速升级阶段。现在消费者更加注重商品的品牌和服务的品质，以及生活质量与效率。消费的"羊群效应"减弱，而大规模出现个性化和多样化的消费需求，且渐成主流，如表 1-8 所示。

表 1-8 个性化消费需求和多样化消费需求

消费需求	特　点	总特点
个性化消费需求	1. 注重心理满足，追求个性； 2. 强调商品或服务的内在品质； 3. 关注消费的文化内涵，如商品的欣赏价值、艺术价值和文化特质等	广泛性、个体性、情感性、多样性、差异性、易变性和关联性
多样化消费需求	1. 不同个体表现出越来越多样的消费需求； 2. 同一个体在不同生活场景或领域的消费需求可能存在较大差异	

消费者的消费水平不断提升，其个性化需求凸显，这说明消费主权时代已经到来，消费者对商品与消费的适配度提出了更高的要求，刺激了新零售的产生和发展。

在这一背景下，零售企业要构建"以消费者为中心"的价值体系，不仅看到消费者的当前需求，还要在分析问题的基础上找到解决问题的方法，挖掘消费者的潜在需求，提供高于消费者预期的商品或服务。另外，对商品或服务结果的评价也要以消费者的评价为中心，只有消费者觉得满意，才能体现商品的真正价值。

太平鸟是一个以消费者为中心的时尚零售品牌，以 20~30 岁的中国时尚青年为核心客群，秉持"活出我的闪耀"的品牌主张，"让每个人尽享时尚的乐趣"。当新零售的概念出现时，各行各业都受到了一定的冲击，但太平鸟不但没有受到冲击，反而成功地进入新零售行业。

太平鸟董事、女装事业部总经理面对"消费者需要的究竟是什么"这一问题给出这样的答案：去问你的闺蜜。为什么闺蜜对你的描述特别清晰简单？不是她厉害，而是她跟你太熟悉了。因此，要想了解消费者到底需要什么，答案很简单——成为他们的闺蜜。

为了更好地践行"以消费者为中心"，太平鸟提出了"ABC 计划"，如图 1-8 所示。

A计划：聚焦畅销品

ABC 计划

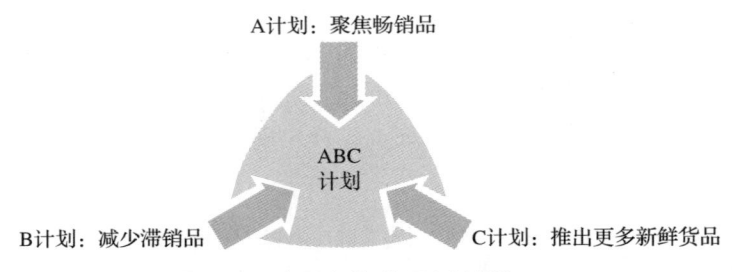

B计划：减少滞销品　　　　　　　C计划：推出更多新鲜货品

图 1-8　太平鸟的"ABC 计划"

这一计划的核心要点是先确保好卖的商品有足够的库存，再确保不好卖的商品生产得到有效控制，最后不断补充新的商品。只要抓住了这三点，就抓住了关键。

（三）场景营销带来更好的体验

在移动互联网时代，不管是线上还是线下，流量都是企业与商家生存的根本。线下实体门店本就受到了电商行业的冲击，而线下门店的商品同质化现象比较严重，所以线下门店的人流量不足。

电商平台借助早期的流量红利迅速发展，但随着互联网流量红利逐渐减少，纯电商模式的发展遭遇瓶颈，单位成本的边际获客能力逐渐减小，此时线下零售价值凸显，但要求线上流量与线下体验相融合，促使新零售转型。

在新零售活动中，线下零售价值主要体现在场景营销中。场景营销是立足于终端构建的消费场景，围绕消费者来到线下门店要购买什么，想得到什么样的商品的消费场景而进行的营销。

场景营销增强了消费的画面感，可以让商家更好地与消费者沟通，从而让消费者获得更好的消费体验。

六、零售新物种，新零售典型业态模式

零售新物种是以特定垂直品类切入，经由供应链重塑、渠道融合、业态创新、数据化驱动等环节重构形成的零售商业模式迭代单位。与传统零售商业模式相比，零售新物种从行业层面和需求层面改变了零售业的面貌，以更高的行业效率与更优化的成本结构重塑行业形态，以更好的产品与体验满足消费者的需求。

（一）线上线下融合模式

近些年，我国电子商务的发展步入瓶颈期，之前的推广活动出现疲软现象，效果甚微，线上零售发展面临着不小的阻碍。这时，线上线下相互融合的新零售应运而生。

生鲜电商在新零售大潮的带领下不断发展，在探索新模式的过程中取得了很大的成效，其中最典型的是盒马鲜生。

盒马鲜生成立伊始就备受推崇，自带光环，首家门店一天有几十万元的销售额，线上线下的销量超过 1 万单，客单价高达 70 元，综合坪效达到 5 万元/坪/年（所谓坪效，就是指零售额与门店面积的比值，即单位面积的零售额产出，它是衡量零售店效率的重要指标之一），为传统超市的数倍。盒马鲜生的面积只有 4500 平方米，年销售额预计可以达到 2 亿~3 亿元人民币，让其他超市望尘莫及。盒马鲜生的每件商品都有电子标签，消费者可通过 APP 扫码查看商品信息，线上买单，线下 3 千米内 30 分钟送达，做到"新鲜每一刻，所想即所得"。

作为一种新的零售模式，盒马鲜生的"新"体现在哪里？对行业会有哪些颠覆？

1. 打造 OAO 消费闭环

OAO（Online and Offline），即线下实体店和线上网店有机融合的一体化双店经营模式，可以将线上消费者引导至线下实体店消费，也可以将线下实体店的消费者吸引至线上消费，从而实现线上线下资源互通、信息互联、相互增值。

盒马鲜生不接受现金付款，只接受支付宝付款。消费者到店消费时，需要安装 APP，注册成为会员，通过支付宝进行支付。支付宝可以收集消费者的数据，借助大数据精准分析消费者的需求，切实满足消费者的多元化需求，提供优质贴心的服务，从而提高消费者的黏性，打造消费闭环。

2. 创造极致的购物体验

盒马鲜生店内售卖一百多个国家的三千多种商品，大部分是食品和生鲜产品，例如肉类、水产、水果、米面油粮、熟食、烘焙等，分区清晰，指引明确，便于消费者挑选。

另外，盒马鲜生进行"零售+餐饮"的跨界融合，以提升消费者的购买体验。一方面，盒马鲜生在门店内加入餐饮区域，为消费者提供就餐服务，这样做可以延长消费者在店内的停留时间，让店内的生鲜产品有了更多被卖出的机会；另一方面，盒马鲜生配备了海鲜代加工服务，让消费者可以在店内享用最新鲜的美食，提升门店的转化率。

3. 店仓一体化

常规电商用仓库进行配送，而盒马鲜生实行店仓一体化，以店铺为消费者的实体触点，将物流配送、实体零售、网络销售多渠道纳入一体，从而降低成本，提高效率。

盒马鲜生将本应该置于后端的物流仓储作业前置到门店，和门店共享库存和物流基础设施。店内部署了自动化物流设备，门店上方铺设了全自动悬挂链物流系统，便于在第一时间分拣店中陈列的商品，并将其快速送到后场出货。

4. 门对门配送

依托强大的供应链，盒马鲜生可以快速配送，门店附近 3 千米范围内可以做到 30 分钟内送货上门，配送时间为 8：30~21：00。盒马鲜生之所以可以做到 30 分钟的配送速度，在于其采用了大数据、智能物联网、自动化物流设备等先进技术，实现了人、货、场三者之间的最优化匹配，从供应链、仓储到配送都有自己完整的物流体系。

（二）无人零售模式

无人零售指的是以开放货架、自动售货、无人便利店和无人超市为主的实体零售中无人值守的部分。尽管无人值守，但背后的管理仍然需要人，只是人的任务有所调整，前端人员主要进行配货、理货和清洁。

无人零售模式的实践者主要有亚马逊的 Amazon Go、阿里巴巴的淘咖啡、欧尚中国的缤果盒子、京东的"X 无人超市"。

1. Amazon Go

2016 年 12 月 5 日，亚马逊官方在媒体上播放了 Amazon Go 概念店的宣传片。在宣传片中，消费者刷手机 APP 进入超市，可以直接拿商品离开超市，不用排队结账。这便是亚马逊想要拓展的新零售业务，且其计划在全球开 2000 家大型线下新型超市。Amazon Go 用实际行动为新零售业态做了一个范本。

尽管新技术和新商业模式仍然需要接受时间的考验，但亚马逊的这一行为的确为正在探索新零售的商家提供了一个新思路。图 1-9 所示为 Amazon Go。

图 1-9　Amazon Go

2. 淘咖啡

2017 年 7 月初，阿里巴巴在"淘宝造物节"开幕时推出了无人超市淘咖啡，如图 1-10 所示。淘咖啡面积仅有 200 平方米，可同时容纳 50 人在店内购物，集合了商品购物、餐饮功能，授权支付额度为每人每天 5000 元，整个流程涉及会员账号打通、商品链路和支付三块技术方案。

图1-10 淘咖啡

消费者进店前要打开手机淘宝APP扫码，获得准入码，通过闸机入口之后便如平常购物一样随意挑选商品，手机也不用再掏出。消费者购买商品后，后台操作系统会自动从支付宝扣款，并在消费者的支付宝上显示扣款额度，整个过程无须人工参与。

3. 缤果盒子

2017年7月，欧尚中国在上海杨浦区推出首个缤果盒子，这是全球第一款真正意义上的可规模化复制的24小时无人值守便利店，如图1-11所示。缤果盒子没有收银员，消费者自助完成购物和付款的整个流程。每个缤果盒子占地15平方米，里边大多是常规商品，如饼干、薯片、乳制品等。

缤果盒子采用无线射频识别（Radio Frequency Identification，RFID）技术，消费者领取商品后，要扫描其RFID标签，如果是第一次购物，要先关注缤果盒子的微信服务号，手机短信验证完成之后盒子会自动开门。结算时，消费者只需在收银台处自助扫码结账即可，支持APP、微信支付或支付宝三种结算方式。

图1-11 缤果盒子

4. X无人超市

2017年10月，京东的"X无人超市"开业，主要采用人脸识别和传感器技术。无人超市的门口设有一台平板电脑，用来人脸识别，采集消费者的身份信息。消费者要想在店内完成一系列的购物流程，必须先绑定京东账号，开通免密支付。

京东在无人超市的每个货架上都安装了智能传感器和人脸识别摄像头。智能传感器被安装在货架底部，消费者取走商品后，智能传感器和人脸识别摄像头会有所响应，迅速实现人货绑定。另外，货架还可以独立完成陈列监管、补货提醒、价格管理、促销管理、智能推送等多种功能。

在京东的"X无人超市"，消费者获取商品之后不用亲自结算，可以把商品放在书包、手提袋、口袋里，直接走出闸门，经过通道时，基于人脸识别、智能摄像头、智能价签等技术，已绑定的京东账号会自动付款。图1-12所示为京东"X无人超市"。

图1-12 京东"X无人超市"

当然，目前无人零售模式还处于萌芽阶段，无人超市的铺设正在起步，消费者覆盖率较低，不管是数量还是成熟度都有所欠缺，需要进一步优化，优化措施如下。

①流量共享，线上线下相互融合。

②数据应用，通过采集到的消费者身份信息和购物信息来了解消费者的购物习惯和喜好，再与供应链结合。

③自动化，让无人超市更加智能。如果能彻底实现无人化，可以明显降低运营成本。

(三)全渠道零售模式

全渠道零售是企业为了满足消费者任何时候、任何地点、任何方式购买的需求,在网络平台、线下渠道同时开展商品销售及运营,提供给消费者无差别的购买体验。

这里所说的"渠道"实际上是商家与消费者之间接触的触点。全渠道零售可以扩大商家与消费者之间的接触面。

全渠道具有三大特征,如表1-9所示。

表1-9 全渠道的三大特征

全渠道特征	说明
全程	消费者从接触品牌到购买,全程有搜寻、比较、下单、体验和分享等环节,企业要在这些环节保持与消费者的全程、零距离接触
全面	企业要跟踪和积累消费者的购物流程数据,并与消费者互动,掌握其决策变化,给予其个性化建议,以提升其购物体验
全线	全渠道覆盖实体渠道、电子商务渠道、移动商务渠道,线上与线下相互融合

据《哈佛商业评论》介绍,大约73%的消费者在整个购物过程中会使用多种渠道,如从传统实体店到网店,从社交媒体到移动应用程序的所有内容。这些消费者的消费理念是"我的消费我做主",他们在任何时候(如早上、下午或晚间)、任何地点(如在地铁站、在商业街、在家中、在办公室)、采用任何方式(电脑、电视、手机、iPad)都可以购买到他们想要的商品或服务。

在全渠道零售模式中,零售商可以在消费者所在的每个渠道上为其提供便捷的个性化购物体验,往往消费者愿意为此支付更高的费用。

在全渠道零售模式下开展全渠道营销,品牌方可以根据不同目标消费群体对渠道类型的不同偏好,实行针对性的营销定位,设计适应的商品、价格等营销要素组合,并通过各渠道间的协同营销,为消费者提供一体化的无缝购物体验。

在开展全渠道营销时,品牌方要注意以下几点。

①线上线下互相融合,同款同价。

②营销由原来的规模和标准化驱动转向个性化灵活定制,消费者不管是在线上还是线下都可以愉快而高效地买到想要的优质商品。

③实现全渠道数据打通，将实体门店、电商平台、社交媒体、CRM 会员系统等渠道打通，实现商品、会员、交易、营销等数据的共融互通，给消费者提供跨渠道、无缝化的购物体验。

2016 年 11 月 6 日，卡西欧全球首家全渠道智慧型门店在杭州湖滨银泰正式落成。

卡西欧一直以手表零售领先行业，这次与天猫合作，率先给出了一份全渠道零售模式的完美答卷。

这家全渠道智慧型门店的占地面积只有 6 平方米，实现了实体门店与虚拟天猫旗舰店的无缝对接。消费者可以通过互动大屏幕自助购物，而门店可以收集店内消费者的行为数据来辅助商家做出决策。

门店将现代物流与大数据、云计算等创新技术进行充分结合，整合线上线下，分析消费者数据，建立消费者模型，实现实体、电子商务和移动渠道的无缝融合，满足消费者购物、娱乐、社交等各方面的综合体验需求，开启实体零售到全渠道的全方位布局，以帮助商家、消费者做出双向的智慧决策。

门店通过游戏互动的方式吸引消费者进店，消费者在门店里可以享受到各种前卫的体感互动和非凡的 AR 体验，用手机扫描购物大屏幕上的商品二维码后，手机页面可以直接跳转到卡西欧天猫专卖店的页面。线下体验不影响线上购物，真正实现了安心购物和便捷购物。品牌商也能通过链路融合，了解消费者流量生态系统，打通线上线下供应链，营造新的购物体验场景。

（四）社交电商模式

传统电商以商品为中心，提供了商品展示及支付平台，帮助消费者解决了"去哪儿买""如何买"的问题；而社交电商以消费者为中心，是社交关系形成的电商形态，通过场景化的展示解决了"为什么买"的问题，影响了消费者做出购买决策的过程，提升了消费者的购买欲。

社交电商的本质是"分享经济 + 信任经济"，消费者只有信任卖家才会购买商品，因为消费者信任身边人，而身边人觉得商品好用才分享给他，这就等于对整个购物体验设置了一道双保险，节省了在海量商品信息中挑选的精力，帮助消费者更快地找到自己想要的优质商品。

随着社交电商行业不断发展与成熟，行业壁垒逐渐增加，入局难度越来越大，社交电商逐渐与线下相结合，形成社交电商模式的新零售。

在该模式下，社交电商是新零售重要的流量入口，其改变了传统的推广模式，使获客更加直接，降低了获客成本。社交电商模式的新零售可以丰富消费场景，加强品质把控，企业或商家可以借助社交电商新零售平台整合资源，赋能传统零售转型升级。

该模式的新零售要依靠社交关系和社交圈子来发展，其流量是去中心化的，企业或商家可以通过社交工具自带的流量自建私域流量池，其本质是以人为链接、以人为中心的商业模式。

俗话说，"物以类聚，人以群分"，有不同兴趣、偏好的人会聚集在不同的社群里，社交电商可以通过社群锁定相似的一群人，为其提供精准、个性化的定制服务，增强用户黏性，带动口碑传播，节省广告费用。数据显示，以社交为中心的社交电商买家复购率比传统电商高 30% 以上，交易转化率比传统电商高 50%。

在未来，一切交易都要以社交形式建立，用社交构建信任，而电商交易成为社交的附加服务。企业或商家用口碑宣传，通过消费者的强关系撬动弱关系，完成之前从未有平台能达成的可持续性、强黏性、高复购率的新零售电商模式，从而发掘出社交电商的最大潜力。

七、新零售对零售行业的四大影响

传统零售业对新零售的态度经历了一个从排斥到接受、从感知到理解的过程。新零售发展到现在，已经对传统零售业产生了重要的影响。

（一）重新定义商圈

新零售的发展促使传统零售从业者重新定义商圈。商圈是企业吸引消费者的区域范围，形象地说，是消费者能从多远的距离来店内购物。消费者到企业的距离范围就叫作该企业的商圈。它由消费者的购买行为和企业的经营能力决定。

商圈的特征是商业活动频率高，一般处在人口密度大，客流量大，交通便利，且有大量同类商店聚集的闹市街区。如今商圈面临困境，同质化竞争激烈，以传统的零售百货卖场为主，又受到电商的冲击，人们的消费习惯发生巨大改变，再加上商业体量过剩，传统零售商圈的生存空间不断被压缩。因此，传统零售从业者要转变以往按照地理概念定义的商圈观念。随着消费升级，人们对商圈的配套设施、服务功能、技术保障的要求越来越高，打造智慧商圈成为传统零售商圈的选择。

智慧商圈的核心功能在于智能停车系统、无线WiFi全覆盖、线上线下融合营销、消费者定制体验服务、精准营销的大数据分析挖掘等方面，并逐步实现"数据获取、商圈消费、交通引导、物流配送、公共服务、商圈管理"六个智慧化。智慧商圈有助于改善传统商圈的消费环境，为消费者提供更好的服务与消费体验，从而吸引更多的消费者前来购物，刺激商圈繁荣发展。

同时，智慧商圈的规划建设要避免同质化恶性竞争、功能趋同，要结合各个商圈的经济条件、基础设施现状，从长远发展来谋划各个智慧商圈的发展特色。

（二）重构消费价值观

二十年前，传统零售行业飞速发展，很重要的一个原因是重构了"一站购物、一次购足"的新消费价值观。然而，当前的消费观念已经发生变化，传统的"一站购物、一次购足"的理念和便利店的"便利快捷"理念已经不能完全满足当前消费者的消费需求。

目前，新零售行业的发展要求从业者要结合当前的消费环境、社会需求重构新的消费价值观，以推动零售变革。例如，盒马鲜生的新零售模式（简称盒马模式）重构了新消费价值观：新鲜每一刻，所想即所得，一站购物，让吃变得快乐，让做饭变成娱乐。

（三）重构零售内涵

在市场变化、消费变化的环境下，新零售重构了零售的经营内涵，颠覆了以往零售只是卖商品的内涵，零售也可以卖体验。

在新零售时代，体验式消费具有活动娱乐性强、产品体验性强、集客能力强等特点。消费者不仅可以参与促销类活动，还能感受到智能化的购物服务、体验式的场景互动。另外，智能停车、找店、排队等功能可以优化消费者的购物消费环节，AR游戏等场景类互动为消费者的购物消费过程增添了更多乐趣，加强了消费者与商家之间的关联。

（四）重新定义零售价值

零售商长期扮演着渠道商的角色，主要作用是把商品从生产者手中转移到消费者手中，发挥着交付者的价值。但在新零售环境下，零售商要从渠道商、交付者的角色转变成为消费者提供生活价值的创造者。

消费者除了购买者的身份以外，他们还是生活者。他们有着更多的生活追求，也希望获得能够满足其对生活追求的服务。

新零售商业模式可以打造完整的消费闭环，为消费者提供更好的购物体验，满足消费者对品质与体验的消费需求，享受到更好的生活体验。

八、新零售未来发展的三大方向

新零售有一个基本的知识框架，分为前台、中台和后台，如表1-10所示。

表1-10 新零售知识框架

新零售知识框架	组 成
前台	场景、消费者、商品
中台	营销、市场、流通链条、C2B生产模式
后台	云计算、大数据、物联网或互联网平台等基础设施

现在不管是前台、中台还是后台，都在发生完整意义上的全生态重构。各种各样的角色，不管是制造商、服务商还是消费者，他们的关系发生新的组合，带来了很多创新，数据在其中发挥的作用越来越重要。

在这样的背景下，新零售的未来发展有以下三大方向。

（一）实体门店体验再升级

在新零售时代，实体门店除了与线上融合，还可以通过技术系统支持加速消费者体验升级，例如，在门店部署RFID标签应用，消费者可以一目了然地掌握规格、产地、参考价格等商品溯源信息。

为了突破门店空间的限制，商家还可在店内配备APP购、二维码购、智能触屏购、VR购、小程序购等多种线上购物场景，消费者可从各种渠道购买个性化商品，购物更加快速、便捷。

（二）供应链重构

在新零售环境下，数字化向产业链上游渗透，推动新制造的产生。新零售与制造端和供应链有着密切关联,如果没有制造业的变革,只有零售业自己变革,就无法形成生态系统的变革。因此,零售业的变革一定与上游供应链紧密相关,生产制造要成为互联网制造,基于互联网数据动态变化机制,快速将消费者的诉求与制造端连接起来。

例如,淘工厂就是一个连接淘宝卖家与工厂的平台。工厂可以在网络平台售卖其生产能力,形成工厂与消费者的间接互动,而淘宝卖家及其生产的内容是连接生产和消费的中介,最后形成一个新的供应链生产制造模式。

(三)服务商涌现

我们不要以为只有零售商推动零售业变革,其实大量服务于商家的服务商也是推动零售业变革的巨大动力。供应链、内容、门店、生产、金融等服务商纷纷涌现,进入市场,帮助市场不断升级,形成新的零售业变革动力。

新零售服务商开发的服务系统不是"头痛医头,脚痛医脚"式的销售工具,而是对企业及品牌商的前台、中台和后台进行全盘化改造。新零售服务商开发的软件可以快速地将销售大数据反馈给店内的SKU(Stock Keeping Unit,物理上不可分割的最小存货单元)及货源供应链,从而为零售端构建S2B(Supply chain plat form To Business,从平台到商户)以及C2B(Customer To Business,定制生产)打下基础。

第二章

技术支持，新零售发展的核心驱动力

技术的革新与发展会带来新事物、新概念及新趋势。新零售与传统零售相比，显然是新在了"新技术"的助力和支撑上。在新零售时代，企业以互联网为依托，通过运用大数据、云计算、人工智能等技术手段，对商品的生产、流通与销售过程进行升级改造，并对线上服务、线下体验以及现代物流深度融合。大数据、云计算和人工智能是新零售发展的重要技术支持。

一、数据+零售，打造数字化零售

数字化时代的到来促使零售行业转变增长模式，运用数字化能力驱动零售企业突破增长瓶颈，实现创新增长。数字化零售将是今后发展的大方向，所以传统零售企业要及时转型，跟上数字化的发展步伐。

（一）大数据在新零售中的商业价值

大数据是指无法在一定时间范围内用常规软件工具进行捕捉、管理和处理的数据集合，是需要新处理模式才能具有更强的决策力、洞察发现力和流程优化能力的海量、高增长率和多样化的信息资产。大数据技术的战略意义不在于掌握庞大的数据信息，而在于对这些含有意义的数据进行专业化处理。

互联网的快速发展使网络平台产生了海量用户数据信息，企业利用大数据技术对这些数据信息进行有效的整合、分析和处理，可以更好地进行经营决策，产生更大的经济效益。在目前的市场环境下，大数据已经成为企业竞争力的重要组成部分。具体来说，大数据对零售业的商业价值主要表现在三个方面，如图2-1所示。

图 2-1　大数据对零售业的商业价值

1. 分析和管理消费者

在传统零售时代，消费者与企业之间是一种很松散的关系，消费者在企业那里消费一次之后，很多时候客店关系也就随之结束了。在新零售时代，企业与消费者之间的连接得到加强。大数据技术可以帮助企业从不同角度、不同层面对消费者进行分析和研究，同时管理客户关系，以降低消费者流失率，提高消费者的忠诚度。

这就要求企业广泛搜集和分析各类消费数据，对消费者群体进行精准细分和需求定位，根据消费者群体的特质提供精准、个性的定制化产品或服务，从而更有效地促成购买行为，获得更多的效益。

2. 完善销售流程

在传统零售时代，零售企业的宣传模式存在缺陷，导致零售商品的影响力不足，消费者对商品缺乏足够的了解，最终影响商品的销量；而在新零售时代，大数据技术帮助企业对生产制造、销售渠道和销售方法进行分析预测，帮助企业及时发现并解决营销中存在的问题，完善销售流程，提高产品销量。

企业可以借助大数据对交易过程、物流配送、商品使用、售后互动等环节进行数据化建模，从而预测目标消费群体的未来消费行为，并进行营销方案测试，分析在不同变量下哪一种方案有更高的投资回报率，从而提高运营效率，降低运营成本。

3. 个性化精准推荐

企业在对消费者的交易数据、社交数据等不同数据信息进行挖掘、整合、分析后，可以根据数据分析的结果对消费者进行个性化精准推荐，在合适的时机，采取合适的方式，向适合的消费者推荐最符合其需求的营销信息和他们最有可能购买的商品。

例如，当消费者去麦当劳或肯德基用餐时，支付宝会通过折扣减免、赠送优惠券等方式鼓励消费者使用线上支付方式，以获取消费者的消费数据信息。之后商家和支付宝便能够根据消费者大数据的整合、分析（经常到哪个门店消费、口味偏好、消费频次等）实现个性化的精准服务推送。

互联网的快速发展对纸质书的销售产生了强烈的冲击，网络上充斥着浩如烟海的信息资料，而电子书市场也不断扩大，人们的阅读习惯有了很大改变。在这种形式下，传统实体书店面临着残酷的竞争，其市场空间也越来越小。因此，很多人认为实体书店终究会随着时代的发展成为历史。然而，依靠网络书店起家的亚马逊把发展的方向转移到线下，瞄准了实体书店，其开设的实体书店取得了不错的销售业绩。

亚马逊的实体书店采用了以数据、评价为导向的推荐模式，影响消费者的购书习惯，从而实现盈利。亚马逊实体书店的新零售模式体现在五个方面，如图2-2所示。

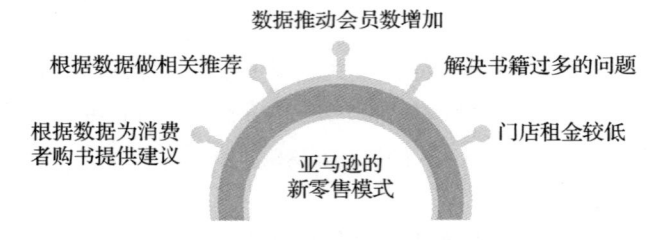

图2-2　亚马逊实体书店的新零售模式

（1）根据数据为消费者购书提供建议

亚马逊拥有庞大且优质的数据库和消费者评价系统，基于此，亚马逊可以统计消费者对书籍的评分，为书籍综合打分，一般总分为5分，畅销书在4.5分以上。亚马逊会将评价数据及时在评论区更新，包括评价内容和评价数量等，这使消费者对书籍有了更充分的了解，节省寻找书籍的时间和精力。持续一段时间以后，消费者会养成以数据和评价为导向的消费习惯，在购书之前先查看已购买此书的消费者对该书的评分和具体评价。

这时，书籍的销售会出现两极分化的情况，评分高的畅销书销售增长迅速，评分低的书籍几乎无人问津。亚马逊在实体书店中摆放的书籍都是评分高的畅销书籍，吸引大量消费者进入书店，消费者亲身了解书的质量和内容，再确定是否购买，实体书店的流量大增，从而从总体上提升了销量。

（2）根据数据做相关推荐

亚马逊可以根据后台数据为消费者推荐相关书籍。例如，消费者在网上查找某本书，可以在该书的页面上看到购买该书的人还买了哪些相关书籍。在实体书店，消费者会发现，自己想要购买的书籍旁边可能摆放着另外几本相关的书籍，出于兴趣或好奇，可能会随手翻阅，增加了购买的可能性。

（3）数据推动会员数增加

亚马逊实体书店可以推动亚马逊会员数增加，成为把线下流量引至线上的入口。消费者在亚马逊实体书店购书时要扫描书上的条形码，看到该书的原始价格和会员价格，每本书的会员折扣力度不同，如果消费者购买的书籍很多，就会在购书过程中比较原始价格和会员价格的差距，感受到会员的优惠力度，其办理会员的可能性会增加。

（4）解决书籍过多的问题

由于亚马逊是一家电商平台，所以并不需要在实体书店摆放过多的书籍，只要打通线上线下，利用数据分析找到当下热销书籍并摆放到实体书店即可。一般来说，亚马逊的实体书店摆放大约5000本图书。

（5）门店租金较低

由于亚马逊实体书店中摆放的书籍并不太多，所以不需要太大的场地，一个几百平方米的门店便足够使用，与动辄上千平方米的大型书店相比，其门店的租金成本低得多。

亚马逊实体书店成功的关键之处是其利用数据和评价的导向作用培养了消费者的购物习惯，并据此科学布置店面，引导消费者购物，使实体书店为线上带来巨大的流量，提升了销售业绩。

（二）消费者画像是精准营销的基础

这些年物联网技术不断发展，大数据逐渐受到人们的广泛关注。新零售行业在发展过程中融入物联网技术，利用射频识别技术、传感器技术等对商品的销售数据进行统计分析，这些技术帮助企业销售商品的同时可以处理销售数据信息，进而提高数据记录的效率和准确性。

企业通过挖掘大数据可以了解到消费者在不同时间、不同环境下的消费情况和消费习惯，并分析其影响因素，从而计算不同条件下消费者进行消费的概率，并以此制订商品营销模式，实现商品的精准营销。

要想实现精准营销，前提是构建消费者画像。通过大数据技术获得消费者信息数据，搭建出由点到面、完善、丰富的消费者画像；通过消费者画像分析消费群体的消费行为轨迹，进而实现快速、精准营销。

1. 消费者画像的类型

早期的消费者画像结构比较简单，类似个人档案信息，但可用性比较差，无法准确体现消费者的特征。随着大数据技术的发展，数据量爆发式的增长，以及大数据分析技术的不断发展，品牌商和企业能够捕捉到更多的消费者行为数据，构建更加全面、精准的消费者画像，此时的消费者画像的价值也更高。典型的大数据时代的消费者画像主要包括两类，一类是消费者的消费行为与需求画像，另一类是消费者的偏好画像。

（1）消费者的消费行为与需求画像

在电子商务高速发展的时代，消费者在网上购物会留下大量的数据痕迹，这就为企业了解消费者的消费行为和需求提供了有效的渠道。企业通过搜集消费者的网购数据，对消费者的个体消费能力、消费内容、消费品质、消费渠道、消费频率等信息进行建模分析，可以为每个消费者构建精准的消费行为与需求画像。

（2）消费者的偏好画像

随着互联网技术的发展，越来越多的人习惯于在网络上开展各种活动，网络虚拟社会由此形成。网络虚拟社会是现实社会在网络上的映射和延伸，一个人在网络上经常浏览的新闻、视频，常听的歌曲等都能在一定程度上体现这个人在现实生活中的偏好。

随着网络技术和社交媒体的快速发展，消费者画像随着社会化大数据信息的激增变得越来越丰富、越来越精细。通过搜集消费者偏好信息并对其进行分析，零售商家能够了解消费者的行为偏好，进而用消费者行为偏好画像开展精准定向广告投放，例如，以标签、消费者偏好画像为基础，为消费者投放符合其兴趣和爱好的商品信息或资讯等。

2. 构建消费者画像的步骤

在互联网大数据驱动新零售的格局下，品牌商和企业需要快速实现数字化转型升级，构建消费者画像，实现引流获客。构建消费者画像的基本步骤如图 2-3 所示。

第二章 技术支持，新零售发展的核心驱动力

构建消费者画像的基本步骤
1. 明确消费者画像的方向和分类体系
2. 收集消费者信息
3. 构建标签体系，为消费者贴标签
4. 消费者画像验证

图 2-3 构建消费者画像的基本步骤

（1）明确消费者画像的方向和分类体系

在进行消费者画像之前，品牌商和企业首先需要明确几个问题，即给哪些消费者画像，给这些消费者画什么像，给这些消费者画像的目的是什么，消费者画像的分类和预期结果是怎样的。这些问题并不是由大数据系统自动产生的，而是由品牌商和企业的运营者提出来的。如果品牌商和企业没有明确开展消费者画像的目标和依据，而是漫无目的地去搜集数据，无疑会做很多无用功，浪费人力和资源。

虽然在有足够多的数据做支持的前提下，品牌商和企业可以运用相关软件系统自动生成消费者关键信息画像，但为了提高消费者画像的体系化和应用性，建议品牌商和企业采取人工和软件系统相结合的方式进行消费者画像，即人工设计消费者画像的方向和分类体系，然后运用相关软件系统进行数据搜集、建模和分析。

明确消费者画像的方向和分类体系是进行消费者画像的第一步，就像房屋初始设计和打地基；有了方向做指导，后续的数据收集与分析工作才能有的放矢。

（2）收集消费者信息

明确了消费者画像的方向，接下来就是收集消费者的相关信息。品牌商和企业要做到比消费者还了解他们自己，这样才能影响其消费倾向。

品牌商和企业在收集消费者信息时，应当以消费者为主体，而不是以自己的业务为主体，要站在消费者的角度，审视哪些信息可能与交易有关系。一般来说，品牌商和企业待收集的消费者信息主要有三种，如表 2-1 所示。

31

表 2-1 消费者信息的类型

消费者信息的类型	具体信息
基本面信息	姓名单位类、联系方式类、收入资产类、行业地位类、关系背景类
主观面信息	风格喜好类、品牌倾向类、消费方式类、价格敏感类、隐私容忍类、会员体验类
交易面信息	交易日常类、积分等级类、客服记录类、好评传播类、退货投诉类、竞争伙伴类

收集消费者信息的渠道分为直接渠道和间接渠道两种。其中，直接渠道是品牌商和企业的内部数据库。品牌商和企业的内部数据库中存储大量的消费者信息，所以品牌商和企业从自身内部的数据库中即可获得丰富的消费者信息。通过间接渠道收集数据就是从品牌商和企业外部获得有效的消费者信息。

收集消费者信息的主要渠道如表 2-2 所示。

表 2-2 收集消费者信息的主要渠道

收集消费者信息的渠道		说　　明
直接渠道	通过市场调查获取消费者信息	品牌商和企业的调查人员可以通过电话调查、问卷调查、面谈等方式获取消费者的第一手资料，也可以借助工具对被观察消费者的行为进行观察并加以记录，从而获取有效信息
	在提供服务的过程中获取消费者信息	在品牌商和企业为消费者提供服务的过程中，为了满足自己的需求，消费者通常会直接且毫无避讳地向品牌商和企业表达自己对商品的看法或期望，对服务的评价和要求，对品牌商和企业竞争对手的看法，以及身边朋友的需求和购买意愿等，所以品牌商和企业可以在为消费者提供服务的过程中增加对消费者的了解，并收集有效的消费者信息
	从消费者投诉中获取消费者信息	品牌商和企业将消费者的投诉意见进行分析与整理，并建立消费者投诉档案，为改进服务、开发新商品提供基础数据资料
	在终端获取消费者信息	在终端与消费者进行面对面的接触来收集消费者信息，例如，激励消费者办理会员卡，让其提供自己的基本情况，如联系方式、地址、性别、年龄等，品牌商和企业可以借此获取消费者的购买信息，如消费者购买商品的品牌、数量、档次、消费金额、购买时间、购买次数等，这样可以大致了解消费者的消费水平、消费风格，以及对商品价格和促销活动的敏感度等

续表

收集消费者信息的渠道		说　明
间接渠道	网络搜索	品牌商和企业可以借助搜索引擎、网上黄页、手机短信、行业网站等平台和方式来搜集消费者的相关信息。这种渠道的优点是覆盖面广，信息量大，但搜集到的信息的准确性和可参考性较低，使用之前需要详细的筛选
	老客户	老客户通常与品牌商和企业已经形成了良好的互信关系，愿意分享一些看法和信息，所以品牌商和企业可以通过与老客户沟通来搜集消费者的信息。这种渠道搜集来的信息比较具体，而且具有较强的针对性，但往往带有老客户的主观情感
	专业机构	有些专业咨询公司会向外界提供专业的分析报告，这些信息有些需要付费，有些是免费的，品牌商和企业可以与这些专业机构保持联系，以获取有效的消费者信息

（3）构建标签体系，为消费者贴标签

消费者画像的核心工作是为消费者贴标签。标签是体现消费者的基本属性、行为倾向、兴趣偏好等某一个维度的数据标识，是一种概括性很强的关键字，可以用于简洁地描述和分类人群，如学生、90后、80后、白领、单身群体等。

一个标签通常是人为规定的高度精练的特征标识，如年龄段标签（25~35岁）、地域标签（北京）等。一个规范、科学的标签一般具有两个特征，如图2-4所示。

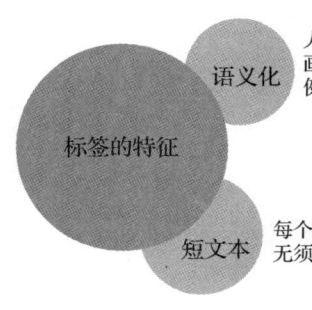

标签的特征

语义化：人们能够快速理解每个标签的含义，这就保证了消费者画像的实际意义和应用价值，能够较好地满足业务需求，例如，能够帮助品牌商和企业判断消费者的偏好

短文本：每个标签通常只表示一种含义，在进行消费者画像时，无须再对标签做过多的文本分析等预处理工作

图2-4　标签的特征

一般来说，为了全面、立体地描述消费者的特性，品牌商和企业可以从基础属性、社会/生活属性、行为习惯、兴趣偏好/倾向及心理学属性五个维度来构建消费者标签体系，具体的标签内容如表2-3所示。

表 2-3 构建消费者标签体系的维度及标签内容

维　　度	标签内容
基础属性	性别、年龄、地域、教育水平、出生日期、收入水平、健康状况等
社会/生活属性	职业、职务（如工程师、职员、管理者等）、婚姻状况、社交/信息渠道偏好、房屋居住情况（租房或自有房）、车辆使用情况（有车或无车）、孩子状况（是否有孩子、孩子的年龄段等）
行为习惯	常住的城市、日常作息时间、常用的交通方式、经济/理财特征、餐饮习惯、购物习惯（如购物渠道、品牌偏好、购买的商品品类等）
兴趣偏好/倾向	浏览/收藏内容偏好（如浏览视频、文章的类型，浏览电视剧、电影的类型等）、音乐偏好（如音乐的类型、歌手等）、旅游偏好（如跟团游、自驾游、穷游、国内游、出境游等）
心理学属性	生活方式（如作息规律、喜欢化妆、喜欢素食、关注健身等）、个性（如性格外向、文艺青年、特立独行、敢于尝新等）、价值观（如崇尚自然、勇于冒险、关注性价比、关注品质等）

确定了标签体系后，品牌商和企业就可以为消费者贴标签了。同一个消费者可以贴多个标签，也就是说，消费者画像可以用标签的集合来表示，且各个标签之间存在一定的联系。

品牌商和企业在给消费者贴标签时，要注意两点：一是该标签是通过大数据分析得出的，二是这些大数据要具有针对性。例如，品牌商和企业不能通过某个消费者的某一次购买行为或者搜索行为，就断定该消费者是某种偏好人群，而要根据消费者多次的购物行为、消费占比、大部分人群占比等综合信息来进行判断。

（4）消费者画像验证

消费者画像验证是验证给消费者贴的标签是否准确。这里所说的准确有两种类型：一种是有事实标准的，例如，性别可以用标准的数据集验证模型的准确性；另一种是没有事实标准的，例如，消费者的忠诚度需要品牌商和企业通过一些有效的测试方法（如 A/B 测试）来进行验证。

（三）新零售对大数据的创新应用

零售企业在新零售时代要高度重视自己和跨界伙伴的大数据，并充分利用，如消费者数据、粉丝数据、供应商数据、企业运营数据、行业数据等，逐步整合，不断扩大，有效积累并实现大数据资产结构化，通过数据分析不断挖掘大数据资产的价值，进而将其转化为企业价值、用户价值和社会价值。

零售企业可以在四个维度上对大数据进行创新性应用，如图 2-5 所示。

图 2-5　大数据在四个维度上的创新性应用

1. 大数据预测

企业进行大数据预测的核心目的是预测消费者下一步的需求，并准确把握其需求，以此为依据来改进自己的产品和营销策略，从而更加精准地服务消费者，使消费者感到满意，最终提升企业的口碑和利润。

开展大数据预测的具体做法如下所述。

①与消费者深度互动，获取更多有价值的消费数据。

②通过算法、数学建模等技术手段对消费数据进行结构化分析。

③利用分析的结论预测市场，进而打造更好的消费体验，吸引更多消费者，同时开展更有效的业务创新，使大数据最大限度地发挥作用。

2. 大数据营销

在新零售时代，消费者成为全渠道购物者，其购买流程普遍是在某个渠道开始，而在另一个渠道结束。例如，在电商平台上查看商品的属性、价格和库存等信息，线上购买，线下取货。消费者的每一步消费行为都会留下大量信息，往往混杂着各种类型的数据。

零售企业进行大数据营销，就是要充分挖掘大数据的商业价值，以提高商品的转化率。针对消费者留下的各种消费数据，企业要对其结构化，充分挖掘，为消费者提供个性化的购买建议和促销信息，从而提供全渠道的购买体验，激发消费者的情感链接。

3. 供应链模拟

大数据技术帮助零售企业创造了全新的决策和管理方式。零售企业可以利用大数据模拟供应链的各个环节，进行科学的试验和测试，并对一些重要项目进行小规模的系统性验证，以提供合理的决策依据。

在通常情况下，企业进行供应链模拟时，会借助互联网的功能，以真实供应链管理的情景为参考，运用先进的仿真技术，为供应链流程中的随机因素添加各种约束条件，并根据随机因素的特定概率分布，构建出一些相互关联的供应链场景模型。在模拟过程中，企业不仅要反复计算，还要模拟各种动态经营决策。

供应链模拟为企业管理人员提供了真实的业务场景，并提供管理决策的模拟和演练，让企业管理人员可以预知各种决策带来的结果，从而提高决策的准确性和合理性，做出更加符合实际的决策。

4. 大数据服务

不管是在线上网店购物，还是在线下实体店购物，消费者在购物过程中所产生的消费数据都会被记录下来，成为对企业生产营销有重要指导作用的数据资产。由此，一些专门为零售企业提供大数据服务的平台应运而生。

永辉超市是国内500强企业，也是中国大陆首批将生鲜农产品引进现代超市的流通企业之一。面对快速发展变化的消费需求和零售升级的大趋势，永辉超市需要数字化创新，以更科学的方式支持业务发展和运营决策。经过全方位交流，最后腾讯云为其制订了"全链路数字化部署"方案。这个方案主要在六个维度上帮助永辉超市实现数字化升级，如表2-4所示。

表2-4 实现数字化升级的六个维度

实现数字化升级的维度	说　明
优化门店运营	通过大数据分析套件获取消费者在门店的各种行为，为门店陈列、导购服务等提供数字化工具
门店商品	进行会员选品优化，深入洞察人货关系，关联消费者画像和商品偏好
打造智慧门店	通过数据加工与分析，对商圈及门店的热销商品和消费者偏好进行数据化展示
消费者门店全链路研究	构建消费者在店外停留、进店游逛和交易明细等线下门店全链路的行为研究
线下营销指导	提供精准潜在消费者的分布，为选择地推营销位置提供科学的指导
会员研究	对永辉消费会员分类研究，深度分析消费行为

通过实行"全链路数字化部署"方案，永辉超市在日常业务决策上有了更多的科学工具，消费者数字化洞察的能力有了很大的提升，降低了门店管理成本，提升了销量。

由于大数据资源如此重要，如今越来越多的企业开始紧密联系在一起，持续不断地推动数据开放和共享，建立联盟，形成数据合作。与零售企业进行数据合作的企业有很多，如图2-6所示。

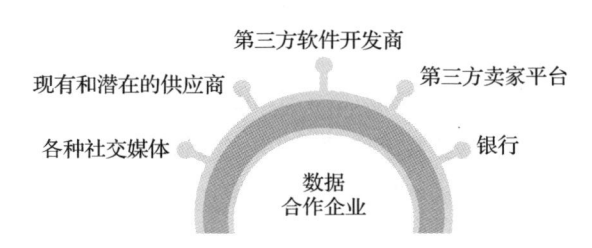

图 2-6 与零售企业进行数据合作的企业

在未来，大数据的工具就如同水和电这样的资源，由专门的公司提供给全社会使用。在新零售时代，零售企业要想在新的数据经济中获得成功，就要用全新的视角看待大数据资产的价值和作用，利用大数据为自己和消费者创造价值，从而提升企业的核心竞争力。

（四）数据分析指导新零售精细化运营

在数字化时代，人们的每一个举动都会被记录为数字，并转化为数据被存储、分析和运用。当大量的数据聚集在一起后，运用科学的分析方法就有可能得到客观而又准确的统计结论，进而指导各种商业行为决策。在新零售精细化运营过程中，零售企业要掌握科学的数据分析思维、数据分析方法，合理使用数据分析工具。

1. 数据分析思维

思维方式常常能影响到人们解决问题的方法。为了让数据分析的结果更加科学、可靠，在分析数据时，运营者要讲究一定的思维方式，如图2-7所示。

（1）对比思维

没有对比就没有优劣。单独看一个数据并不能得到多少有效信息，而将其与其他数据比较，才更容易得到有用的信息，此时所运用的思维就是对比思维。

图 2-7 数据分析思维

表 2-5 列举的是某品牌的网店 2019 年 12 月 12 日和 2019 年 12 月 13 日两天的订单成交记录。单从成交金额来说，该品牌的网店 12 月 12 日的成交情况好于 12 月 13 日的；而从拍下支付率来说，12 月 13 日的拍下支付率要好于 12 月 12 日的。

表 2-5 某品牌网店订单成交记录

日期	拍下总金额	成交总金额	成交会员数	拍下订单数	拍下—付款订单数	拍下支付率
2019/12/12	¥1023	¥437	4	8	4	50.0%
2019/12/13	¥591.5	¥328.8	3	5	3	60.0%

将不同的数据进行对比，是开展数据分析最基本的思路，也是最重要的思路。例如，监控店铺交易数据、对比两次营销活动效果等，这些过程就是在做对比。品牌商和企业拿到的数据如果是独立的，其就无法判断数据反映出来的变化趋势，也就无法从数据中获取有用信息。

（2）拆分思维

如果一些数据在某个维度可以进行对比，就可以通过对比的方式分析数据，找到导致这个结果出现的背后原因，例如，为什么 2019 年 12 月 12 日的成交金额会比 2019 年 12 月 13 日的高，是当天购买的人数多，还是购买的人数少但会员购买的商品价格高呢？此时就需要用到拆分思维，将一些数据拆分为更加细分的数据，从细节之处寻找原因。

例如，在网店中，成交总金额 = 成交客户数 × 客单价，而成交客户数 = 访客数 × 转化率。拆分之后的数据更加细致，品牌商和企业就可以从客单价、访客数、转化率等细节之处来寻找造成这种现象的原因。

（3）降维、增维思维

在分析数据时，品牌商和企业一般只需要关心对自己有用的数据。如果某些维度下的数据与此次数据分析的目的无关，品牌商和企业可以将其剔除，从而达到"降维"的目的。

"增维"和"降维"是相对的，有降必有增。当使用当前的维度不能很好地解释某个数据时，品牌商和企业就需要对该数据做一个运算，多增加一个维度。这个增加的维度通常被称为"辅助列"。

例如，在网店运营中，在分析某个热搜词的热搜度时，运营者可以从两个维度分析该数据，一个是搜索指数，另一个是当前商品数。这两个指标一个代表需求度，一该数据个代表竞争度，有很多运营者用搜索指数除以当前商品数得到倍数，用"倍数"来代表一个词的竞争度（倍数越大，说明该热搜词的竞争度越小），这种做法就是在增维。

总之，"增维"和"降维"就是运营者在对数据的意义充分了解后，为了方便分析数据，有目的地对数据进行转换运算。

（4）假设思维

当尚未得出数据分析的结果时，运营者可以使用"假说"的方法，先假设有了结果，然后运用逆向思维来推导原因。从结果到原因，即探索要有怎么样的原因才能导致这种结果。通过不断地假设原因，运营者可以知道要想这种结果出现，自身现在满足了多少条件，还需要多少条件。

如果导致某种结果出现的原因有多种，那么运营者也可以通过"假说"这种方法从众多原因中找到导致这种结果出现的最重要的那个原因。当然，除了结果可以假设外，过程也是可以假设的。

2. 数据分析方法

零售企业常用的数据分析方法有同比/环比分析法、趋势分析法和相关性分析法。

（1）同比/环比分析法

同比，一般情况是指今年第 N 月与去年第 N 月相比较。同比主要是为了消除季节变动的影响，用于说明本期发展水平与去年同期发展水平对比后而达到的相对发展速度，如 2019 年 11 月的销售额与 2018 年 11 月的销售额相比。

环比是报告期水平与前一时期水平之比，表明现象逐期的发展速度，如 2019 年 10 月份的销售额与 2019 年 9 月份的销售额相比。

同比分析和环比分析的核心是围绕时间周期的对比进行分析，同一个指标既能做同比分析，也能做环比分析。

在实际操作中，同比分析更合理还是环比分析更合理，取决于指标本身。如果指标本身存在明显的周期性，此时如果采取环比分析法，分析结果的有效性将会大打折扣。

例如，由于春节假期的影响，每年的 2 月份都是网店的淡季，此时如果用 3 月份的销售数据与 2 月份的销售数据做环比分析，那么得出的结果超过九成都会是大幅增长，这样的环比分析也就没有多大的价值。而同比能够有效地消除周期性因素对数据的影响，用今年 3 月份的数据与去年 3 月份的数据做比较，用今年 4 月份的数据与去年 4 月份的数据做比较，两个对比对象的周期存在相似性，最终的统计结果更能说明问题。

（2）趋势分析法

趋势分析法又称为比较分析法、水平分析法，它是通过对财务报表中各类相关数字资料进行统计，将两期或多期连续的相同指标或者比率进行定基对比和环比对比，得出增减变动方向、数额和幅度，以揭示企业财务状况、经营情况和现金流量变化趋势的一种分析方法。

定基动态比率，即用某一时期的数值作为固定的基期指标数值，将其他的各期数值与其进行对比，计算公式为：定基动态比率 = 分析期数值 ÷ 固定基期数值。例如，以 2017 年为固定基期，分析 2018 年、2019 年利润增长比率。假设某店铺 2017 年的净利润为 100 万元，2018 年的净利润为 120 万元，2019 年的净利润为 150 万元，则该店铺 2018 年的定基动态比率 =120÷100=120%，2019 年的定基动态比率 =150÷100=150%。

环比动态比率，是以每一分析期的前期数值为基期数值而计算出来的动态比率，计算公式为：环比动态比率 = 分析期数值 ÷ 前期数值。仍以上例资料举例，该店铺 2018 年的环比动态比率 =120÷100=120%，2019 年的环比动态比率 =150÷120=125%。

一般来说，趋势分析适用于对商品核心指标的长期跟踪，如点击率、拍下订单金额等。做出简单的数据趋势图，并不算是趋势分析，趋势分析更多的是需要明确数据的变化，以及分析导致数据发生变化的原因。对于趋势线中明显的拐点，发生了什么事情，无论是外部原因还是内部原因，品牌商和企业都要能给出合理的解释。

（3）相关性分析法

相关性分析法是指对两个或多个具备相关性的变量元素进行分析，从而衡量两个变量因素的相关密切程度。相关性的元素之间只有存在一定的联系，才可以进行相关性分析。

相关性不等于因果性，也不是简单的个性化，相关性所涵盖的范围和领域几乎覆盖了我们所能见到的方方面面。在客户数据分析中，运营者经常需要使用相关性分析来判断两个因素之间是否存在联系，以确定数据假设是否能被用于业务中。

3. 数据分析工具

Excel 是最基本、最常见的数据分析工具，功能非常强大，几乎可以完成所有的统计分析工作。如果能明确分析需要用到的数据量在 10 万以内，那么无论是数据处理、数据可视化还是统计分析，Excel 都能支持。

通过 Excel 进行的数据处理包括对数据进行排序、筛选、去除重复项、分列、异常值处理、使用透视表进行分析等。数据可视化是指利用 Excel 提供的图表将数据进行可视化展示，包括柱状图、条形图、扇形图、折线图、瀑布图（见图 2-8）、散点图（见图 2-9）、气泡图、面积图、曲面图和雷达图等。

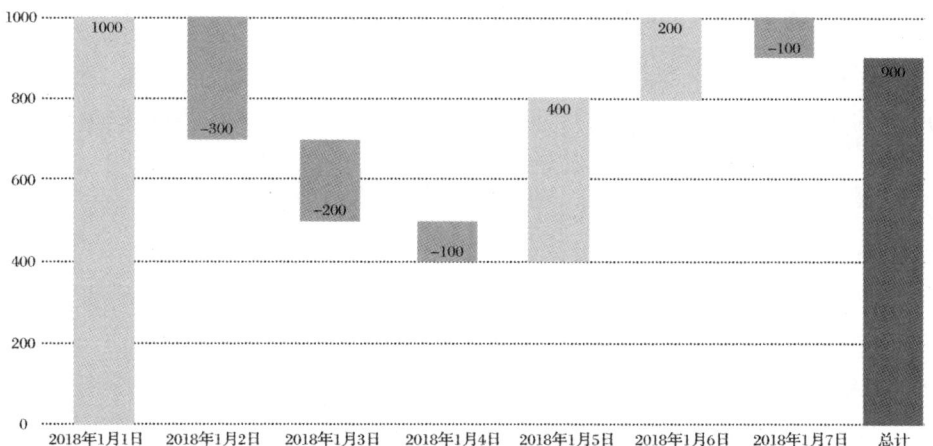

图 2-8　瀑布图

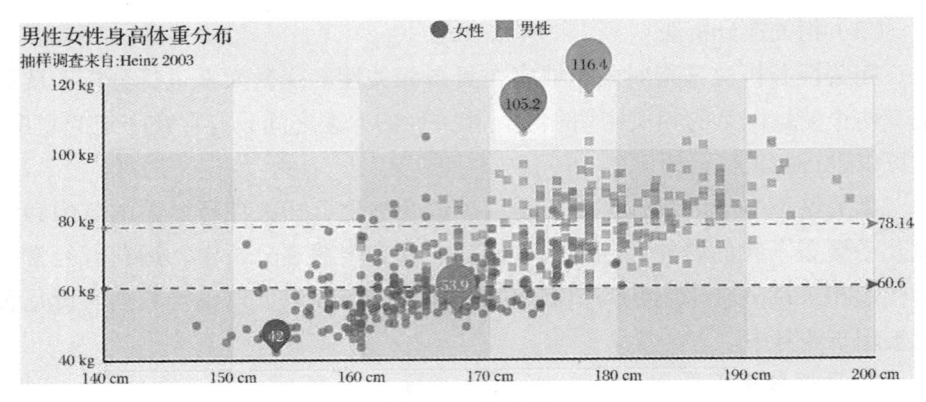

图2-9 散点图

使用Excel进行统计分析时需要加载"分析工具库",它提供了丰富的统计分析功能,基本覆盖了统计学的大部分基础领域,如描述统计、假设检验、方差分析以及回归分析等。

除了Excel之外,还有SQL、Hive、Python、Google Analytics、GrowingIO、Fine BI、Power BI等各类数据分析工具,每种工具各有优缺点,品牌商和企业在选择数据分析工具时,应视情况、侧重点来确定。当然,选择一款合适、得力的分析工具,能够大大简化数据分析工作的繁杂,提高数据分析的效率与质量。

(五)零售小数据有大价值

据估计,现在全球每两天所产生的数据相当于人类文明伊始至2003年所产生的数据总和。随着几乎一切事物被数字化,人们预计可用数据量将每两年翻一番。数据自身并不具备价值,其真正的价值在于数据基础上的分析,以及数据转化成的信息。大数据可以让企业制订更好的决策,提高效率,节约成本,增加利润。

尽管很多企业认识到了大数据的商业价值,但往往会陷入一种误区,认为自己拥有的数据太少,无法实行大数据战略。

SAP公司负责业务分析、数据库和技术的执行副总裁史蒂夫·卢卡斯曾说:"每个公司都应该考虑大数据战略,无论大小。"如果是数据量较少的中小型零售企业,可以利用小数据实行大数据战略。

小数据,是指具有高价值的、个体的、高效率的、个性化的信息资产,是以个体为核心的数据资产,其重点在于深度,对个人数据进行全方位、全天候的精确分析。如果说大数据关注的是总体和规律,那么小数据关注的则是个体和细节。

与大数据相比,小数据的真实性更高。小数据既可以是某个时间段的数据,也可以是不同季节的消费数据,包含的内容可能有会员信息、品类销量和消费记录等。

小数据的商业价值主要有以下几点。

1. 支持商业决策

小数据是可以用来做针对性的、用于支持和制订决策的高质量数据,其无须复杂的算法、昂贵的硬件设备和高额的分析费用,任何零售企业都能实现小数据的分析和管理。

综合企业所在行业的整体数据信息,可以帮助企业掌握行业发展的整体情况,而分析企业自身的数据信息,可以发现自身存在的不足和优势。将行业整体数据和自身数据对比之后,企业会更加明确自身在行业内的劣势,及时弥补,最重要的是企业可以获得有价值的数据参考,制订符合自身发展的商业决策。

2. 有助于营销推广

企业营销推广的目的是满足消费者的需求,而寻找消费者需求的最佳方式就是小数据分析。

小数据的应用门槛较低,零售企业只要有基本的零售数字化管理系统(SaaS 软件、CRM 系统),并对接企业现有的 ERP、POS 等内部系统,将各种孤立的数据有效整合利用即可。即使没有 CRM 系统,企业也可以应用小数据。例如,借助微信的关注和扫码功能,企业可以快速与消费者建立联系,通过消费者的订单分析消费者的购买偏好,为其打上特定标签,以进行精准分析。

小数据不仅可以帮助企业更加了解消费者,还可以对消费者进行特征分析,搭建企业的运营体系,并以此为基础实现传播、引流和转化,为企业的品牌发展提供持续的推动力。

3. 实现针对消费者的个性化定制

事实上,企业面对的消费者并不是一类人,而是每个人,要想让每个消费者都可以获得心仪的个性化定制商品和服务,企业就要深入挖掘每个消费者的喜好,用一对一的方式为消费者量身定制商品和服务,让消费者感受到一种独一无二的优越感。个性化定制可以实现企业的精细化营销,有效提升企业的营销业绩。由此可见，小数据虽小，但也不输于大数据，同样具有服务企业运营的巨大价值。

二、云计算 + 零售，助推零售实现自助化

零售由许多环节组成，产生的数据有很多，使用云计算，凭借其强大的扩容性，不断叠加功能，可以做到用最少资源获得最大价值。在未来，许多零售要素如技术、商品、金融、物流需要再度融合，这就要求零售商必须以数据思维、在线思维、流动思维来重审零售内涵，而云计算或许是有效方案。

（一）云计算，新零售时代的核心技术

随着数字化时代的到来，传统 IT 已经无法满足快速发展的经济形势，我们需要一个更大的流量数据池来承载日益增加的流量和数据，保证不限量，不会崩溃。由此，云计算诞生了。

云计算实质上就是一个网络。从狭义上来说，云计算是一种提供资源的网络，使用者可以随时获取"云"上的资源，按需使用，无限扩展，只需按使用量付费即可；从广义上来说，云计算是与信息技术、软件、互联网相关的一种服务，通过集合各种计算资源，以软件实现自动化管理，只要很少的人参与就能快速提供资源。在云计算下，计算能力就是在互联网上流通的商品，就像"水、电"一样成为基础设施，方便取用，价格较低。

总之，云计算是一种全新的网络应用概念，其核心概念是以互联网为中心，在网站上提供快速且安全的云计算服务与数据存储，让每一个使用互联网的人都可以使用网络上的庞大计算资源与数据中心。云计算在新零售场景上有着重要作用，可以说，云计算是新零售时代的核心技术。

由于企业与用户之间一直存在信息不对称的现象，这就使用户在使用平台服务的过程中有很多不便，受到很多限制，例如，很难及时、深入地了解产品特征以及价格变动，很难及时了解线下服务资源，也没有实时、全面掌握个人账户信息。全面满足用户的需求是一个非常难以实现的事情，而云计算是解决这一难题的有效方法。

云计算具有聚合、分享、多方协同的特点，可以将产业链各方参加者所拥有的面向最终客户的各种资源（包括产品、线下服务、账户信息等）整合起来，为客户提供全面、精准、实时的信息与相应服务，解决平台与用户、

线上线下信息不对称的困境。

1. 提供一站式产品营销

云计算可为企业提供一站式产品营销，消费者通过交互界面，在PC端、APP等渠道购买产品，查询信息；还可以利用社交功能，建立社群或圈子，与其他消费者交流和沟通。企业可收集并处理销售和社交数据，并适当调整销售、库存、采购，还可以利用数据分析消费者需求，设计专门的产品，进行定向销售。

2. 立足云端的线下服务

云计算可实现各类线下网点资源的共享。消费者可以根据个人需求，通过各种联网设备实时查询最近的网点地址、在售商品数量和价格等信息，还能实时预约商品和到店时间，享受个性化定制服务。

3. 供应链信息整合

云计算可整合供应链信息，使供应链核心企业与上下游企业之间实现在采购、销售、物流等环节的协同，信息实时传输与共享，端到端数据汇聚和处理。通过从云端获取的信息和数据，供应链各环节的企业都能够清楚地看到从采购到付款各环节的进度、状态。基于云端的大数据分析，企业可以动态掌握交易对象、合作伙伴的财务健康状况、信用等级、管理水平等。

良品铺子是一个集休闲食品研发、加工分装、零售服务于一体的专业品牌，2020年2月24日成功上市。良品铺子很早就探索数字化，是零售领域全渠道、全品类发展的典范。

2018年，良品铺子接受华为云SAP解决方案的帮助，将线下的所有SAP开发测试系统迁移到华为公有云，构建了全渠道一体化管理平台，保证在发生重大事件的情况下系统同样可以平稳运行，并快速响应市场需求，为消费者提供良好的购物体验，实现精准营销。

华为云的纵向和横向扩展灵活性使良品铺子可以轻松应对各种业务高峰带来的数据量挑战。当线下资源不足时，良品铺子可以在华为公有云上自动扩展，即使是在"6·18""双11"等重大促销活动期间，面对几百万级别的订单交付量也毫无压力。

基于华为云上开放的微服务引擎等PaaS（平台即服务）服务，良品铺子使用大量业务代码，简化研发流程，提升了自身的整体研发效率，以前部署带生产环境数据的测试系统需要3~4天，现在通过云上系统克隆，能够在1小时内轻松完成。

（二）三种可实现方式，助力零售业云转型

线上线下融合是目前新零售的基本发展趋势，实体门店和电商平台的结合将竞争转化为合作，取得双赢。在新零售消费升级的需求下，零售业实现"云转型"有三种方式，如图 2-10 所示。

图 2-10 零售渠道云转型的可实现方式

1. 智能零售终端设备

零售企业可以通过智能零售终端设备重塑"人货场"。智能零售终端设备有很多形式，如自助收银机、自助点餐机、自助取票机、自助缴费打印终端、RFID 商品导购屏、智能导购屏以及自助零售终端等，企业可以通过这些设备实现"无人"服务，而且每个设备都是一个消费场景。

智能零售终端可以看作一个小型的云端，零售企业通过构建"零售云 + 智能端"的智能零售物联网络，可以收集不同类型的消费者数据，形成精准的消费者画像，分析其消费习惯，从而优化调整供应链选品、商品货架摆放和个性化营销，以降低成本，提高效率，提升消费者的购物体验。

2. 超级电商平台

智能零售终端主要侧重线下消费场景，而超级电商平台侧重线上消费场景。例如，消费者在家感觉有些饥饿，想吃一顿美食，只要拿出手机打开外卖平台，设置好定位信息和送餐地址，然后下单支付，很快就会有人将美食送到手中。

消费者不管在哪里，只要随身携带一台智能终端，就可以轻松满足自己的消费需求。也就是说，超级电商平台对所有的实体门店进行云处理，使其成为云端服务，并通过互联网和物流配送体系打造多元化的消费场景。

3. 零售渠道转型

零售渠道转型是指将线上、线下和物流等数据信息进行深度整合，打造

超越时空限制的智能零售渠道，可以随时随地满足消费者各方面的需求。

零售渠道转型的实现方式主要是云化和智能化，企业通过技术支撑促进线上线下的融合，多渠道实现无界零售，由以往的"场—货—人"关系转变为"人—货—场"关系。

深圳云来网络科技有限公司开发了云来智慧零售会员数字化系统，可以帮助零售企业实现线上线下渠道一体化的会员数字化运营。企业可以通过该系统来加强品牌、门店、导购和顾客的互动，并实时掌握不同位置的门店和会员的消费数据。企业使用该系统的算法能够实现各门店的数据量化分析，以此为依据进行策略调整，从而提升进店人数、成交人数和复购人数，为产品开发和供应链仓储优化提供决策服务。

零售业云转型就是将零售场景中的人货场等要素全面进行数字化升级，包括数据采集、数据存储、数据分析、数据优化等，打造大数据服务闭环，让供应链各环节可以根据消费者需求进行高效、精准、个性化的运营。

（三）阿里云计划，新零售数智化转型"五部曲"

作为全球领先的云计算和人工智能科技公司，阿里云致力于以在线公共服务的方式提供安全、可靠的计算和数据处理能力，让计算和人工智能成为普惠科技。

2019年6月25日，阿里巴巴集团副总裁、阿里云智能新零售事业部总经理肖利华宣布，阿里云推出了为零售行业量身定制的数智化转型详细路线图，即一站式全链路数智化转型升级"五部曲"，如图2-11所示。

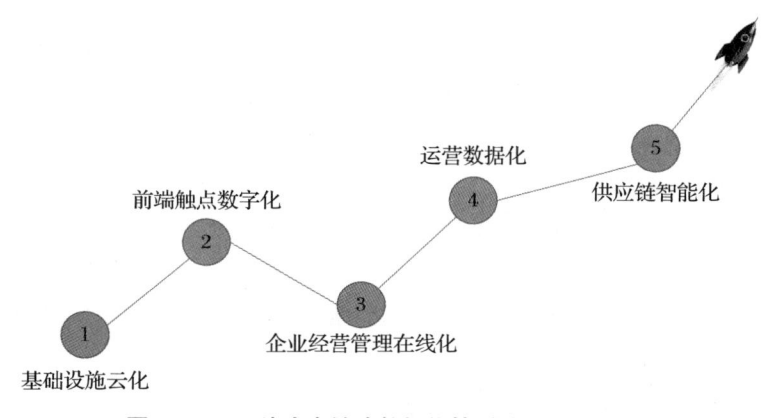

图2-11　一站式全链路数智化转型升级"五部曲"

1. 基础设施云化

企业在运营过程中产生越来越多的数据，如果自建数据中心或租用主机托管设施，企业就不得不需要进一步负责管理和维护进行数据处理的相关硬件和 IT 基础架构软件，把它们都安置在一处拥有大量充足的电力供应、互联网连接、重型冷却设备、发电机以及基于电池的电源备份系统和铜缆与光纤电缆的大型操作运营空间，而且要为其投资各种数字化和物理安全系统以确保安全。要想保证全部设施长期正常运营，企业还必须加大投资，以便提供足够的容量来满足企业不断增长的业务需求。

可见，企业自建数据中心的成本是非常大的。据测算，上云成本比自建数据中心至少降低 30%，云服务器的稳定性是自建数据中心的 5 倍以上。

阿里云拥有自主研发的超大规模通用计算云操作系统飞天、关系型云原生数据库 PolarDB、弹性裸金属服务器神龙 X-Dragon 等云计算产品，为用户提供云上数据智能服务。

同时，阿里云已经形成非常完备的企业迁移上云解决方案，从前期的云化战略咨询、上云方案设计到后期上云实施、云上应用架构和数据库优化等服务，可以帮助互联网、传统行业数据在各种复杂的场景下迁移上云。

以服装行业为例，它具有高周转、上新快、业务场景多的特点。使用云平台是服装企业降本增效的有效措施。服装企业将基础设施云化后，可以在云上构建新零售 IT 架构，促使业务快速创新，用数据智能支撑最优决策，从而满足服饰业"唯快不破"的基本规则。

基础设施云化带来的成果是显著的，中国连锁经营协会和德勤 2019 年 4 月发布的《连锁零售企业上云指引》显示，部分企业上云后，硬件成本降低超过 45%，软件成本降低超过 35%，集成成本降低超过 53%，实施成本降低超过 70%，运维成本降低超过 75%。

2. 前端触点数字化

进入新零售时代以后，线上线下渠道已经整合了交易环节，打通供销系统，全渠道整合已成为零售行业发展的趋势，零售企业比拼的将是全域作战能力。在此背景下，零售企业要想稳定发展，必须洞察消费者的消费行为特征，而前端触点数字化则是前提。

前端触点数字化的方法之一是借助物联网中台构建数字化门店，汇总线上线下数据。在消费者已经在线化、数字化的背景下，阿里云数字化门店解决方案可以为传统零售企业赋能，促进零售企业获客与转化。例如，门店可以借助商圈周边物联网设备及云端代码做精准投放，实现引客进店。消费者进店后，店内工作人员可以通过使用物联网设备及会员数据加速消费者的购买转化。

运动品牌李宁的技术总监表示，在与阿里云合作之后，李宁对消费者、门店等前端进行数字化，实现了数据分层和挖掘，消费者洞察、商圈、商业体评估和评级，用数据驱动做渠道规划和智能组货等，从而持续推动改善运营。

3. 企业经营管理在线化

很多传统零售企业存在从业人员众多、线上线下业务不协调、直销分销事务复杂、营销进程不透明、获客成本高等痛点，这些问题极大地影响了零售企业的运营效率。

随着互联网的发展，企业店铺、商品、支付等核心业务逐渐在线化，所以企业组织和沟通也应当实现在线化，从而提升企业的运营效率，改善消费者体验。

阿里巴巴提出的业务中台会进一步打通线上、线下全渠道的销售体系，很多零售企业借助业务中台可实现云端移动化办公，使企业组织在线、沟通在线、协同在线、业务在线、生态在线，实现企业经营管理的在线化、数字化。

4. 运营数据化

随着新零售运营能力的逐步升级，如何有效利用各个环节产生的大量数据并开发利用，成为每个零售企业都要面对的问题。新零售的高度协同和敏捷是传统IT系统和散落数据无法支持的，这时使用数据中台是最好的方法。阿里云新零售事业部总经理肖利华说，业务中台和数据中台是企业的"任督二脉"，打通了才能做数据智能，其中数据中台要比业务中台更先行。

数据中台可以帮助企业汇总散落在各个IT系统角落里的数据，同时为企业提供大量数据产品及一整套服务，让数据如水一样自由流通，帮助企业快速做出最优决策。

具体来说，数据中台对零售企业的赋能主要体现在以下六个方面。

①零售企业可以在数据中台上构建包括选址、货品分析、人员分析等一系列场景和应用。

②零售企业可以在全渠道、上下游生态链中利用数据来指导运营，全面进入零售数字化。

③在和消费者的触点上，零售企业可以借助多媒体渠道和物联网设备，通过全域数据进行效果可量化的精准营销，实现营销数字化。

④零售企业可以通过全域数据沉淀的消费者画像及洞察进行精准广告投放或品牌设计，实现品牌数字化。

⑤零售企业可以利用数据中台中的历史数据开展会员奖励体系、会员招募体系及会员裂变机制等设计。

⑥数据中台能够为零售企业的智能客服、语音客服的沟通语言提供"个性化语料"，帮助零售企业实现会员管理数字化。

5. 供应链智能化

前端触点数字化、企业经营管理在线化、运营数据化后所产生的大量数据在数据中台和业务中台融合后，再通过全站上云的算力加持，将推动企业进行供应链数字化改革，从而使企业实现端到端的智能化。

也就是说，数据智能可以驱动企业在线上、线下渠道的精细化运营，从而实现全局物流优化、智能补货及调度，最终构建快速、柔性的智能化供应链，这可能将是DT（数据处理技术）时代的核心商业模式。

单纯的线上或线下时代正在成为过去时，零售行业在未来必然经历一个线上线下全渠道融合的转型期，而阿里云会与生态伙伴一起打造针对各行业的全链路数智化解决方案。

供应链智能化对零售企业运营可以产生以下有利影响。

①通过大数据驱动商品企划和设计开发，成立新品创新中心。

②驱动企业在多渠道进行精细化运营。

③驱动企业构建快速、柔性的供应链。

④进行全局物流优化、智能补货及调度。

⑤驱动零售企业建设供应链金融、消费者金融、供应商金融等环节。

三、人工智能＋零售，助力打造零售智慧场景

人工智能是指研究、开发用于模拟、延伸和扩展人的智能的理论、方法、技术及应用系统的一门新的技术科学。

人工智能是计算机科学的一个分支，它企图了解智能的实质，并生产出一种新的能以与人类智能相似的方式做出反应的智能机器；该领域的研究包括机器人、语言识别、图像识别、自然语言处理和专家系统等。

（一）人工智能如何赋能新零售

随着科技的发展和资本的助力，人工智能技术正在逐步落地，为零售行业带来了一系列智能化产品、智能化门店和智能化购物体验，如人脸识别、虹膜技术、语音搜索等，给传统零售行业带来了巨大的想象空间。

随着准确度不断提升，通过对数据进行识别和学习，建立完整的数据库，人工智能可以更好地预测消费者的消费行为，帮助零售企业做出更快、更准确的决策。

在新零售时代，传统商业不可避免地面临洗牌，而人工智能技术的运用更会加速行业洗牌。对零售企业来说，要想在新零售时代浪潮中扬帆起航，需要借用人工智能这股"风"来助力。可以预见的是，未来的商业会变得越来越智慧。

随着人工智能技术的飞速发展，其用武之地越来越广。在新零售时代，人工智能将在四个方面为新零售赋能，如图2-12所示。

图2-12 人工智能为新零售赋能

1. 消费者管理智能化

消费者管理智能化主要体现在消费者分析、锁定目标消费者、抓取消费者数据、精准推送、分析目标消费者潜在需求等方面，可以帮助零售企业构建全方位、无死角的消费者画像，为了解消费者提供巨大的便利，进而实现精准营销。

线上零售的个性化推荐就是基于人工智能技术形成的一种精准营销手段，根据消费者的消费信息来分析其购物需求和偏好之后，为消费者推荐其有需求的商品，从整体上提高了成交率。

2. 商品管理智能化

由于消费者需求的多样化和商品的丰富性，企业可以借助人工智能技术进行商品管理，实现按需生产，为消费者提供个性化商品。可以这样说，人工智能技术对零售企业来说就是预测未来销售的重要工具，零售企业可以借助人工智能技术分析消费者的需求量，并据此进行生产和供应，从而通过控制产量和库存的方式避免不必要的损失。

3. 供应链管理智能化

人工智能可以帮助企业建立高效的供应链系统，形成基于消费者、门店销售、客户一体化的供应链智能管理体系，最终提升企业的经营效率，降低企业库存和供应链成本。

4. 物流管理智能化

人工智能技术可以帮助企业实现物流管理智能化，确保商品进入正确的仓库，显著提高发货效率，还可以把对消费者潜在需求的判断即时联动到供应链、物流仓储系统，企业可以快速应用智能技术与大数据分析选择合适的仓库部署商品，并选择合理的商品堆放方式，优化物流配送路径。

（二）从"人""货""场"三个维度打造智能购物体验

人工智能技术是连通线上场景和线下场景的桥梁，可以帮助企业跨越在线电商与实体门店的鸿沟，实现线上线下数据互补，从"人""货""场"三个维度打造全新的智能购物体验，如图2-13所示。

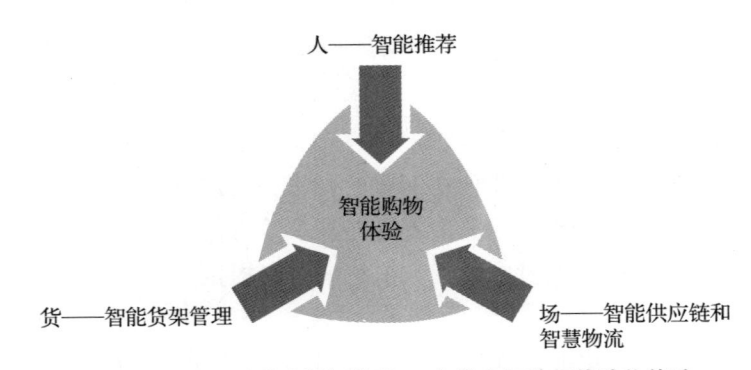

图 2-13 从"人""货""场"三个维度打造智能购物体验

1. 人——智能推荐

不同属性（性别、地域、消费偏好等）的消费者，其消费习惯有很大的差异，可能会有完全不同的购物体验。在新零售时代，人工智能技术可以针对不同消费者群体的差异化需求推出个性化的解决方案，满足消费者的品质消费和个性化消费需求。

人工智能技术的智能推荐可以分为线上场景和线下场景。

（1）线上场景

线上场景主要是指电商平台，人工智能可以通过设置数据埋点获取每个用户的页面浏览数据，统计用户进入页面的来源、中间跳转的方式、跳转到哪些页面、每个页面的停留时间及在页面内的行为（浏览、点击、收藏），以及在哪个页面结束浏览等，并据此分析用户的浏览轨迹，计算平台关键路径的转化率，以了解平台设计的合理性，从而为页面优化提供基础，最终提升线上营销的精准程度。

（2）线下场景

线上购物的一个突出缺点是消费者无法直接触摸并感受商品，只能以图片或视频的方式认知商品的特征，所以经常在商品的尺码、色差、质地等方面（尤以服装为甚）产生偏差，从而产生大量纠纷。

近几年，网络虚拟试衣技术发展得很快。网络虚拟试衣需要收集各种数据，既要对消费者体型建模，又要对服装建模，将两者匹配来展示穿着效果，而在采集消费者体型数据时，往往依赖消费者输入测量数据，测量和填写的步骤较为烦琐，且不太精准。

相对而言，线下实体门店可以更好地解决这类数据收集问题。例如，苏宁曾推出虚拟试衣镜系统，试衣镜的安装角度是固定的，系统通过引导探测消费者与镜子之间的距离，精确建模。

对服装行业来说，试衣镜在未来可能是线上线下的连接点，消费者的体型数据在线下实体门店建模以后，线上平台便可以真正实现虚拟试衣，为消费者智能匹配不同搭配，既可以是店铺陈列的商品，也可以是定制商品。消费者下单之后，商家可以直接安排调货，送到指定地点。

在人工智能的助力下，线下实体店可以为消费者创造良好的互动体验，使线下购物更有趣、更高效、更个性化。与传统的购物体验相比，这更像是一种线下的生活方式。

2. 货——智能货架管理

在很多零售店中，尽管消费者的支付方式发生了快速迭代，从现金支付、银行卡支付转变为移动支付，但店铺的货架管理手段还停留在人工阶段。

我们可以想象一下，当某位消费者打算在世界杯期间的某个晚上邀请朋友一起喝啤酒观赏比赛时，到了超市却发现货架上没有自己想要购买的啤酒，线上购买又来不及，估计会非常失望。

对于传统零售商而言，商品在货架上的摆放情况、是否要补货、销售情况、如何调整货架等信息都要在人工巡查以后才能获得，信息收集和反馈的时间过长，监测数据还不一定全面、准确。

其实，线下零售店可以通过人工智能技术实现智能货架管理，合理、有效地摆放货品，有效提升消费者的消费体验。例如，借助摄像头的人脸识别功能，在消费者进店时对其进行识别，辨明新老消费者。对于长期购买的消费者，人工智能可以根据其购物历史及周期为其推荐购物路线；对于新来的消费者，人工智能可以制作消费者画像进行精准营销。

消费者在进店以后，人工智能摄像头可以记录消费者的行进轨迹，货架上的压力传感器可以监测商品被拿起来或放下的情况，从而根据存货数量、消费者对商品的喜好情况优化商品在货架上的摆放位置。

对货架的自动化实时监测管理可谓意义重大，可以帮助零售商实现从决策到销售的全流程贯通管理。当商品缺货或信息展示不合格时，货架会发出提示；消费者对商品的挑选和购物行为会被记录下来，零售商再结合人工智能技术进行陈列优化。

3. 场——智能供应链和智慧物流

随着零售行业的不断发展，商品信息正在逐渐数字化，仓储和物流的效率不断提高，从产品的生产到配送，正在形成一个完整的智慧化零售业态。国内外的电商巨头都在加速部署智慧供应链，自动预测、采购、补货、分仓，实时调整库存，精准发货，从而实现海量商品库存的自动化、精准化管理。具体来说，目前可以看到的智能供应链应用场景主要有三大类，如表2-6所示。

苏宁超级云仓是自主研发的定制化、系统化解决方案，使货物实现从入库、补货、拣选、分拨到出库的全流程自动化、智能化作业，显著提升了仓储水平和工作效率。

表 2-6　智能供应链应用场景

智能供应链应用场景	说　明
自动预测备货	通过历史记录、节假日及促销、周期性因素、商品特性等数据预测备货，有效减少库存
智能选品	智能化诊断当前品类结构，优化品类资源配置，实现商品全生命周期智能化管理
智能仓储	根据消费者的位置和喜好，预先将商品匹配到最近的仓库，减少区域间的调拨和区域内部仓库之间的调拨，以提高时效性，同时优化调拨时的仓配方案，最大化降低调拨成本

在仓储工作过程中，苏宁超级云仓使用大量应用人工智能技术的物流机器人协同配合，这些物流机器人可以适应不同的应用场景，完成各种复杂的任务，实现商品分拣、运输、出库等环节的自动化。

智能仓储使用人工智能算法指导生产，让机器人融入生产，改变了生产模式。因此，要想实现智能仓储，企业必须大力发展机器人技术和人工智能算法，提高精准识别能力。

近些年来，很多企业逐渐重视研发无人驾驶技术。随着技术的不断成熟和商业化应用的不断推进，完整的智慧物流配送体系逐渐成形。智慧物流配送体系主要体现在物流运输和无人配送两个方面，无人配送主要由三种无人智能化设备来完成，如表 2-7 所示。

表 2-7　无人智能化设备

无人智能化设备	作　用
无人重卡	连接区域物流中心的桥梁
快递机器人	为"最后一公里"的配送构建基础
快递无人机	全方位、无死角地保证"最后一公里"的配送

当然，如今越来越多的无人智能化设备被应用到具体场景，每个智能化的场景应用连成一体，构成智慧零售的关键一环。

第三章

新零售战略，以升维体验构建全新商业模式

商业模式是指为实现消费者价值最大化，把能使企业运行的内外各要素整合起来，形成一个完整、高效、具备独特核心竞争力的运行系统，并通过最优实现形式满足消费者需求，使系统达成持续赢利目标的整体解决方案。零售企业之间的竞争，其实是各自商业模式的竞争。在新零售时代，企业要以升维思考的方式提高认知力，形成对竞争对手的升维打击。

一、三个维度，设计单维体验的商业模式

消费者体验是新零售的核心要素，没有体验就没有交易，也就是说没有体验的新零售就不是真正的消费。因为消费者为体验买单，而消费变革、渠道变革和技术变革都围绕重塑消费者体验来进行。

消费者体验来自三个维度，如表3-1所示。

表3-1 消费者体验的三个维度

消费者体验的维度	说　　明
终端——消费场景	消费者与商品产生直接联系的场景，良好的购物环境可以激发消费者的购物欲望，提高对门店的认可度，增加到店次数，以形成更大的流量
算法——数据赋能	通过数据采集和云端的数据分析，企业可以更全面地了解消费者，进行精准营销
社群——会员营销	建立会员体系，使消费者形成社群，社群内的消费者有一致的价值认同，可以体验到归属感

（一）终端——消费场景

在这一维度的商业模式中，零售企业的关键业务是打造消费场景，集中所有优势资源建设终端，以吸引消费者并促成交易。这是零售企业的传统运

营方式，主要包括设计门店、规范陈列、流程标准化等。

在这一商业模式下，任何门店都是流量入口，企业必须以门店为主导，与消费者建立紧密联系。在新零售时代，消费场景就必须具备更多的功能，主要有六大功能，如图 3-1 所示。

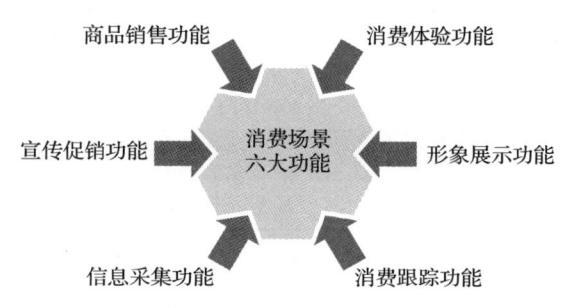

图 3-1 消费场景具备的六大功能

1. 商品销售功能

商品销售功能是终端消费场景最基础的功能。对零售终端来说，商品销售是核心，也是消费者最关注的需求，这就要求终端为消费者提供多样化、满足需求的一系列商品。

2. 宣传促销功能

宣传促销功能可以强化消费者认知，促进商品销售。零售终端要有效利用店内的空间展示商品广告，利用各种广告形式，如视频广告、展示板、海报、宣传页和宣传手册等形象地展示各种商品；或者通过导购员使用合理的推荐策略进行引导，从而使消费者对商品产生认同并购买。

3. 信息采集功能

终端作为数据采集的触点，不仅可以实时收集商品进销存数据，还可以获取消费者属性、行为等数据，为大数据分析和消费者全息画像做好铺垫。因此，零售终端必须实现数字化，结合互联网技术，实现消费者与零售终端从弱关系到强关系的转变。

4. 消费跟踪功能

零售终端选择固定的某些消费者，动态记录这些消费者的购买频次、购买商品的品牌规格和价格等，分析消费者的购买规律和行为偏好。零售终端还可以定期邀请这些消费者现场体验，以此促进他们对新商品的认同，更好地引导其消费倾向。

5. 形象展示功能

零售终端的形象展示不只是设置一个终端形象展示柜来塑造店面形象那么简单，而是要进行视觉营销，通过个性化陈列发挥典型示范作用，生动形象地展示商品，刺激消费者购买，实现品牌形象展示和传播。

6. 消费体验功能

消费可分为两大类，如表 3-2 所示。

表 3-2　消费的两大类型

消费的类型	说　　明
提袋型消费	提袋型消费就是购物，主要场景是提着购物袋把商品从零售终端带回家
体验型消费	分为广义和狭义两种：广义上的体验型消费包括文化、旅游、体育、娱乐等；狭义上的体验型消费是指在商业中心内以感官体验为主的消费，如看电影、打游戏、健身、餐饮等

零售终端要融合以上两种消费类型，首先提供体验服务，让消费者享受到体验的全过程，在体验过程中理解和认可商品，最终下单购买，提袋回家。

除了具备以上六大基本功能以外，新零售时代的零售终端要想持续占据竞争优势，还要从五个层面不断提高终端的功能，如表 3-3 所示。

表 3-3　提高终端功能的五个层面

提高终端功能的层面	具体做法
终端布局立体化	• 根据消费者生活方式，围绕商圈构建终端大场景 • 定位不同类型终端的功能，核心商圈社交化要达到优化体验、推广和提升品牌的目的 • 线上线下构成一种整合 • 构建"1+N"立体渠道，实现全渠道覆盖
终端形象场景化	• 展现品牌内涵 • 凸显商品卖点 • 深化顾客体验 • 表现促销主题 • 借助热点事件
终端促销创新化	• 创新促销主题，主题要娱乐化、IP 化，注重社交性 • 创新促销形式，形式简单易行、灵活组合、拉动营销 • 创新合作模式，善于异业联盟，做跨界整合，厂商协同

续表

提高终端功能的层面	具体做法
终端服务情感化	• 把消费者当朋友 • 针对消费者主要使用场景的痛点与爽点设计服务内容与形式 • 注重感动设计，提高服务情感体验 • 深化与消费者的关系，注重社群建设、圈层互动、客情关怀和沟通
终端运维数据化	• 终端运维包括数据可视化、智能导购、物流分析、电子标签、移动智能仓库管理、智能 VIP 识别等功能，可以提高营销精准度和运维效率 • 在大数据的支持下，智能化收集可以很快进入消费需求分解和消费行为模式分解，且越来越精确。消费者的消费行为可以一直被监控，运用这个信息数据去构建一个链接，未来的平台会有统一订单、统一促销、统一库存、统一物流和售后、统一会员管理

（二）算法——数据赋能

数据是新零售时代的"能源"，默默滋润着信息流、资金流和物流，使零售变得更加高效。在算法维度的商业模式中，零售企业的关键业务是云计算和大数据，集中所有优势资源开发数据算法，打造核心竞争力。零售企业要想在数据赋能方面做到极致，需要做好四个方面的基础工作，如图 3-2 所示。

图 3-2　数据赋能的基础工作

1. 建立大数据云平台

零售企业要建立大数据云平台，将零售终端采集的数据实时传输到云端，形成自己的数据资产。数据资产的数据类型要包括消费者社会属性、生活习惯、消费行为等多维度的信息；同时，在线上也要采集各种数据，如用户数据、活动数据、订阅数据、客户服务信息等。例如，当用户登录某网站时，用来保存站点用户数据的 Cookie 可以记录用户所有动作，如点赞、评论、访问路径、点击位置等，通过持续分析浏览过的关键词和页面，判断用户的短期需求和长期兴趣。这种方式比邀请消费者填写表单要更真实、更全面。

2. 持续迭代算法

零售企业要持续不断地迭代算法，让输出的结果更加符合现实，更加精准、科学。打个比方，我们可以把数据比作食材，把算法比作厨艺，一个厨师需要不断升级自己的做菜方法，提高自己的厨艺，配合优秀的食材，才能做出顶级的美味。

3. 用户画像

大数据时代改变和重塑了企业和消费者行为，其中最为明显的莫过于消费者的所有行为都变得越来越可视化。随着对大数据技术的研究与应用，企业越发关注利用大数据进行精准营销服务，以挖掘消费者潜在的商业价值，因此用户画像的概念出现了。

没有精准的用户画像，一切营销战略都是无本之木。用户画像是大数据的根基，可以抽象出用户的信息全貌，形成标签化的用户信息，帮助企业进一步精准、快速地分析用户的行为习惯和消费习惯等重要信息，帮助企业快速找到精准用户群体及用户需求等更广泛的反馈信息。

4. 精准策略

企业在获得用户画像之后，可以精准地了解消费者需求。因此，在实际运营过程中，企业可以实行精准策略，根据消费者需求进行精准营销，并追踪消费者反馈的信息，从而完成数据赋能的闭环，进行深度的客户关系管理，甚至找到更多扩散口碑的机会。当然，大数据的最大价值绝不是当"事后诸葛亮"，而是预测和推荐。

精准策略的意义如下所述。

①完善产品运营，提升消费者体验，摒弃之前闭门造车的落后生产模式，事先调研消费者需求，根据其需求设计制造更适合消费者的产品。

②根据已有产品的特点寻找适合的消费者，在消费者偏好的渠道上进行交互，促使消费者购买产品。

(三)社群——会员营销

在这一维度的商业模式中,零售企业的关键业务是开展会员营销,聚拢忠实的消费群体,深度挖掘消费者的价值。

会员营销是企业通过发展会员,提供差别化的服务和精准的营销,提高消费者的忠诚度,从长期来看会增加企业的利润。会员营销的目的是了解消费者及其消费行为,根据会员信息和消费行为进行会员分类管理,以提供更具针对性的营销和关怀,而且对会员促销可以成为对会员的优惠和关怀,提升会员的消费体验,使会员成为最好的口碑宣传媒体。

形成社群的基础是共同的目标、纲领或调性,人群根据以上三种要素使自己与其他人进行有效区隔,在同一个社群中的人们往往拥有相同或相似的价值观。在移动互联网时代,即时通信软件和社交媒体使广大用户之间的协同变得容易,建立社群是水到渠成的事情。

会员营销要做到三个方面,如图3-3所示。

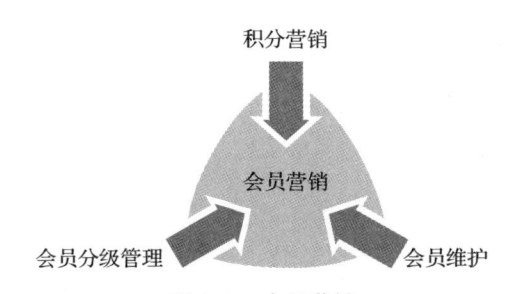

图3-3 会员营销

1. 积分营销

积分营销作为提升会员忠诚度的主要手段,越来越受到企业的重视。利用好会员积分,可以大幅度地促进会员日常消费,促进二次消费率增长。

现阶段,要想做好积分营销,企业可以按照下面几个方法来做。

(1)实行消费积分制度

很多企业在制订会员积分制度时,只在会员充值以后赠送商城积分,但会员在日常消费后并不能获得积分。企业想要通过这种方式尽快回笼资金,但这种方式会将很多不愿充值而是直接消费的消费者拒之门外。其实,会员产生消费便获得消费积分才是正常的积分营销逻辑。不管是哪一种付款方式

（现金、刷卡、微信支付、支付宝），企业都要赠送会员相应的消费积分，并使其凭借积分在积分商城兑换权益产品。

（2）增加积分获取方式

如果积分获得方式只有充值和消费这两种方式，未免显得太单一化了。企业应当制订一些积分营销方案，让会员可以从多种途径获得积分，毕竟消费者不可能每天都到线下门店或网上商城购物消费。

企业可以推出积分奖励运营方案，例如，会员推荐朋友成为会员，可以获得更多的会员积分；会员每日签到、连续签到领取积分，培养会员用户长期登录网上商城的习惯，增加网上商城的用户活跃度和用户黏性。

（3）根据会员数据准备营销活动

企业可以根据会员积分数据了解会员的消费行为，可参考的数据有点击、浏览、停留时间、购买的商品或服务等。

（4）增加积分的用途

企业通过成本核算计算商城积分的价值，据此推出丰富的权益礼品用于积分兑换，会员的积分越多，可以兑换的礼品就越多，而企业的盈利也就越多。当然，礼品的形式不可过于单一，否则难以对会员产生吸引力。

另外，积分最好可以用于抵扣消费，因为有的会员对礼品不感兴趣，更喜欢折扣优惠，所以企业可以让积分用于消费兑换，使会员感受到消费产生的附加值。

2. 会员分级管理

会员分级管理是指根据会员的消费习惯和消费能力的不同将会员进行分级，建立会员等级制度，不同的会员等级可以享受不同的折扣优惠，而低等级的会员可以通过增加消费额度，达到标准额度以后就可以升级到高等级会员。这样做可以提高会员的活跃度，让会员对企业形成持续、稳定的利益或行为输出，同时方便企业对会员进行更精细化的管理。另外，会员分级管理还便于企业对会员进行个性化营销，使企业的营销服务更贴心、更精准。

当然，会员等级制度并不适用于所有行业，企业首先要考虑消费频次。如果某产品的消费频次不高，会员等级制度就会形同虚设；因为消费频次不够高等级会员很难达到，而对低等级会员的激励性也不强。

不同行业的特点及消费频次可以做以下划分，如表3-4所示。

表 3-4　不同行业特点及消费频次

不同行业	消费频次	客单价	决策期
电商、餐饮、小家电、金融、母婴、娱乐	高	低	短
房产、家居、大家电、家装、教育、汽车	低	高	长

如果某行业产品的客单价高、消费频次低，企业就很难对会员进行等级划分，实现提高会员消费频次的目的。这类行业的一般做法是实行会员扁平化管理，挖掘会员的影响力价值，铸造口碑营销。

3. 会员维护

要想减少会员流失，提高会员的忠诚度，关键在于会员管理的后期维护。只有做好会员维护，才能更有效地激起会员进店消费的欲望。企业可以通过会员管理系统筛选会员进行回访，同时在有活动时为会员提供优惠券，及时和会员保持联系。

做好会员营销不仅是简单的会员信息采集、打折优惠，还要筛选并分析会员消费习惯和爱好等有价值的信息，优化调整会员营销制度，这样才能发挥会员的最大价值。

挖掘会员经济红利，满足会员的需求，实现针对会员的精准营销，其实质是建立起与会员的情感链接，让松散的会员组成具有统一价值观的社群，形成企业与会员间真实的闭环互动关系。

二、以升维体验升级新零售商业模式

一个好的商业模式要同时符合两个条件：一是提升用户体验，二是提升企业效率。在新零售时代，企业要想成倍提升消费者体验，就必须升维思考，形成对传统零售业的升维打击。因此，企业要在传统单维体验的商业模式基础上进行叠加，形成升维体验的商业模式。

升维体验的商业模式主要有四种，如表 3-5 所示。

表 3-5　升维体验的商业模式

升维体验	商业模式	代表企业
二维体验	终端+算法	良品铺子、素型生活馆
	终端+社群	宜家家居、兴隆大家庭、名创优品
	算法+社群	孩子王、拼多多
三维体验	终端+算法+社群	盒马鲜生、国美零售、王府井

（一）"终端+算法"模式：以大数据赋能消费场景

在这种商业模式中，零售企业利用消费场景作为端口导入消费者，吸引流量，再通过云端数据赋能更加精准地满足消费者的诉求，并再次实现精准推荐，促成二次和多次交易。同时，基于消费者画像的精准服务也增加了终端的吸引力。

作为一家跨界自营的O2O集合店，素型生活馆的理念源于"自然给人类以生命和延续，人文给我们以启迪与灵感"的哲学概念，意在倡导一种自然环保、减负、健康、随性而简约的生活方式。

素型生活馆实现了线上线下同款同价，且店内有着丰富的商品可供消费者选择，商品的设计、质量都非常好。在消费者的升维体验上，素型生活馆是如何做到的呢？

1. 数据赋能

素型生活馆与阿里巴巴合作，在开店之前根据淘品牌消费排名、关联销售等大数据，调取了门店即将入驻的购物中心周围5千米的消费者数据，分析这些消费者的消费偏好和消费属性，并整理他们的消费需求，为自己确定门店的商品结构、价格区域和店铺选品打好基础。

构建了消费者全息画像之后，素型生活馆就能知道周边的消费者平时在淘宝上购物时喜欢哪些品牌或类型的商品，并根据获得的数据合理配置门店内的商品。

除此之外，门店内的商品摆放方式和搭配销售方式也获得大数据的支撑。例如，很多购买女装的消费者在买完衣服以后会挑选相应的配饰，素型生活馆进行数据关联分析以后，可以根据数据反馈的信息在陈列商品时将衣服和配饰搭配在一起，同时提升这两类商品的销量。

由于有了数据赋能，素型生活馆在品类管理上可以大胆地迈开脚步，走出完全不同于传统的模式，例如，店内的商品品类十分丰富，不仅有服饰，还有包括VR眼镜、茶具、美容仪、书籍等在内的各类商品，满足消费者的多样化需求。店内的陈列是复合型的，所有商品都可以套选。品类跨界混搭提升了素型生活馆的销售额，生活区销售占比28%，茶品在非标品类每月销售额中占比20%，家居品类占比15%。

除此之外，这家品牌集合店内大多数的品牌是淘宝上非常受欢迎的"淘品牌"，以前消费者只能在网上通过查看图片购买服装和配饰，现在能在店内试穿、试戴之后再买，增加了购物的体验感。即使是在店内购买了商品，消费者也不必自己拿回家，如果觉得自己携带不方便，可以免费快递到家。

同时，店内的商品线上线下同款同价，商品标牌上的价格只作为参考，实际价格可以通过扫描商品的专属二维码获得。如果网上有促销优惠，线下店也可以同时提供该优惠。

阿里巴巴后台可以实时监测快要过季或不受消费者喜欢的商品，素型生活馆可以及时把这些商品调整到打折区，利用价格优惠刺激消费者购买，清理库存。

过去的电商渠道难以为消费者提供充实的体验感，而线下实体店可以。在消费者看来，商品的手感、舒适度等特性单靠文字和图片是很难表达清楚的，只有来到线下实体店进行体验，才能充分感受其特色，这样也就解决了电商渠道的痛点，为品牌发展拓展了更大的空间。

总之，大数据分析在选址、选品、陈列和物流等方面作用巨大，在决定以上因素时，不再是由经验决定决策，而是数据说了算。

2. 消费场景

消费者走进素型生活馆后，首先会觉得店面的装修风格质感十足，灯光和主色调十分柔和，给人以温暖的感觉，如图3-4所示。

图3-4　素型生活馆装修风格

服装的陈列没有那么中规中矩，但也井井有条。在这里，消费者不仅可以看到各种各样的、个性鲜明的服饰，还可以看到家纺家居类生活用品，随处可见绿色小植物和特色鲜明的创意物品和艺术品，如图3-5所示。

一直往里走，消费者会发现里边别有洞天：里边有一个书吧，消费者可以随时坐下来喝杯咖啡闲聊。

图 3-5 素型生活馆内的创意物品和艺术品

素型生活馆从三个层面入手打造终端消费场景，以成就"最美生活综合体"，如表 3-6 所示。

表 3-6 素型生活馆从三个层面打造终端消费场景

层　　面	说　　明
设计	美包容一切，不限年龄；风格简约、潮流、时尚、大气，在平凡中蕴含着品位；讲究宁静与热情、含蓄而外放的美学境界
品类	以品质为先，商品一定要健康、环保；品类主要有服饰类（女装、童装、男装、饰品、鞋子、包包）、家居类（香薰、吊灯、台灯、陶瓷、茶具、竹编、木雕、手工皂、环保布艺家居、艺术陈列品）
布局	消费空间简约、有品位；中央服务区有水吧台，免费提供各种饮料和书，设有休闲阅读区和 O2O 模式体验区，会员用户可以享用有机蔬菜、新鲜水果、食用油、蜂蜜等无公害农产品

总之，素型生活馆主要是依靠大数据，基于消费者地理位置为自身门店做目标消费群体定位、选品匹配和关联销售，最终用能够产生联想、体验感十足的场景陈列实现体验升维，激发消费者的购买欲望。

（二）"终端＋社群"模式：从消费心理出发搭建"合作式"消费场景

在这种商业模式中，零售企业利用消费场景作为端口导入消费者，吸引流量，再通过会员营销为消费者提供优质的社群服务，充分挖掘消费者价值，提高消费者的忠诚度，促进消费者二次购买或多次购买，甚至同类商品上只在一家购买。

相关数据显示，开发新客户的成本远高于维护老客户，一般是维护老客户的6倍。由此可见，为会员提供优质服务可以起到事半功倍的效果，可以显著提升成交效率。

宜家是来自瑞典的全球知名家具和家居零售商，其最为人称道的是门店给消费者带来的极致体验、贴心的会员管理和人性化的产品设计，这些都是为了升维消费者体验。

1. 消费场景

宜家秉承"门店就是家"的理念，一直为消费者提供功能齐全、设计精良、物美价廉的商品，在最大限度上满足消费者的情感和心理需求，将体验式营销做到了极致，把门店打造成了消费者的家。

宜家的体验式营销又称为软销，不会对消费者施加压力，而是照顾其感受，顺应其个人风格，满足其需求，帮助消费者达成目标，从而赢得其信任，这是一种合作式的营销传播。

具体来说，宜家在以下几个方面为消费者带来了极致体验。

（1）为消费者带来购物和休闲的双重体验

宜家受欢迎的除了家居用品，还有食品。由于宜家的食品味美价廉，很多消费者慕名而来。在家居店边逛边买是一件非常累人的事情，所以消费者往往会找个地方歇息片刻，这时如果可以品尝美食，会帮助消费者解除疲劳。因此，宜家在店内增设了食物区，为消费者打造购物和休闲的双重体验，从而增加了消费者人数，如图3-6所示。

图3-6 宜家的食物区

（2）营造家的氛围

宜家的营销方式属于展览式营销，工作人员会将各种家居用品布置成完整的客厅、卧室、厨房和浴室等，让消费者可以预见到自己未来的家的样子，如图3-7所示。宜家的家居陈列既简单又温馨，每一处都彰显了设计者的创意和匠心。

图3-7　营造家的氛围

消费者在宜家参观或购物时，旁边没有导购员推销，消费者可以自己感受商品的质量和款式。宜家鼓励消费者亲自体验商品，如拉开抽屉、打开柜门、在地毯上走一走、摇晃床或沙发查看坚固度等。通过亲自体验，消费者可以直观地感受到家居用品的舒适度，看到商品检测仪器的数值。在这里，宜家不自吹自擂，全都由消费者的体验和感受说了算，消费者往往也会发自内心地喜欢和满意。

宜家卖的不是商品，而是生活模式。为了提升门店的和谐与亲切，使消费者享受到更真实、更舒适的体验，宜家将多种商品以多种方式进行组合，设计了各种风格的样板间，如"复古""现代""欧式""中式"等，消费者可以把商品在现场的摆放效果完整复制到自己的家中。这种方式不仅给消费者带来了亲自体验的满足，还会使消费者在装修上产生更多的灵感。

（3）用儿童乐园带动全家消费

宜家会在每个商场入口处为孩子们开设免费的儿童乐园，并有专门的工作人员负责看管，这样消费者就可以安心购物了。另外，宜家卖场内还有儿童活动区和儿童用品区，让儿童有自己的一片小天地。宜家以儿童体验为原点，将消费半径延展至父母、祖父母等人，形成了"1+N"的全家消费

（4）体现人文关怀

宜家的服务充分体现了人文关怀。例如，设计师亲临现场进行设计指导；免费赠送轻巧、简便的购物袋；分类垃圾桶随处可见，购物单随处可得；赠送各种专业小册子，如购物路线图、设计指南、家装问题解答，为消费者购物提供专业而便捷的服务指导。

2. 会员营销

据数据统计，宜家销量的 40%~50% 是由会员贡献的。消费者在宜家可以免费申请会员卡，宜家这样做的目的是招募更多会员，然后培养和提升会员对宜家的品牌忠诚度。由于成为会员的门槛很低，很多消费者纷纷加入会员，而这只是宜家获得消费者数据的开始。

宜家几乎所有的营销活动会围绕会员进行，只要成为会员，就可以在宜家获得最好的待遇和优惠。当开始季节性大促销时，宜家会提前 3~5 天向会员发送提醒消息，会员可以提前购买，免去了和其他人一起购物的困扰，所以宜家的会员都有强烈的被尊崇感。

宜家在开展营销活动时会随时评估消费者的消费记录，并整理和分析数据。例如，将购买某款沙发的消费者归为一类，当再有了新品以后，宜家会结合新品品类和会员信息，为具有不同需求的会员发送针对性的消息。

最厉害的是，宜家在扩大会员群体的同时，也为会员植入了宜家的理念和信仰，所以会员的思维也与宜家趋于一致。例如，会员在装修时把装修风格设置为宜家风格，因为有设计师提供免费咨询；新家的软装也是宜家风格，因为宜家会提供专门的家装培训；就连在新家中添置咖啡也变得有宜家风格，因为宜家卖场内专门设置咖啡馆。宜家的这些设置潜移默化地影响了会员的选择。

除了满足会员需求以外，宜家还积极传递价值观，获取会员的认同感。宜家宣扬人文关怀，既注重商品的实用功能和生产工艺，又关注商品形式对消费者生活和心理产生的影响。宜家的商品不张扬，显得很节制，但又不失情趣。

现在宜家主要面向年轻一代的消费群体，秉承"富有创意、巧用空间"的设计理念。这一设计理念十分符合年轻消费者的心理，因为他们大多喜欢追求新意，想用各种新奇的方法来布置家居，所以宜家的设计既能富有美感，又能满足他们追求独特和个性的心理。

由于很多人选择的房屋空间并不是很大，所以空间利用最大化就成为一个非常重要的问题。宜家的很多家居在设计时就考虑到这一点，如可折叠餐桌、可折叠床、各式各样的储物柜等，可以很好地满足购买中小户型房屋的消费者的需求。

宜家的很多家居用品体现了当前社会发展的潮流，如环保和低碳。宜家的商品都带有标签，上面详细记录了商品的材料、产地、保存与清洁方法等，甚至很多商品是废品回收利用制造而成的，如废纸做成的灯罩、旧玻璃熔化以后重塑的玻璃花瓶、破旧衣物做成的布条窗帘等，这些都很好地迎合了消费者追求健康、环保的需求。清晰的价值诉求不仅可以吸引一大批消费者，还能让一部分会员形成具有共同价值观的社群，从而更加认可宜家的商品设计和服务体验。

总之，宜家以体验为核心，通过打造家庭氛围和贴心的会员营销塑造了极致的升维体验，达到了提升消费者体验和增加市场份额的双重目的。

（三）"算法 + 社群"模式：以大数据开展会员个性化营销

"算法 + 社群"模式往往是便利店等小型业态和没有体验终端的网络零售业态的升维体验商业模式。这些业态没有特别重视打造消费场景，主要更侧重便利和快捷，甚至没有实体终端门店，只通过平台来促成交易，用算法和社群提升消费者体验。

在这种模式下，零售企业通过会员营销提供优质的社群服务，聚拢一大批忠实的消费者，使其成为"铁杆粉丝"，并在获取足够多的会员数据后，以数据为依托，为会员提供更优质的个性化服务，同时让自身平台成为匹配供给和需求的中介，促成双方的交易。

孩子王是一家数据驱动的、基于用户关系经营的创新型家庭全渠道服务商，主营母婴童商品零售与增值服务，为准妈妈及 0~14 岁儿童提供衣、食、住、行、玩、教、学等购物及成长服务的综合解决方案，拥有实体门店、线上 PC 端购物商城、移动端 APP 等全渠道购物体验。

1. 数据赋能

孩子王敏锐地感觉到，在自身所处的行业内，未来要想单纯依靠销售商品几乎很难生存下去。互联网发展得非常迅速，信息不对称的情况也越来越少，再加上渠道扁平化的程度加深，所以企业未来一定要在消费者的使用过程中或者在某一个环节创造价值，由经营商品转变为经营群体生活，由提供选择转变为创造满足感。

成立之初，孩子王就将自身定位为一家经营消费者资产的大数据公司，充分利用大数据思维和互联网技术进行运营。

孩子王在营销时充分结合消费者的数据资产，为消费者精准推荐所需要的商品。一方面，孩子王总部成立了精准营销部门，专门负责大数据分析；另一方面，孩子王打造全员育儿顾问模式，门店内的销售人员都有另外一个身份，那就是持有国家颁发证书的育儿顾问。

孩子王的所有员工都有一个叫作"人客合一"的APP，登录后可以查看所管理消费者的购买情况，并获得大数据分析结果，如目标消费者消费金额是否达到预期值、在所有员工中的排名、需要联系消费者的确切时间、消费者多久没有激活，以及如何激活等。

另外，孩子王通过建立数据中台使资源数据化和电子化，数据中台分为商品、用户、订单、库存、支付、账户系统、积分系统、促销、红包等领域。孩子王通过以上举措有效地盘活了消费者的数据资产，将数据赋能的效果最大化。

经过不断实践，孩子王发现，要想让数据变得更有力量，数据必须具备以下三个特性，如表3-7所示。

表3-7 数据具备的三个特性

特性	说明
参与度	不仅要让供应链参与进来，还要减少消费者与相关利益者的距离感
温度	数据必须有情感，能够反映消费者的真实想法
黏度	通过数据挖掘改变消费者的购物频率，企业可以在消费者没有需求或者即将有需求之前创造满足需求的条件，促进消费者快速产生购买行为

2. 会员营销

孩子王为广大用户构建了一个社区，用户可以在这里进行精神消费，意见领袖、孩子王育儿顾问以及合作伙伴都在社区里，为用户提供服务。用户可以在这里消费知识分享、社交、儿歌、故事分享、购物笔记、动态圈子和关注等内容。孩子王的动态发布区域可以说是一个秀场，展示宝妈或者宝宝们的风采，所以具备一定的社交属性，用户之间可以互相关注，发私信聊天。

孩子王构建社区的目的是打造良好的服务体验，为会员提供更丰富的商品和服务，并打通线上线下的库存、用户、订单等数据，把平台打造成为一个家庭一站式的商品和精神消费平台，不仅可以让会员购买优质商品，还能通过社区为会员提供育儿、生活经验、情感交流、互动分享等精神消费的内容。

为了更好地打造社区,孩子王还建立了妈妈在线互助交流平台,举办各种亲子活动、手工制作活动和在线互助交流活动,这些活动帮助宝妈培养孩子的各种能力,并且寓教于乐、深入浅出。另外,孩子王创建了"妈妈后援团",团员都是25~45岁的妈妈,她们的育儿经验非常丰富,"妈妈后援团"主要有三项工作。

①准时送货。后援团的妈妈们为宝妈们配送商品,解除了陌生男性送货上门的种种不便。

②提供育儿指导。"妈妈后援团"会为宝妈们提供专业的育儿知识,近距离指导宝妈解决遇到的问题。

③一直跟进服务。"妈妈后援团"会为宝妈们提供全程顾问式关怀和商品导购建议,从宝妈怀孕直到孩子3岁,她们会一直跟进服务,为宝妈带来全新的服务体验。在商品销售的全流程,"妈妈后援团"也会一直提供服务,如售前了解宝妈们的需求,售中全面介绍商品知识,售后和宝妈们交流育儿经验。

当然,在会员管理上,孩子王也会通过大数据技术来辅助运营。孩子王要了解会员的属性,就要为会员贴标签,例如,某位会员住在高档小区,年龄在30岁左右,是一位公司白领,那么孩子王会为该会员贴上"时尚宝妈"的标签。孩子王通过采集各种数据,为会员打上不同的标签,进行分类,然后根据会员的不同需求精准营销。据数据显示,孩子王销售额的98%来自会员,可见其会员营销的成功。

孩子王多年来坚持数据挖掘分析,以C2B打造定制化供应链,专注经营其与消费者的关系,为消费者提供全方位的增值服务。孩子王从数据赋能和会员营销两个维度发力,为消费者提供了升维体验,获得了广泛认可。

(四)"终端+算法+社群"模式:构建场景、数据、会员三位一体模式

在这种商业模式中,企业通过消费场景获取流量,为消费者提供体验,吸引消费者加入会员以后,进行会员营销,发展粉丝社群,为会员提供个性化服务,同时根据获取的数据为终端建设和会员营销赋能,做好精准营销。消费者获得的体验是层层叠加的,不是简单的累加,而是体验的相互融合,消费者获得的是"三位一体"的极致服务体验。

国美曾在成立30周年时提出"重新定义零售"的口号,并将公司名称"国美电器"改为"国美零售",开始了新零售的变革。

1. 消费场景

国美进行新零售变革时,重组旗下板块,由单一的零售型企业转型成为全零售生态圈的综合"产品+服务"的提供商。

国美首先做的就是场景变革,打造"全渠道、新场景、强链接"的终端,门店在改造完之后,会给每一位进入门店的消费者带来惊喜,因为每一家门店都有其特色,借助不同的场景拉近与消费者之间的距离。

(1)提供一站式家庭生活解决方案

国美以前给人留下的印象就是一个家电卖场。消费者购置新房后,一般先要买建材、家装、家居,最后才会购买家电,国美是消费者构建新家的最后一站。

如今国美开创了"家电+家装+家居"的一体化服务模式,加速推动自己由电器零售商向以"家·生活"为主导的方案服务商和提供商转变。

国美做家装和家居,并非只是拓展业务范围,而是以消费者需求为引导,根据自身对家的概念和家庭整体解决方案的理解来提供服务,这是国美在零售业服务意识上的提升。

为了扩大自身在"家·生活"市场上的占有率,国美在整体家装业务之外还引入软装、半包、局部装修等多种家装业务形态,并深度整合家电、智能物联和家装业务,为消费者提供整体化和个性化的完整全屋定制方案,再现消费者在未来的完美生活场景。

因此,消费者可以在国美门店内看到东易日盛的家装设计场景、A.O.史密斯的地暖与净水系统场景、海尔的智能卫浴场景、格力的中央空调场景,国美正是通过这些场景为消费者提供一站式家庭生活解决方案的。

(2)以场景链接年轻消费者

国美副总裁认为,相对于性价比来说,现在的年轻消费者更注重文化认同感,所以年轻消费者喜欢的内容和产品是国美关注的方向,国美希望围绕年轻消费者开发产品,只有满足年轻消费者的需求,国美在未来才能创造更多价值。文化认同感是国美与年轻消费者对话的主要方式。

国美提出全业态大店模式,将场景化销售充分融入,消费者可以在真实需求下亲自使用,感受各个品牌新产品的性能。国美建造的大中中塔全球体验中心是全业态大店模式中的重要一环,更是国美贴近年轻一代文化的标杆,搭建的是一个满足正在成为主流消费群体的互联网原住民一代多元娱乐需求的平台。

国美副总裁表示，未来国美会通过年轻消费者喜爱的元素来搭建一个全方位链接年轻消费者群体的平台，通过剖析年轻人的沟通方式、消费形式和价值观，优化国美的零售、泛娱乐板块。

大中中塔全球体验中心正在进行新一轮升级，引入动漫、二次元、影音专区、VR智能设备专区，旨在打造一个沟通不同消费群体、加强消费者与品牌联系、具有泛娱乐属性的场景。这样可以更快地增加消费者黏性，刺激他们的消费欲望；这不再是传统高人力成本的一对一说服购买模式。

大中中塔全球体验中心单独开设了二次元展示和主题体验区域，全球众多知名动漫二次元厂商与国美先后达成战略合作，如三丽鸥（Hello Kitty）、艾影（哆啦A梦、蜡笔小新）、孩之宝（变形金刚、小马宝莉、热火、星战系列等）、泰迪熊、乐高、Animate、艾漫、良笑、瑞华行等。国美网上商城也将同步开通线上订单，未来二次元、玩具商品将实现线上线下统一销售模式，用户在线上线下都可以选购国美带来的正品二次元动漫周边产品。国美也将开展更多泛二次元IP的名人见面会、签售会等活动。

2. 会员营销

国美"重新定义新零售"的总原则是消费者为王，这表明国美始终以消费者为核心，坚持挖掘消费者的深层次需求，并想方设法满足。

新零售一定少不了优质服务。零售企业以优质服务带动消费者产生更多需求，同时在商品的整个生命周期内不断为消费者提供专业服务，这才是零售价值的真正边界。

国美特别重视会员管理，在对线上线下上亿名会员数据进行整合后，推出了会员细分模型系统SAP-CRM。通过SAP-CRM，国美可以从消费时间、消费品牌、消费频次、消费金额等多个维度分析会员购买周期、高中低端会员价值、会员购物品牌倾向等消费特征，区分具有不同需求的会员群体，并为会员制订差异化营销方案，从而最大限度地满足不同会员的不同需求。

国美通过使用SAP-CRM的大数据评估体系为会员推送个人定制式的产品解决方案，不仅可以与会员深度交互，还为会员提供了超出预期的购物体验，增加了会员的品牌黏性。据内部数据显示，国美会员的再购率达40%，远超行业平均水平。

3. 数据赋能

到目前为止，国美积累了庞大的品牌商伙伴群体和消费者群体，遍布全国多个城市的门店和国美APP，并记录了大量业务数据和消费者数据。国美供应链生态协同平台全面整合这些数据资源，实现了端到端的信息数据透明化，最大限度地消除了信息孤岛。同时，国美通过人工智能算法分析大数据信息，如消费者行为、消费轨迹、消费偏好预测等，从而反向赋能供应链，并为消费者提供个性化的消费服务。

例如，消费者进入国美线下门店后，系统会分析和解读该消费者以往的消费数据，并将消费预测结果传送到促销人员供其参考，所以促销人员在接待消费者时可以快速在海量消费者数据中找出该消费者，以做出更精准的推荐。消费者在线下门店体验完以后，可以扫码国美APP下单，这时系统会为消费者提供相关商品推荐、可接受商品价格范围等个性化精准服务。

在这一过程中，平台不仅把数据分析结果推送给销售人员，还将采购信息推送到供应商系统，以便对消费者进行确认，并做好配送预约，极大地提升了与供应商的对接效率。

总体来说，国美在新零售变革上的尝试是全方位的：在终端方面，尽最大的努力打造消费场景；在社群方面，做好会员管理和会员营销；在算法方面，充分利用大数据提供个性化消费服务，开创了"消费场景＋数据赋能＋会员营销"三位一体的升维体验商业模式。

第四章

商品创新，赋予商品全新引领力

商品是连接零售企业与消费者的纽带。在新零售时代，商品依然是整个零售行业最重要的支撑因素，没有优质的商品，就谈不上服务和体验。随着消费者的需求不断变化，商品也不能一成不变，所以商品创新是新零售发展的必然要求。商品创新决定了商业模式的生命力，可以赋予商品全新的引领力。

一、商品，实现新零售转型的基石

零售行业的本质是出售与生活相关的商品或服务，任何商品都来源于生活，并服务于消费者。不过，消费者的生活不是一成不变的。当消费者的生活不断发生变化时，如果零售行业不进行创新，无法跟上消费者生活的变化，就很难持续发展。

受时代因素的影响，热销商品一直处于不断变化中。以前消费者最看重性价比，一些物美价廉的高性价比商品往往成为热销爆款，如小米手机；而现在年轻消费者更注重体验消费，喜欢享受个性化的服务，所以一些能够给消费者带来独特体验的商品成为热销品，如智能音箱、扫地机器人等。由此可以看出，零售行业的变化非常快。

近些年来，各大购物中心或商场开始去零售化，重点关注体验。然而，不管如何去零售化，零售行业一直与商品有着不可切割的联系，零售企业在行业内的核心竞争力一直体现在商品竞争力上。

商品一直是零售行业最重要的支撑因素，没有优质商品，体验就如同无源之水。零售的本质是一种买卖关系，必须依靠成交获得收益，而成交的介质就是商品（服务是特殊的无形商品）。

不管是新零售还是传统零售，都必须以商品为基石，其他一切，如门店设计、IT系统建设等，都是为商品买卖服务的场景和工具。只有不断提升商品的品质，在商品上进行创新，企业才能实现真正意义上的新零售转型。

因此，商品创新才是实现新零售的首要任务，也是新零售本质的最根本体现。零售企业要根据消费者需求的变化创新商品，不断提升消费者对商品的好感度，并顺应时代的变化，不断赋予商品引领力。

二、新零售时代的商品评价体系

消费者对商品的评价可以影响其购买决策。当消费者对商品有一个良好的印象时，往往评价较高，购买的意愿也就较大。影响消费者对商品产生印象的因素有商品的质量、款式、风格、价格、功能、体验等，这些因素构成了消费者的商品评价体系。

（一）"体验"是商品终极评价体系

随着商品的品类越来越丰富，人们对商品的认知也逐渐多样化。对于"什么样的商品才是好商品"的问题，人们给出的答案也各不相同，而人们在回答这一问题时提到的商品评价关键词往往反映了人们评价商品的标准。

消费者对商品的评价标准经历过以下变化。

1. 物美价廉

以前消费者对优质商品的评价往往是物美价廉。每一个消费者都是经济学上的"理性经济人"，恨不得把单位价格获得的边际价值清楚地表示出来。"物美价廉"中的"价廉"是可量化的，有一定的标准，"物美"在以前商品选择余地不充分的时代也容易量化，主要看重商品的基础功能属性。

2. 定位理论

当商品经济发展得越来越成熟时，消费者可以选择的商品品类变得非常丰富，"物美"的评价变得不再容易量化，而是见仁见智，更具有主观性。消费者的评价内容不仅包括商品本身，还包括服务，除了功能性的部分以外，还有非功能性的部分，如品牌、身份认同等。

商品评价的维度变得多元化，所以很难统一商品评价体系。但是，所有的零售商品都迫切需要向消费者传递观念，解释商品的价值，这直接促进了广告行业的迅速发展。只有消费者理解和接收到的价值，才能算作真正的商品价值，才能符合"物美"的标准。因此，定位理论在这一时期很盛行，也确实很有效。如果商品的功能性很难得到客观的评价，就有必要增加解释的内容，如化妆品、快消品等。

3. 定价理论

不过，多元化的评价体系也产生了一些问题。由于消费者缺乏评价的参考，导致消费者无法对商品进行有效评价。为了方便，消费者只好通过价格来判断商品的质量，这就有了"一分价钱一分货""贵自然有贵的道理"等说法。因此，在定位理论之后，定价理论发挥了奇效。

很多海外品牌进入我国市场时，充分利用价格的逆向引导作用，将商品巧妙地进行包装，由原来针对普通消费者转变为针对中产阶层，定价较高，也获得了不错的销量，如哈根达斯。

4. 标签、特征和消费者评价

商品评价体系是零售行业乃至整个商品社会的核心规则，电商也属于零售行业，自然也适用商品评价体系这一规则。因此，在零售电商化阶段，电商平台要解决的核心问题就是统一评价体系。

我们可以回顾一下消费者在电商平台购物的流程，首先要输入商品关键词，如"衬衫"，选择喜欢的品牌和款式，然后依次点开商品，查看商品详情页，仔细了解商品的特征、细节和优点，最后查看其他消费者的评价。电商平台之所以在标注商品名称时罗列一长串关键词，为商品打上标签，同时在商品详情页罗列商品特征和优点，努力增加好评数，消灭每一个差评，是因为电商时代的商品评价体系由标签、特征介绍和消费者评价一起构成，如果没有这一评价体系，消费者就很难选择。

标签、特征介绍和消费者评价有着巨大的作用，如表4-1所示。

表4-1 商品评价体系构成三要素的作用

构成要素	作用
标签	对应功能性基础属性，帮助消费者迅速找到满足需求的商品大类
特征介绍	解构商品，把商品各个维度的优点以简单、高效、有序的方式快速解释给消费者，帮助有不同诉求的消费者找到购买的理由
消费者评价	把难以量化的"物美"属性以粗糙的方式实现了量化

在电商时代，商品的基础功能属性开始数据化，"物美"这一不可量化的属性开始变得可量化了。在电视、广播时代的广告中，信息不对称现象导致商品评价体系非常混乱，商品是否优质任由广告商解读。

而在电商时代，这一局面有了很大程度的缓解，零售行业逐步回归强调商品性价比和服务增值，商家或企业不能再通过信息不对称的方式榨取溢价。然而，由于数据物理二重性（所有人、货、场既是物理的，也是数据的）体现得不够彻底，仍然有很多属性没有被数据化，评价体系并没有真正统一。

由于不同维度量化的数据不同，所以电商时代的核心竞争力是解读和操控评价体系的能力。例如，代运营公司对各种直通车和竞价排名的规则非常熟悉，可以充分利用这些规则把商品推广到最优位置。

5. 体验

到了新零售时代，体验成为商品的终极评价体系。阿里研究院在关于新零售的报告中提到，"以人为本，以消费者体验为中心，无限逼近消费者内心需求"。如果我们现在再问消费者什么样的商品才是好商品，"体验好"似乎成了标准答案，出现的频率非常高。可见，打造极致体验成了企业安身立命、长远发展的根本。

海底捞成立于1994年，是一家以经营川味火锅为主、融汇各地火锅特色为一体的餐饮品牌。尽管餐饮行业是一个低附加值的行业，但海底捞凭借情感营销成功做到餐饮行业龙头。海底捞提供的服务非常到位，服务人员专注每个服务细节，让每一位消费者在整个消费过程中都可以体验到"五星级"服务。

在餐饮旺季时，用餐等位是一件非常无聊、消耗耐心的事情，但海底捞将这一过程变成一次愉快的经历。消费者在海底捞等餐时可以免费享用水果、零食和饮料。假如消费者结伴而来，服务人员会提供棋、牌等娱乐工具，让大家打发时间。同时，消费者还可以在等餐时享受免费的美甲、擦皮鞋等服务，有免费WiFi提供网络支持。

当消费者入座后，服务人员会把围裙、热毛巾送到他们面前；为了避免长发女士的头发落到食物中，服务人员提供皮筋和发卡；如果有戴眼镜的消费者，服务人员会提供擦镜布，以防消费者吃火锅时，眼镜因为热气的影响变模糊；当消费者把手机放在餐桌上时，服务人员会帮消费者把手机放进一个小塑料袋中，防止手机沾染油渍；如果消费者点的菜太多了，服务人员会善意提醒消费者所点的菜够吃了，避免浪费；消费者过生日，会得到海底捞赠送的礼物。

海底捞通过提供极致服务，让消费者享受到了宾至如归的体验，以至于流连忘返，多次来海底捞用餐，甚至帮助海底捞做宣传。

（二）商品三要素统一于体验

商品可以分为三个要素，如图4-1所示。

图4-1 商品三要素

在新零售时代，功能、内容和服务都统一于体验。2016年，一种"网红"酒迅速受到年轻消费者的追捧和高度认同，在年轻人的聚会中频频出现。它就是江小白，其广告语也被消费者所熟知，"我是江小白，生活很简单"。

江小白的产品定位很精准。我国白酒的历史源远流长，分类名目繁多，按照酒香型分类可以分为浓香型、清香型、酱香型、米香型等。江小白的目标消费群体是不太喜欢喝传统白酒的年轻人。现在的年轻人有着自己的生活态度和主张，更加注重自由，思想更活跃和开放，传统白酒文化及其口味与这一群体并不相符。为了更好地适应年轻消费者，江小白在产品品类上进行创新，重点打造纯净清香口感的白酒，入口绵甜、后味较长、略带苦味，但度数较低，不上头，不烧喉咙。

除了定位精准以外，江小白如此成功的另一个重要原因是，其产品为消费者带来了良好的体验。

江小白将自己的酒称为"情绪饮料"，在官网简介中这样介绍自己："江小白提倡直面青春的情绪，不回避、不惧怕。与其让情绪煎熬压抑，不如任其释放。"江小白的宣传非常精准地击中了年轻消费者的内心。

在互联网时代，人们越来越倾向于通过聊天软件与人社交，相互见面的机会越来越少，而江小白表达了温情主义情怀，号召年轻人放下手机，暂别网络，与朋友在现实中社交，不要让网络完全占据自己的生活。江小白通过这一普通而大众的营销方式，重申了自己的营销逻辑，进一步强调社交回归。

江小白的广告语和瓶身文案都是围绕情绪的碎片化来表述的，如"你心里想念的人，坐在你的对面，你却在看你的手机""世上最遥远的距离，是碰了杯，却碰不到心""青春不朽，喝杯小酒""千言万语的想念，抵不过一次见面""有多少来日方长都变成了后会无期"等。

江小白的成功固然是营销上的成功，但我们可以透过其营销文案看到其对产品功能、内容和服务的深刻理解，这也体现出了江小白新零售思维的转化。

例如，随着我国创业浪潮风起云涌，江小白敏锐地捕捉到了企业部门团建的潜在需求，对此江小白推出了拾人饮，包装容量非常夸张，高达2000毫升，吸引了大批消费者与其合影，并分享给好友或社交网络，使其内容得到疯狂传播。

江小白将这一款产品定位为"团队建设管理用酒"，可以帮助团队提升士气。这款产品是清淡型白酒，可以为团建创造微醺的氛围和热络的团建体验，功能和内容非常匹配。江小白提到，三只松鼠每年都要采购几百件拾人饮，以庆祝当年"双11"获得的销售成绩。其他企业看到江小白产品的场景体验对团队氛围有促进作用，自然就购买了这款产品，从而增加了产品销量。

从江小白的案例可以看出，其功能在大量竞争对手中并不太出众，但之所以能够逆袭，成为深受年轻消费者喜爱的品牌，就在于其精准定位了消费群体，对消费者的生存状态、经济收入、心理诉求等有很深刻的理解，同时让年轻消费者在喝这款酒时会产生强烈的情感认同，满足自身渴望表达自我与见面社交的心理需求。

当今人们的心理认知资源越来越有限，产品的维度太复杂并不容易被消费者记住，当功能、内容和服务都统一于体验时，就为消费者节约了认知成本。可以这样说，江小白的成功是体验以低成本、高效率占据消费者心智的过程。

（三）零售门店对自己商品的评价体系

前面介绍了对于消费者而言的商品评价体系，而零售门店在进行商品管理时也应建立商品评价体系。零售门店可以根据零售行业的三个要素来构建商品评价体系，如图4-2所示。

1. 会员覆盖率

会员覆盖率的计算公式为：会员覆盖率＝购买新商品的会员人数÷总消费会员人数。

新品上市后，企业很想知道早期购买者对新品的接受程度，也就是看早期购买者购买新品的占比有多少，从这一指标可以看出消费者是否接受新品。

占比高说明消费者对新品的接受程度高。

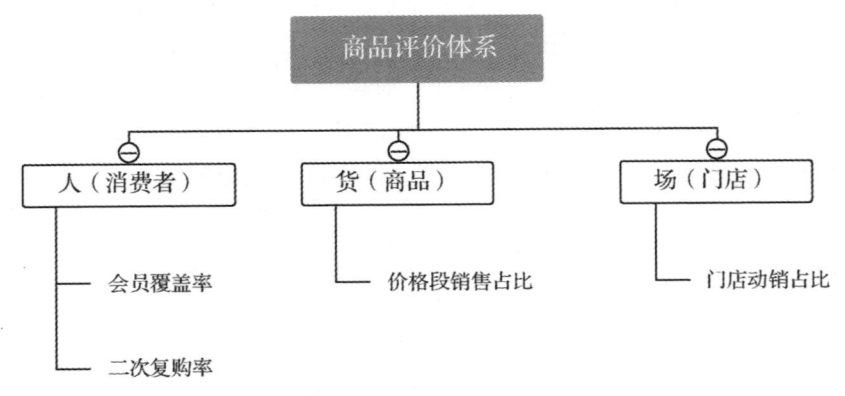

```
                        商品评价体系
          ┌────────────────┼────────────────┐
      人（消费者）       货（商品）        场（门店）
       ├─会员覆盖率      └─价格段销售占比   └─门店动销占比
       └─二次复购率
```

图 4-2　商品评价体系

2. 二次复购率

虽然会员覆盖率在一定程度上能够反映消费者对新品的接受程度，但新品在投放时往往伴随着很多促销活动，很多消费者可能是被促销活动的优惠吸引而购买，并不能反映消费者的真正购买意愿，所以不能评估其持续性购买行为，这时就要用到二次复购率。

二次复购率的计算公式为：二次复购率＝购买两次或两次以上的会员人数 ÷ 购买此商品的总会员人数。

二次复购率也叫重复购买率。二次复购率越高，说明消费者对品牌的忠诚度越高；反之，则越低。该指标可以很好地反映出消费者对商品的认可程度。

3. 价格段销售占比

价格段销售占比是指对最终成交价格做切段分组处理，计算每个价格区间商品的销售占比情况，其计算公式为：价格段销售占比＝商品在某价格段的销量 ÷ 商品在所有价格段的总销量。

通过分析价格段销售占比，企业可以看出商品最受欢迎的价格区间，同时与最初的定价策略和利润策略做对比，看到市场的真实反应与自己的定位差距有多大，准确了解消费者对商品价格的接受程度。

4. 门店动销占比

门店动销占比的计算公式为：门店动销占比＝实际销售门店数量 ÷ 可销售门店数量。

企业在建立该评价指标之前，要根据商品的实际特性选择一个合理的时间段，然后根据该指标看到商品被接受的广度。例如，某企业有 100 家门店，在某个时间段内只有 15 家门店销售出某商品，这时便可以判断该商品在广度上被接受的程度不高，此动销率也不利于库存调转。

三、创新思维模式，突破商品创新的瓶颈

很多品牌商和企业已经认识到进行商品创新的重要性，但是商品创新到底应该怎么做呢？其实，品牌商和企业进行商品创新的时候可以参考以下五种思维模式，如图 4-3 所示。

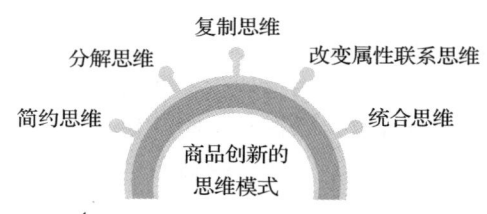

图 4-3　商品创新的五种思维模式

（一）简约思维

在开发新商品的时候，很多人总会不自觉地想要为商品增加更多的新功能。他们认为这样做能更好地满足消费者多样化的需求；殊不知，不断增加的新的特性与功能，在一定程度上也导致商品越来越复杂和臃肿。

简约思维就是将商品某些不必要的功能移除，然后为其增加新的功能。在初代苹果手机发布之前，手机都是有很多按键的，但乔布斯从简约思维出发，将手机从键盘按钮模式变成了触摸屏模式，让手机外观变得简洁美观，彻底颠覆了人们对手机的认知，改变了手机世界。

当然，简约并不等于简单，在简约的背后，需要不断打磨、不断测试，需要开发者从复杂的商品功能中提炼出核心的功能，再从商品的核心功能中提炼出必需的功能。简约往往能够创造奇迹。

（二）分解思维

将现有的商品分解开来，人们就可以从不同的角度去观察商品的全貌，

然后将分解开来的商品的各个部分进行组合，进而形成全新的商品。例如，螺丝刀有各种刀头，人们将螺丝刀拆解成刀头、刀身后，发现不同的螺丝刀头可以适用于同一个刀身，于是拆解、组合，形成了多功能螺丝刀。

（三）复制思维

复制不是指简单地将商品现有的部件或功能再多做一份，而是要对复制品进行重要的变动。例如，吉列双刃剃须刀，并不只是简单地增加了一个刀片，而是在增加刀片的同时，调整了新增刀片的角度，让其与原有刀片的角度稍微有所不同，从而剃须剃得更干净。

（四）改变属性联系思维

在某些情况下，商品的某个属性与环境属性之间存在某种联系。在进行商品创新时，可以为不存在联系的属性创造联系，或者通过改变、消除已经存在的联系来创造新的属性联系。例如，眼镜镜片的颜色与光线之间并不存在联系，采取为两者创造联系的方法，将单色镜片制成能够根据光线变化而变色的镜片，这样佩戴近视眼镜的人就无须额外配置太阳镜了。

（五）统合思维

统合思维是指在商品现有组成部分上添加新的元素，让商品的一个部件能够综合两种功能。例如，将计算机的显示器部分和主机部分整合到一起，就形成了一体机。

四、创新不等于陌生，用熟悉的新奇感吸引消费者

很多品牌商和企业都在通过打造新奇感的方式进行商品创新，但它们所开展的商品创新很多都失败了。这是因为它们在做商品创新时缺少了一个元素，即熟悉感。品牌商和企业通过商品创新来刺激消费者需求和购买欲时，需要遵循一个原则，即为商品打造"熟悉的新奇感"。

"熟悉的新奇感"，就是指消费者了解但没有体验过的感觉。用"熟悉的新奇感"来创新商品，可以借鉴以下两个方法。

（一）选择富有熟悉感的场景

品牌商和企业首先要选择一个能让目标消费群体产生熟悉感的场景。在选择这个场景时，品牌商和企业需要考虑目标消费群体对这个场景熟悉感的强弱程度，会不会因为目标消费群体对这个场景非常熟悉，导致该场景无法刺激目标消费群体产生体验或消费欲望？会不会因为目标消费群体对该场景完全不了解，导致品牌商和企业还需要花费大量时间来培养目标消费群体在该场景的消费习惯？

每个国家都有各自的饮食文化，肯德基为了"讨好中国胃"推出了油条、粥、春卷等商品，因为这些都是中式早餐的常见食品，符合中国消费者的用餐习惯，再加上品牌的影响力，这些食物很容易被接受。

（二）为商品创造新奇感

选择了目标消费群体熟悉的场景后，品牌商和企业还需要为商品创造新奇感。

1. 利用包装为商品创造新奇感

品牌商和企业可以在不改变商品原有功能的基础上，通过改变商品的包装来打造商品的新奇感。例如，可口可乐通过设计"昵称瓶""歌词瓶""城市套罐"等形式的包装，赋予可口可乐人的特性、歌词的情绪和城市调性，让消费者看到商品包装时产生新奇感。

2. 更新商品功能

品牌商和企业还可以从消费者的爽点、痒点出发，对商品功能进行更新，使商品产生新奇感。爽点是即时满足。如果一个人的需求没有被满足，他往往会感到难受，会开始寻求得到满足的方法；一旦他得到了即时满足，就会感到舒爽。例如，一些拍照APP为用户提供了自动美化和处理照片的功能，能让用户一键拍出精致、美观的照片。

痒点满足的是每个人的虚拟自我，能满足人们的情感需求。例如，当一部热播电视剧或电影出现时，市场就会出现与电视剧或电影中人物相关的服饰、配饰等各类衍生品，这些衍生品所满足的就是消费者的痒点。

五、以消费者需求为引导，实现商品创新

新零售的核心思想是"一切以消费者为中心"，所以零售企业要明确消费

者的需求，并最大努力地为消费者提供满意的商品，最好是所有消费者都想要的爆品。以消费者需求为引导，实现商品创新有以下途径。

（一）为消费者提供超出预期的商品

一件商品要想受欢迎，一定要有能够打动消费者的卖点；而要想让商品超出消费者预期，就要把商品的某个方面做到极致，如商品的性能、价格、品质等，从而引爆商品销售。

名创优品是一家"年轻人都爱逛"的生活好物集合店，一直倡导优质生活理念，产品特色为优质、创意、低价和环保。

名创优品的设计师一直坚持简约、自然的设计风格，代表性商品是名创冰泉矿泉水，如图4-4所示。名创优品花费三年左右的时间来设计瓶子，打磨500次以上，使瓶身实现了360度无缝连接，极具立体感，因此颇得消费者喜爱。很多消费者喝完水之后不舍得丢弃，会对瓶子二次利用，如在瓶子里装上水放绿植作为装饰品。正是名创优品在设计上的极致追求，才使这款矿泉水成为名创优品的爆款之一。

很多人在工作和学习时会用到笔记本，而在工作或学习的间隙，感觉累了就会想要休息一下。名创优品的设计师经过巧妙组合和包装，将笔记本与枕头合二为一，于是一款可以趴在上面睡觉的枕头笔记本诞生了，如图4-5所示。该产品一经推出就成为爆款，月销量近7万个，经常出现断货的情况。

图4-4　名创冰泉矿泉水　　　　图4-5　名创优品枕头笔记本

枕头笔记本之所以如此受欢迎，原因有三点，一是颜值高，二是价格合理，三是击中消费者需求痛点。

枕头笔记本有粉色、蓝色和绿色三个色系，封面设计主要元素是云朵、彩虹、天空、爱心等温馨图画，且风格简约、自然，给人以小清新的愉悦感和轻松感。枕头笔记本的价格合理，对于学生和办公族来说是一款性价比超高的商品。

枕头笔记本最大的创意点是有一个柔软、具有枕头功能的气垫封面，当消费者工作或学习累了的时候，可以趴在上面小憩一会儿，气垫柔软舒适，可以帮助消费者放松身体。这个创意点精准地击中了学生和办公族的需求痛点，因此引起他们的兴趣，并受到他们的喜爱。

任何一款获得多数人认可、强力征服市场的商品，一定在上市之前经过层层打磨。名创优品正是凭借其高颜值、高性价比、高品质，打造出了名创冰泉矿泉水、枕头笔记本，以及水立方水杯、波浪笔记本等多款爆款商品。

（二）对商品进行微创新

中小型零售企业如果门店数量不足，商品销量也不高，做自营商品就有很大的风险，不过这并非意味着中小型零售企业只能随大流。中小型零售企业可以对商品进行微创新，从而增加商品的价值。

微创新也要以消费者需求为中心，通过微小硬需、微小聚焦、微小迭代的方式找到最能打动消费者的需求点，从而引发消费者的兴趣，引爆消费者的口碑营销。

微创新的方式有很多，可以体现在商品包装、陈列、优惠组合或者微定制等方面，不管是哪一种创新，都要能够让消费者直接感受到。

小罐茶是互联网思维、体验经济下应运而生的一家现代茶商。小罐茶对传统茶叶的包装做了微创新。

传统茶叶包装给人的印象一般是简洁、内敛的水墨丹青、飘逸书法等风格，而小罐茶改变了传统的茶叶包装风格，在包装和推广方面都追求年轻、时尚和科技感，使广大消费者耳目一新。

小罐茶，顾名思义，就是将茶叶装在小罐中。小罐茶的规格为每罐 4 克（泡一次的量），一罐一泡，消费者饮用起来很方便。小罐茶的包装精美、坚固、密封、避光、防潮、环保，可以为茶叶提供全方位的保护。凭借高端的产品定位、高标准的品质管控和时尚、现代的品牌形象，小罐茶迅速在茶行业占据一席之地，获得社会的广泛关注。

经过长期的市场分析与研究，小罐茶发现茶叶自饮人群的消费场景呈现出多元化的特点，这些消费者在居家、办公或出差等场景中有较强的饮茶需求，所以对茶叶携带的便利性有一定的要求。而且茶叶在拆封后容易陈化变质，茶叶的保鲜存放是消费者面临的主要痛点。另外，这些消费者更喜欢个性化的饮茶过程，所以偏好大容量、可自由取量的茶叶产品。

根据消费者的需求，小罐茶在2019年5月20日推出多泡装系列产品，整合一流的创意资源，对茶叶做了一次系统性的创新，同时创新了消费者体验。

（三）开展数据分析

不管是为消费者提供超出预期的商品还是对商品进行微创新，都需要先找到消费者的需求点。开展数据分析是找到消费者需求点的有效方法。新零售实现了全供应链的数字化，无时无刻不在自动产生并保存相关数据，这也为零售企业开展数据分析提供了巨大的便利。

当今世界已经进入由数据主导的时代，大数据给各个行业带来了深刻的改变。作为快消品领域的翘楚，伊利集团与尼尔森、凯度、英敏特等权威机构进行大数据合作，并基于互联网消费者的海量数据，搭建了覆盖430个数据源、有效数据量级达到全网90%以上的大数据雷达平台。该大数据雷达平台的数据实时更新，可以帮助伊利集团全景、全时段地精准获取消费者在各个消费场景下留下的数据，确保伊利可以精准地洞察消费市场，全面挖掘和分析消费者的消费行为和习惯，并根据数据指导产品研发，开展精准营销。

通过分析全球酸奶市场的发展趋势和国内消费者的消费需求，结合大数据分析，伊利集团发现消费者普遍对高品质常温酸奶有大量需求，所以伊利集团确定了这一研发方向，推出第一款原味安慕希酸奶，并在之后继续分析海量消费数据，发现消费者期待体验到常温酸奶的更多口味。于是，伊利集团相继推出蓝莓、香草、草莓、黄桃、燕麦、芒果、百香果等多种口味的安慕希新品，都受到了广大消费者的喜爱。

随着人们生活方式的变化，乳品的饮用场景慢慢从室内拓展到户外。伊利集团通过大数据技术分析消费者的行为数据，并基于数据创新了安慕希酸奶的包装，在早期利乐钻包装的基础上推出了利乐冠、聚酯瓶装等新包装形式，消费者可以将喝剩下的酸奶装进背包里随身携带，不必担心洒漏。

伊利集团正是借助大数据分析不断对产品进行优化升级，使安慕希酸奶一直保持畅销，成为乳品消费领域的领跑者。

六、用商品组合创造海量个性化商品形态

因为需求分化，人们的需求变得越来越个性化，而大数据技术也能够分析消费者需求，这时新的商品形态要更多地以商品组合的形式存在。未来综合型商品会越来越少，具有个性化商品功能的模块会越来越多，消费者会以商品组合的方式来构建趋近内心需求的商品。因此，零售企业要用商品组合创造海量个性化的商品形态，满足消费者的多样化需求。

小米之家是小米公司的官方直营零售体验店，也是小米公司与消费者面对面沟通的一个重要窗口。消费者可以在小米之家体验到优秀的小米产品，获取全面的产品咨询，同时还能直接在店内购买产品。

小米之家的坪效高达 20 万，在世界范围内仅次于苹果的实体零售店。

小米之家成功的核心是什么呢？雷军总结道："合适的产品组合。"雷军认为，如果店内只卖手机这一类产品，消费者的购买频率太低，差不多两年来一回，但我们要砸很多市场费用，这意味着销售效率非常低。而小米之家不仅提供手机，还有很多其他产品，如生态链爆品和有品专区摆放的产品，产品琳琅满目，常逛常新。门店内还有客厅等场景化的展示区域，增强了消费者的体验感。可见，小米之家以丰富的产品品类为合适的产品组合提供了强大的基础。

此外，乐高也是一个很好的例子。乐高玩具的销量之大，使其始终位于世界十大玩具之列，曾陪伴无数孩子成长，获得家长的信赖与好评。乐高玩具趣味性十足，十分吸引孩子，可以开发孩子们的想象力、动手能力和分析能力。

乐高最开始只销售单一品种的玩具，但随着时代的发展，单一品种的玩具渐渐无法满足孩子们的需求，这时乐高开始提供玩具组合。

理论上，如果不限制乐高模块的数量，就有无穷无尽的组合可能。1998年，乐高推出了乐高机器人，集合了可编程主机、电动马达、传感器。现在，乐高类产品融入了更多的虚拟现实技术，已经超越了玩具范畴，成了快速建模的工具。同时，乐高旗下还有其他产品，如教具、游戏、视频等。

七、用"配方"打造专业商品组合

如果说商品组合是新零售时代商品的核心,那么"配方"就是商品组合的核心。"配方"原意是指通过各种物质组合得到方法和配比,在零售行业中指商品组合中某一组成部分的细分组合内容。

商品组合的初衷就是满足消费者的个性化需求,如果商品组合的核心配方只是一个针对所有消费者群体的模式,那么"配方"也就失去了意义,可以直接作为商品的属性固化到商品本身。

罗辑思维是一家知识服务商和运营商,其商品组合包括微信公众号、知识类脱口秀视频节目《罗辑思维》和内容付费型产品"得到APP"。"得到APP"一经推出,用户数和日均活跃用户数及专栏课程销售量增长很快。除了课程以外,"得到APP"还提供电子书、听书、锦囊等。

"得到APP"主要的盈利点在课程上,其针对的人群是愿意支付费用获得知识的人群。如果"得到APP"提供的课程是统一的,所有消费者看到的内容都是一样的。平台把所有讲师的课程打包在一起,把所有书籍打包在一起,采取按月订购的方式,这显然不符合消费者的个性化需求,体验也非常差。因为有的消费者想要学习经济学,有的消费者希望了解商业社会原理,有的则希望提升文化素养,他们希望可以根据自己的不同需求选择不同的课程和不同的电子书。"得到APP"的课程细分为各大领域的知识,很好地满足了消费者的个性化知识学习需求。

对课程仔细研究分析以后我们就可以发现,课程之所以比电子书、音频、视频更有吸引力,正是因为课程也是按照"配方"的模式,重新拆解和串讲原有的知识内容,从而梳理清楚底层的逻辑关系。通俗地说,"得到APP"有课程、电子书、听书和锦囊等商品形态,这些商品形态的组合可以最大限度地满足消费者的多元化需求,而课程针对特定消费者提供的知识则是课程的"配方"。

很多人在思考商品组合以及"配方"时会陷入一个思维定式:既然针对不同消费者的商品组合不同,那么商品组合没有优劣之分,只有偏好之分。这种想法是错误的,因为配方是有优劣之分的,只有好的配方才能更好地满足消费者的需求。

由于商品组合的"配方"有优劣之分,零售企业要充分发挥商品组合及其"配方"的优势，为有特定需求的消费者提供商品组合的"配方"。

  永旺超市在布置意大利面商品组合时，在米面货架附近放置一个专门的堆头，放有某品牌的意大利面及搭配的番茄酱。这种搭配是经过深思熟虑的，因为这两款商品的搭配给刚尝试做意大利面的新手提供了非常大的便利，新手只需购买这款意大利面和番茄酱就能做好意大利面，不需要添加其他调味料。但是，如果它面对的是一个意大利面烹饪高手，这种商品组合就太简单了，不符合意大利面烹饪高手的需求。

第五章

体验建设，以消费者为核心深耕体验营销

体验经济是服务经济的延伸，是农业经济、工业经济和服务经济之后的第四类经济类型，强调消费者的感受满足，重视消费行为发生时消费者的心理体验。在新零售时代，企业进行体验营销时必须以消费者为核心，最大限度地满足消费者的个性化需求，调动其感官体验，刺激消费。

一、体验经济下的消费者体验管理

体验经济这个概念来源于1998年《哈佛商业评论》的《欢迎进入体验经济》一文："体验经济是以服务为舞台，以商品做道具，从生活与情境出发，塑造感官体验及思维认同，以此抓住顾客的注意力，改变消费行为，并为商品找到新的生存价值与空间。"

如果企业只聚焦于商品和服务，就会不可避免地陷入同质化竞争。基于生活和情境打造感官体验，"销售"感受，使消费者在消费中获得巨大的愉悦感，可以帮助企业摆脱在品质、价格和服务层面的竞争，获得新的利润增长点和溢价空间。

体验经济是市场经济逐渐完善和成熟的一种表现，是服务经济的延续，拓展了服务经济的外延，是信息时代的必然产物。

（一）体验经济是第四代经济形态

综观世界经济的发展，到目前为止经历了四个阶段，体验经济是第四代经济形态。

1. 农业经济时代

农业经济又称产品经济，是大工业时期尚未形成时的主要经济形态。当时产品比较短缺，处于供不应求的阶段，控制产品或制造产品的生产资料的人最容易掌握市场。

2. 商品经济时代

商品经济又称工业经济，随着工业化的不断加强，商品越来越丰富，逐渐出现供过于求的现象，市场竞争加剧，市场的利润不断稀释。

3. 服务经济时代

服务经济是从商品经济中分离出来的，注重商品销售的客户关系，向客户提供额外利益。

4. 体验经济时代

体验经济是从服务经济中分离出来的，追求消费者感受满足的程度，重视消费过程中的自我体验。

以上四种经济形态之间的具体差异体现在多个方面，如表5-1所示。

表 5-1　四种经济形态之间的差异

经济形态	农业经济	商品经济	服务经济	体验经济
交付物	初级产品	产品	服务	体验
生产方式	种植/提取	制造	交付	营造
产品属性	自然属性	标准化	定制化	个性化
供给方式	种植、储存	生产后库存	按需交付	事中、事后感受
卖方	贸易商	制造商	提供者	营造者
买方	市场	用户	客户群体	客户个体
需求要素	特色	特性	利益	感受

以上四种经济形态就像马斯洛需求层次金字塔，从物质层面过渡到精神层面，其特点有以下几点。

①四种经济形态并存，竞争力和经济价值从农业经济到体验经济依次提升。

②当某一种较为低级的经济形态下的供应达到一定的饱和程度后，该经济形态下的竞争会逐渐加剧，陷入成本、效率和价格的厮杀，利润空间逐渐缩小，部分企业会进入下一个经济形态的层面寻找价值蓝海。

③高等级的经济形态可以对低等级的经济形态进行降维打击，获得巨大的溢价空间。

我们可以用一杯咖啡对应的咖啡豆来举例。

①农业经济：咖啡豆作为农产品种植出来以后，单位价格也许只有几分钱。

②商品经济：在加工厂完成烘焙，包装为成品，标上品牌名称，其售价变为 1~3 元。

③服务经济：在街边小店或功能性咖啡店，店员可以为消费者提供标准化咖啡萃取制作服务，使其变成一杯热气腾腾的现磨咖啡，售价成为 5~30 元。

④体验经济：消费者进入良好的环境内，如环境优美舒适的咖啡厅、新型书店、旅游景点、商务环境等，咖啡的售价成为 30~100 元。

我们通过对比体验经济和非体验经济就可以发现，企业针对不同消费者的需求，提供了差别化和具体化的服务或商品，使每一位消费者都可以获得符合自身需求的商品或服务。这就是体验经济的先进之处，量身定制是其必经之路，也是推动体验经济发展的主要动力。

在体验经济中，消费者获得的不只是商品带来的实际满足感，还有感性需求的满足，这使其愿意为之付出较高额的代价。

体验经济与新零售的关系更像是横向和纵向的关系。体验经济横向覆盖了零售、文娱、出行、教育、服务等与消费者互动的领域；而新零售则在纵向上覆盖了零售产业链，包括前端的人、货、场，后端的智慧供应链、大数据体系，以及营销渠道与方式的再定义，其中消费体验的缔造是新零售前端的关键元素之一，也是与体验经济的结合点。

（二）体验经济的十大特征

体验经济展示了社会经济发展的方向，孕育着消费方式和生产方式的重大变革，适应体验经济的快慢成为企业竞争胜负的关键。

体验经济有以下十个特征。

1. 终端性

营销学中有一个很重要的概念——渠道，是指将产品送到消费者手中的商品销售路线。消费者是零售行业的终端。如今体验经济强调的竞争方向在于争夺消费者，聚焦消费者的感受，关注最焦点、最前沿的竞争。

2. 差异性

零售企业要想满足不同消费者的需求，就必须提供差别化的服务。如今在产品层次上个性化的趋势也越来越明显，如服装和鞋子的个性化定制，消费者可以购买印有名人肖像的挂历或服装，也可以要求制作印有自己或家人头像的挂历或服装等。总之，不管是产品还是服务，市场分层的极端是因人而异的个性化。

3. 感官性

体验一定会调动身体的各个感觉器官来感知，如视觉、味觉、听觉、触觉、嗅觉等。零售企业会通过营造环境，让消费者用五官进行多个维度的体验，如可口可乐的流水线瓶的形状、五星级酒店的特殊香味等。

4. 知识性

消费者不仅要调动身体的五官来感知，更要用心来领会体验经济重视产品与服务的文化内涵，进而增加知识、增长才干。

5. 延伸性

企业提供的产品与服务只是满足消费者需求的手段，企业还要向"手段—目的链条"的纵深扩展。因此，企业要通过提供延伸服务来满足消费者的精神体验。例如，百货公司对大件物品免费送货上门，提供耐用消费品的售后维修服务，以旧换新或升级换代等。

6. 参与性

自助式消费是消费者参与性的典型体现，如自助餐、自助导游、DIY、自己配制饮料、农场果园采摘等。体验经济可以让消费者参与消费和生产活动，通过设计一些助推机制，解决信息不对称问题，增加消费者福利。体验农场的机制设计就是典型代表。

传统的蔬菜瓜果市场是农户在市场上售卖，消费者到市场上购买，而在体验农场模式下，农户将互联网与生产基地监控系统对接，使消费者可以实时监测蔬菜瓜果的生产过程，极大地降低了信息不对称对消费者的困扰。这种技术进步是一种标准的助推机制，农户通过引进网络技术构建与消费者之间的信任体系，从而形成长期合作。

7. 补偿性

企业提供的商品难免会有使消费者不满意的地方，如果对消费者造成伤害或损失，企业就要进行补偿。例如，很多企业通过电话或网络回答消费者的问题或抱怨，接受其投诉，征求其意见；有的企业准备了专项基金用于快速赔偿消费者损失；有的商场设立了退换货室，提出退换货承诺，使消费者在购物时无后顾之忧。可见，企业对消费者的权益和意见的尊重也是体验经济不可或缺的部分。

8. 抽象性

体验不像商品一样可以依据价格、质量等标准进行准确衡量，体验是难以量化的，没有标准的度量单位，因人而异，是通过感受来传递的，以感官印象的方式留存在消费者心中。体验经济下的企业要为消费者创造良好的感受，这样才能实现高溢价，同时实现高度的消费者黏性与留存。

9. 短周期性

一般规律下，农业经济的生产周期最长，一般以"年"为单位；工业经济的生产周期以"月"为单位；服务经济的周期以"天"为单位；而体验经济是以"小时"为单位，有的甚至以"分钟"为单位。

10. 关系性

长期来看，企业要努力通过多次反复的交易使企业与消费者双方的关系得到巩固和发展。就像人们需要朋友的友情一样，企业也要与消费者建立朋友关系，实现长期双赢。

（三）国内零售行业体验营销存在的问题

如今我国零售市场竞争激烈，商家策划的活动层出不穷；随着商品数量增多，商品的同质化现象越来越严重。尽管商家在努力挖掘商品卖点，创新商品营销模式，但很多时候并没有解决消费者的痛点。

在以往的商品营销过程中，商家关注的一般是目标和结果，与过程有所分离，导致很多时候营销过程中的内在价值被忽略。然而，如果商家将关注的重点放在营销过程上，重视引导消费者，对消费者的自主选择有所忽视，或过于看重营销的简捷性，不重视消费者在营销过程中的参与性，也会损害很多消费者利益，导致消费者流失。

另外，各零售商争夺市场时经常使用价格战策略，但低廉的价格只能满足消费者的暂时需求，并不能从深层次上激发消费者的购买欲望。因此，消费与体验的统一才是消费者的真实追求。也就是说，未来零售行业做好营销的最佳出路是体验营销。

零售商要想做好营销，就要从营销过程到营销结果带给消费者一种连续感，从消费者的角度出发，在商品或服务与消费者的每一个接触点上都开展体验营销，以满足消费者的体验需求作为目标，将有形的商品作为载体，做好高质量体验的经营工作。

目前，我国的百货商场、超市、品牌店和购物中心等零售业态在开展体验营销方面存在很多问题。

1. 百货商场

随着社会发展，人们生活水平不断提高，百货商场的数量越来越多，以百货商场为中心形成的商圈日益集中。不过，很多百货商场的商家采取的营销模式还很传统，尽管或多或少地涉及体验营销的内容，但关于消费者某一生活主题的体验设计非常少。很多时候，消费者的体验营销设计只满足了消费者最表面的需求，如感觉需求、情感需求等，但对于激发消费者对生活的思考，从生活方式层面带给消费者归属感等并没有实现。

目前商家开展体验营销的活动主题一般是围绕节日设计的，如春节、中秋节、情人节等。当然，也有一些主题是围绕某种生活方式设计的，如婚博会等。在婚博会中，婚车出租、摄影、婚庆典礼等商家汇聚在一起，共同创造一个以婚礼为主题的环境。但是，婚博会的现场活动大多是抽奖，与新婚生活有关的活动并未融入其中，而且很多营销人员在营销和宣传时并没有从结婚的角度出发，而是将宣传活动作为普通的促销活动，所以体验营销的效果大打折扣。

2. 超市

超市是为普通大众服务的，要满足普通大众获取物美价廉商品的需求。为了吸引广大消费者，超市经常举办促销活动，如积分换购、会员折扣等。从体验营销的层面来说，超市的主题活动大多也是节假日活动，并没有构建统一的生活主题；在与消费者沟通方面，超市与消费者的沟通多是单向沟通，只是把商品信息和促销活动信息告知消费者，而对消费者的反馈和需求了解不多。

目前，超市很少会制订主题，创造环境与消费者探讨，使消费者说出自己的诉求和感受，只有一些大型超市才能做到，而超市可以运用的体验营销只局限在感官和行动方面，并没有使用思考、情感等体验。

3. 品牌店

与百货商场和超市相比，品牌店在开展体验营销方面有很多优势，如目标群精确、环境氛围好、与消费者深度沟通的机会多、品牌内涵丰富等。不过，尽管我国很多品牌店可以精确地定位一个主题，但难以从灯光、音乐等接触点诠释主题，没有设计出具有引导性的标语来引发消费者思考，销售人员也没有充分利用有利条件与消费者进行双向沟通，所以消费者的体验营销效果并不太好。

4. 购物中心

在零售业的各种业态中，购物中心是最高级的一种业态。与百货商场、超市相比，购物中心进行体验营销的条件更好，因为购物中心包含多元化的零售业态，在传统零售中加入了很多娱乐因素。我国大部分购物中心是按照餐饮18%、零售52%、娱乐30%的比例进行商业布局，这为组织开展各种体验营销活动提供了无限可能。

虽然从硬件环境来看,购物中心开展体验营销具备独特的优势,但体验营销不仅需要硬件环境的支持,还需要灯光、气味、音乐等因素共同支持,目前很多购物中心都能给消费者提供良好的视觉体验和活动体验,但很多体验营销活动缺乏深刻性,无法给人以思考,这使体验营销活动的效果很难进一步延伸。

(四)消费者体验管理

体验经济的兴起是线下实体门店跨越提升的一大机遇,这时推进消费者体验管理是零售企业必须要做的一项工作。

消费者体验管理是零售企业以提高消费者整体体验为出发点,注重与消费者的每一次接触,通过协调整合售前、售中和售后等阶段,衔接好消费者接触点或接触渠道,为其传递目标信息,有效管理消费者体验,从而创造企业或商品的正面形象,使消费者对商品或企业产生正面感受,以实现良性互动,进而创造出差异化的消费者体验,提高消费者的忠诚度,最终增加实体店的销售利润。

零售企业要在认同和理解消费者体验理念和文化的基础上实时了解消费者体验及其期望值。在日常运营过程中,零售企业要先确定关键的体验节点,分析消费者期望值与实际体验的差距,做出针对性的决策,从而提升消费者体验。

消费者体验管理可以分为七个步骤。

1. 了解品牌价值

品牌价值是实体店吸引消费者的核心卖点,可以是商品所具有的超高性价比,可以是其人性化的服务,可以是商品的丰富度,也可以是其品牌内涵。总之,只要是可以吸引消费者来实体店购物的差异化卖点,都是实体店赖以生存的品牌价值。

2. 了解消费者期望

消费者满意度是由消费者实际体验值和期望值的差额决定的,如果消费者的实际体验没有达到心理预期,其满意度就为负值;如果消费者的实际体验超出心理预期,其满意度就为正值。消费者的满意度直接影响其后续消费。

实体店的商家要提升消费者的消费体验,同时充分分析目标消费者的消费期望,客观考量门店可以给消费者提供的实际体验值。

3. 找出关键接触点

实体店商家要把店内所有可能影响消费者体验的环节、接触点找出来，并排序分析，找出可以对消费者期望值产生关键影响的关键接触点。

4. 找到消费者期望值与实际体验的差距

实体店商家要明确消费者希望获得什么样的体验，同时观察和分析实体店在关键接触点为消费者提供的实际体验，找出差距。

当然，如果只依靠店内的工作人员，由于其思维定式和主观偏见的影响，他们可能难以发现差距和问题。这时商家可以通过店长等管理人员进行深入观察和调研对比，分析和研究那些出色的竞争对手给消费者提供的关键接触点体验。

例如，在服装店内，影响消费者体验的关键接触点是试衣不满意时店员所做出的反应。如果店员表现出不耐烦的态度，消费者就会感觉不满意；而那些消费者体验良好的服装店在这个环节就做得很到位，店员不会表现出任何不耐烦的态度，反而会耐心地帮助消费者挑选更适合的服装，为消费者出谋划策。

5. 针对问题做出改善

既然找到了消费者期望值与实际体验的差距，发现了问题所在，商家就要制订改善措施。

如果是店员的因素，商家可以对店员进行有针对性的培训指导，如果店员在培训之后仍然无法满足岗位要求，应果断辞退；如果是其他方面的因素，需要结合门店实际情况和能力，进行相应的完善。

6. 弥补短板和保持优势相结合

每家实体店都有其竞争力和优势，商家在弥补消费者体验短板的同时，也要看到自身具备的优势，并结合实体店的经济能力或人员能力有所取舍，重点弥补明显的体验劣势，强化自身的竞争优势。

7. 构建持续改善的反馈机制

实体店在体验上的改进并非经营者一时头脑发热做出的决策，而是得益于一套可以自动运转的反馈改善机制。这套反馈改善机制可以帮助商家持续改善消费者体验，主要是依靠店员、管理人员和消费者共同努力和共同监督，形成一条利益驱动链条，调动该链条上的相关人员积极投身体验、反馈和改善工作中。

二、实体店，新零售体验经济的最佳载体

实体店内的工作人员可以与消费者充分接触，最大限度地满足消费者的需求，消费者有任何需求，店员可以在第一时间获知并及时满足。同时，消费者也可以在实体店内充分体验商品，享受服务。由此可见，实体店是新零售体验经济的最佳载体。

（一）体验经济下的消费者行为特点

随着我国经济不断发展和市场体系日臻完善，消费者的市场地位不断提高，体验经济表现出独特的优势。体验经济是企业以消费者的价值和需求为出发点，根据消费者的具体需求量身定制，使消费呈现出具体化、差别化，并提供更好服务的一种经济模式。体验经济可以引发消费者体验活动的兴趣，刺激消费，因此可以加强企业的市场竞争力，扩大市场。

在体验经济下，消费者的消费行为具有以下特点。

1. 重视消费过程中的感受和体验

消费者的消费行为本身就是一个享受的过程，目的是满足自身在物质和心理上的需求。随着生活质量不断提高，消费者的消费心理和消费行为逐渐向高级形态发展，比起商品或服务本身，他们更重视消费的整个过程。

在消费行为中，消费者不只是为了获得某件商品或某项服务，还想要通过消费来发展自己，享受生活，体验消费中的乐趣。因此，消费者在消费过程中越来越重视自己的体验和感受。

其中，消费者的情感需求比重越来越大。消费者所追求的是商品或服务能提供的感受价值，包括身份象征、美的感受、时尚潮流、趣味性等，可以说现代消费者重视情感满足多于价值机能。

2. 重视品牌价值和自我消费价值

在现代市场中，品牌的重要性日益突出，消费者不管是从感受和参与性出发，还是从消费追求出发，都逐渐将品牌作为选择的目标和对象。一个好的品牌往往意味着信誉良好、技术成熟、产品优质、服务贴心，可以给消费者带来价值感，获得消费者的信任和支持。品牌价值是消费者选择和评价的重要依据，消费者对品牌价值的重视源自对降低消费风险和获取更大价值的追求。

除了重视品牌价值以外，消费者还特别重视自我消费价值。这就要求企业从消费者的价值出发，根据消费者的具体需求量身定制，使其感受到这一项服务是针对自己的、独一无二的，从而产生存在感、被重视感和满足感。

3. 与企业沟通互动更方便

在体验经济下，消费者在消费行为中更加重视和追求信息的公平性和平等性、消费体验的价值性和经济运行过程中的互动性。市场是分配资源的重要机制，因此市场信息有非常重要的作用。然而，过去企业掌握的信息远多于消费者，两者之间有巨大的信息不对称性，消费者只能依据企业提供的信息判断品牌。

随着互联网技术的发展，信息不对称现象逐渐瓦解，每个人都可以在网络上接收和发送信息，消费者与企业之间的沟通和互动变得越来越简单，这对体验经济的发展有巨大的推动作用。通过体验经济，消费者对企业的认识更全面；两者之间的互动也更方便，消费者可以通过定制、参与和试用等方式参与互动。

4. 消费者在消费时有自己的衡量标准

与以往的经济模式不同，体验经济形成了新的消费者阶层，用经济学家的话来说就是现代消费者。现代消费者往往教育程度较高，知识体系丰富，见识和阅历很广，能够在消费过程中多方面了解信息，并重视体现和提升自我价值。同时，现代消费者的生活水平有了显著提高，可以按照意愿自由选择消费品。很多年轻消费者在消费时重视体现自己的个性，比较关注商品的形式、包装、风格、色彩和质量等要素，对购买过程和购物行为有自己的衡量标准。

现代消费者的上述特征使企业的经济运行模式和消费者行为特征产生巨大的变化，体现为理性消费、愿望消费和行为至上等。消费者在经过理性和情感的衡量之后，做出更高水准的消费行为，即消费者参与。这不仅可以实现消费者行为目标，还可以使企业的经济运行获得广泛理解和关注，推动企业的长远发展。

新的消费者阶层是体验经济发展到一定阶段后的产物，同时也会对体验经济的发展和进步产生促进作用。这就要求企业重视消费者的需求和感受，根据消费者的行为特征丰富自身的服务手段和运行机制，促进企业和消费市场的发展。

（二）电商在体验建设上"先天不足"

在我国电商行业发展的过程中，"低价"曾贯穿行业竞争的始终。价格战持续不断，使所有的电商平台与低价画上了等号。这种价格上的恶性竞争使电商行业成为烧钱无底线的行业，平台越做越大，但亏损一直增加。平台每获取一位消费者，其成本也随着竞争的加剧不断攀升，但即使成本如此之高，消费者的忠诚度也没有很高，消费者随时会选择价格更低的电商平台。更重要的是，电商转化率一直没有获得实质性的突破，因此电商在经营层面压力巨大。

电商转化率低有其特定诱因，例如线上消费者数量的增长放缓，甚至遇到瓶颈，而同质化商品越来越多，竞争不断加剧。如果一味地烧钱，电商平台的资金链容易断裂。发展的瓶颈迫使电商平台寻找新的增长点，各大电商品牌纷纷向线下拓展。体验经济是电商平台继续发展的土壤，线下开店增强消费者体验，是提高转化率的有效方法。

对消费者而言，如果是价格不高的小物件，几乎不用体验，可以直接购买，而遇到价格昂贵的商品，如数码产品或家用电器等，体验就变得很重要。消费者在网上购买服装时，也可能会因为色差、尺码或材质等因素放弃购买或购买后退货，这是因为网上购买服装时无法试穿，不知道是否合体，与服装有关的各种要素都不能得到很好的展现，增加了消费者的选择成本。服装电商如果在线下有实体店，消费者既可以触摸衣服的材质，又可以试穿，其转化率无疑远高于电商的线上渠道。

所以，诸如电视、化妆品、衣服和手机这样的商品，体验的优劣决定了购买力的强弱，而体验恰恰是电商平台的硬伤。

经历了多轮疯狂的价格战后，消费者变得越来越理性，在购买商品的过程中，不断提高对商品体验的要求。电商在体验方面的劣势影响了电商的发展，所以布局线下实体店是必然的事情。

（三）实体店在消费者体验建设上的先天优势

体验经济是一种场景经济，其最佳载体是线下零售门店，即零售实体店形式。

由于电商在消费者体验建设上的先天不足，电商无法充分满足消费者的感觉和感受，不管互联网技术和虚拟现实技术如何发展，网络和虚拟终归是无法代替现实的。电商即使把商品详情页设计得再人性化、再美观，也比不上实体店对商品的实际展示，这是因为实体店可以让消费者零距离接触商品，其触感是真实、可见而可信的。

实体店的成交率远高于电商平台，而且电商平台巨头纷纷在线下布局，皆源于此。实体店在消费者体验建设上的先天优势可以表现在五个方面，如图 5-1 所示。

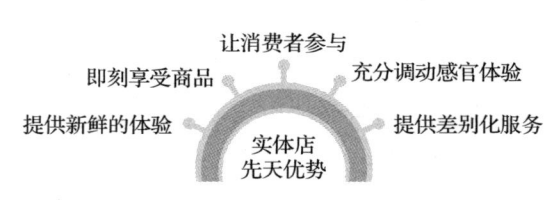

图 5-1 实体店在消费者体验建设上的先天优势

1. 提供新鲜的体验

实体店可以为消费者提供无可替代的新鲜体验。消费者可以在实体店内充分体会到逛店的乐趣，例如寻找商品、品味商品特色、试用商品、触摸和鉴别商品、对比不同的商品等；通过从不同层面体验商品，消费者可以获得网络购物无法提供的踏实感和愉悦感。

除了商品带来的新鲜体验以外，实体店的店面装潢、业态混搭、商品陈列、背景音乐和温馨服务都是吸引消费者到店购物的强力诱因。

2. 即刻享受商品

消费者在电商平台购物后，要等待一段时间才能收到商品，这是消费者必须付出的时间成本。而在实体店消费时，消费者不会遇到这种障碍，可以直接享受到商品和服务，即刻获得心理上的满足感和愉悦感。

3. 让消费者参与

在线下消费中，消费者可以充分参与消费的各个环节。目前消费者体验正逐渐从传统的功能体验和品牌影响向体验式和参与式的方向演进，消费者希望可以充分参与到消费流程中。

马斯洛认为，人的需要由生理需要、安全需要、归属与爱的需要、尊重的需要和自我实现的需要构成；低层次需要满足以后，人就会想要满足更高层次的需要。如果消费者能够充分参与到消费流程中去，他们获得的就不只是一件商品，而是一种被尊重和自我实现的成就感。DIY（自己动手制作）模式之所以受到消费者的欢迎，正是因为在 DIY 的过程中，消费者的内心获得极大的满足感，商品不再是推销给他们的，而是融合其自身付出的珍品。

4. 充分调动感官体验

体验营销是通过看、听、用、参与等手段充分刺激和调动消费者的感官、情感、思考、行动、联想等感性因素和理性因素，重新定义和设计的一种思考方式的营销方法。从体验营销的定义可知，消费者体验一定会调动其感官进行体验。充分调动消费者的感官体验，可以加深消费者对商品的感受。

女装品牌茵曼的感官营销做得很好。茵曼的品牌形象是一个梳着麻花辫的姑娘（视觉），茵曼一直主张棉麻舒适的感觉，消费者触摸起来会觉得非常舒服（触觉），而消费者在店内听到的声音往往是小溪流水、鸟叫声（听觉），可以闻到淡淡的花香或书香味（嗅觉）。茵曼的感官营销就是通过店内陈设和音乐传达出来的，消费者可以通过充分调动感官体验茵曼的产品，从而对茵曼产品有了更深的印象。

5. 提供差别化服务

由于消费者的需求呈现出个性化特征，企业要想满足其需求，必须提供差别化的服务。企业可以进行会员营销，发展会员，为会员提供个性化服务，提升消费者的重购率。实体店现在早已不是单纯卖商品了，而是卖服务、体验和生活方式，这是电商平台的劣势。

线下消费体验受到企业或商家所在地域、装潢、消费氛围、工作人员的服务态度等因素综合影响，每一个消费者从不同视角去观察，会获得完全与众不同的体验，这也正是实体商业的魅力所在。

三、优化场景，提高消费者体验的根本入口

消费者的行为都是在特定的场景下进行的，他们通过场景来认知商品，在不同的场景下具有不同的需求。企业开展营销活动也需要在特定的场景下进行，将商品卖点与消费者需求对接，触动其痛点和痒点，激发其情感共鸣，从而促使其产生购买欲望，并与之建立良好的互动关系，形成消费者忠诚度。

（一）新零售时代的场景思维

场景原指戏剧和电影中的场面，泛指情景。通俗地说，场景是某人在某时、某地、做了某件事情的情景。场景无处不在，特定的人物、时间、地点之间存在特定的场景关系，延伸到商业领域可以引发不同的消费细分市场。

在商业领域，场景的概念早已出现，在繁杂的概念解释中，将场景拆成场和景会更容易理解。

场——时间和空间。消费者在某个时间段在某个空间里停留和消费，如果没有停留和消费，说明这个场是无效的。

景——情景和互动。当消费者在某个时间段停留在某个空间里时，要有情景和互动来触发消费者的情绪，并引导其意见和想法。

场景搭建的核心目的是触发消费者情绪，从消费者接触商品到最终购买商品，以往消费者购物流程有五个步骤（如图5-2所示），而现阶段的流程已经发展到"见到就想买"。

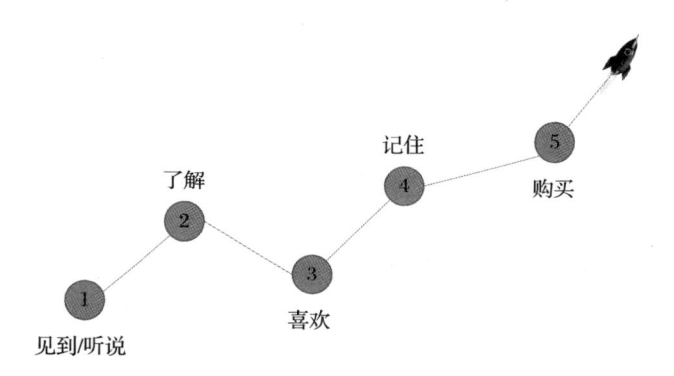

图5-2 消费者的购物流程

场景营销要通过场景搭建来实现，而场景的搭建效果又取决于场景思维。因此，场景思维成了越来越多实体店经营者、营销人员和店员所必备的一种思维模式。

场景思维，是指在某个实际的、具体的情境下，售卖者去思考商品如何满足消费者需求的思维。场景思维可以帮助企业相关人员在没有足够数据支持的情况下，通过想象的方式构建消费场景，研究相应场景中的消费者想要做什么、需要什么、有什么痛苦和麻烦。

场景与人的意识和动作息息相关，如果没有人的意识和动作，也就不存在场景。因此，在新零售时代，企业要加强对场景因素的思考，以消费者为中心，从而更加理解消费者的真实需求。

企业通过充分理解消费者的消费场景来找到更直观的解决方案，提供有效的互动，从而使消费者完成预期的购买目标。拥有了场景思维，企业的相关人员就会明白什么更重要，应该优先解决什么。

在新零售时代，线上与线下之间并非绝对对立的，而是相互融合、相互成就的。实际上，任何一种可以给消费者带来极致购物体验、为商家带来巨额利润的互联网应用都是以场景为基础进行设计的，为优化消费者体验而存在。这种应用一般要解决四个问题，如图5-3所示。

图 5-3　互联网应用要解决的四个问题

零售企业要想为消费者创造价值，就必须对其场景化需求进行思考，解决上述四个问题。

在解决以上问题时，零售企业要以手机为工具和载体，将手机作为一个入口，把移动互联网和实体环境连接起来，为消费者创造极致的购物体验。手机的使用频率越高，企业的商业应用可以连接的场景就越多，被传播的机会也就越多。

场景思维体现了以消费者为中心的互联网商业本质。在移动互联网时代，消费者体验的好坏不仅取决于商品本身的功能属性和质量，还受到围绕商品本身所打造的服务场景的影响。零售企业以场景思维思考消费者体验，可以有效地将服务从商品中延伸出来，合理分配服务成本，将关注重点由商品推销转移到商品之外的服务上。

（二）线下门店场景化变革的三个角度

如今场景化体验不管是在理论上还是实际经营效果上，都在逐渐颠覆和取代传统零售门店，迫使线下门店转向体验型商业模式。

很多门店为了增强消费者体验，正在尝试做出各种场景变革。例如，消费者可以在店内现场体验传统石磨磨豆浆的乐趣；学习制作日式寿司的方法；在书店，消费者不仅可以看书，还可以听论坛和演讲等。

当然，线下门店的场景化营销任重道远，并非只是以上那些场景那么简单，也绝非简单的硬件叠加，而是打造一个"硬件+气氛+人与人的互动"的综合系统，进行全方位提升，这些元素融合在一起才是一个完整的体验场景，否则就只是一个冷冰冰的装修而已。

1. 硬件配置

要想打造出良好的体验式场景，门店首先要做好硬件配置和设计。门店不能仅从商家和销售的角度配置营销场景，还要从消费者需求和喜好的角度出发，这是门店在体验营销工作中转变思路的重点。

线下门店打造智慧体验店就是在硬件配置方面做出的有效尝试。智慧体验店的新奇体验大多来自各种智能硬件和技术，如人脸识别、AR/VR、智能大屏营销和扫码购等。智慧体验店将新科技和新零售理念相结合，解决了消费者在体验上的痛点，充分贴近消费者需求。

2018年11月11日，晨阳水漆完成对北京鸟巢展馆的全新升级，涂料界首家智慧体验店落户鸟巢。晨阳水漆智慧体验馆通过打通线上线下，为消费者带来"产品、服务、互动"的全方位体验，成为涂料行业新零售模式标杆。

晨阳水漆智慧体验馆完美地将环保产品与黑科技融为一体，云货架、智能机器人、水漆智能涂装以及多项智能设备串联的互动游戏，使产品呈现与智能玩法纵横交错，吸引了消费者的眼球，延长了他们在馆内停留的时间，智能设备可以通过云技术快速出图和渲染，使消费者快速感受到涂装设计的虚拟效果，提高了满意度。

2. 气氛烘托

在消费升级的趋势下，消费者逐渐从"为商品而消费"升级为"为生活而消费"，他们期望在消费过程中获得个性化的体验式服务。消费者的这种消费需求对零售企业提出了更高的要求。零售商要从满足消费者的需求出发，以创新的服务和体验凝聚消费者。这就促使零售商改变传统的经营思维，从经营商品向经营消费者关系转变。

消费者的消费需求及零售商的经营理念发生变化，使得实体门店的功能由陈列商品转向营造氛围。面对消费者越来越多体现出的对个性化商品和增值服务的需求，很多零售商相继推出了新的商品展示概念。以美妆行业为例，实体门店展示中的"商品陈列导向"逐渐升级为"氛围体验导向"，凡此种种，都是为了给消费者营造一种差异化的店铺氛围，满足其个性化的体验式服务需求。

综观整个零售行业的发展脉络，直接与消费者接触的实体门店从开始的单纯注重商品的大面积陈列，逐渐延展至商品品类及展示区域多维度、多角度的规划。在实体门店的设计中，视觉、听觉、嗅觉、味觉、触觉这五感体验的设计越来越受到重视，零售终端升级的核心聚焦到消费者的消费体验上。

线下门店只有良好的硬件配置是远远不够的，一定要有效烘托出让消费者流连忘返的店面氛围，否则难以留住消费者，因为门店会给人一种毫无感情、冷冰冰的氛围，使消费者敬而远之。

例如，在竞争激烈的家居行业，宜家产品的价格并不是最低的，但宜家将场景化营销做到了极致，通过对生活空间、创意设计和产品故事的巧妙运用，营造出独特的销售氛围，这对消费者来说有强烈的吸引力。

3. 人与人的互动

与前两者相比，人与人的互动是更高层面上的场景营造元素，在这里是门店商家与消费者双方的互动。在互动营销中，双方要抓住共同利益点，在合理的沟通时机使用正确的沟通方法。

Hamleys玩具店是一家来自英国的百年老店，其场景化营销就做得非常好。Hamleys南京店是其全球单体面积最大的场景式玩具体验销售中心，其品牌形象哈姆熊会在前来光顾的小朋友中挑选一位做店铺早上开门倒计时的摇铃师。随着一声稚嫩的童音喊出"Hamleys开门！"，店面的大门慢慢打开，映入消费者眼帘的是一个充满魔幻风格的儿童玩具乐园。

Hamleys玩具店每天都在进行以上开门仪式，附近的小朋友们一直都是积极的参与者，为其带去了庞大的客流，间接带动了销售量。

小朋友们来到Hamleys玩具店，仿佛来到了一个梦寐以求的游乐场，在不同主题的玩具场景中享受到不同的极致愉快体验。这里的玩具并非如传统玩具店那样摆放在货架上供消费者挑选，而是按照不同的场景布置排列，场景周边搭建玩具展示台和游戏台，尽可能地做到动态化展示，如图5-4所示。

小朋友们在玩具店内可以尽情玩耍，畅快体验，射击、遥控车、AR体验等数十个娱乐场景几乎覆盖了不同年龄段的所有小朋友的需求。Hamleys玩具店除了营造游乐场景，烘托游戏氛围，还注重与消费者紧密互动，会针对小朋友们的需求，如性格、喜好等提供独特的主题派对定制服务。

由于在店面场景体验上的大力投入，Hamleys玩具店获得了丰厚的回报，比不做示范和体验的店铺的销售高100倍，并且总销售额占比逐年增加。

图 5-4　Hamleys 玩具店的场景布置

（三）打造互动式体验消费场景

在新零售环境下，消费者的需求开始向体验方向过渡。需求即市场，进行体验升级是传统零售实现转型升级的必经之路，为消费者创造互动式体验消费场景是增强品牌和商品竞争力的有效方式。

互动式体验消费场景具有娱乐性强、集客能力强的特点，它能让消费者在一种充满乐趣的氛围中感受商品的价值，从而让商品的价值真正地深入人心。体验式营销方式突破了传统上"理性消费者"的假设，认为消费者消费时是理性与感性兼具的。消费者在互动过程中感受到商品的效果和价值，自然而然就容易产生消费冲动。同时，消费者通过互动体验对品牌形成的良好印象不仅能成为该品牌旗下其他商品的销售动力，还能成为品牌形成口碑营销的有效渠道。

新零售模式强调以消费者为中心，所以品牌商和企业在运营过程中一定要考虑消费者的消费心理需求，以互动式体验来激发他们的购买欲望。具体来说，打造互动式体验消费场景可以从以下几个方面着手。

1. 商品现场试用

百闻不如一见，百见不如一试，品牌商和企业要为消费者提供商品试用服务，让消费者通过对商品的试用体验，切身感受商品所带来的愉悦感和功能上的价值。

2. 创造新奇、愉悦的娱乐体验

品牌商和企业要将商品或品牌的理念融入娱乐中，以一种娱乐化的体验方式让消费者在消费过程中感受新奇和愉悦。

　　人们喜欢追求新奇和愉悦的心理感受，在当今节奏快、压力较大的生活环境下，人们对新奇、愉悦感受的追求更加迫切。如果品牌商和企业能够抓住人们的这一心理需求，通过各种方式为消费者创造新奇、愉悦的体验，让他们能够放松身心，就很容易获得消费者的好感，从而取得营销上的成功。

　　为了加深消费者对 vivo 品牌及 vivo 旗下商品的认识和了解，vivo 品牌方于 2019 年 6 月在广州、武汉、重庆、长春等 9 个城市的 15 个新开业的品牌体验店中联合发起"解救好奇心"的活动。

　　"解救好奇心"活动以"更多科技产品带来的全新生活方式"作为核心概念，围绕大数据体验，通过线上线下联动的创意互动体验，从精神层面向消费者传递充满创造力的生活方式，帮助消费者解锁好奇心，感受生活的美好。

　　在线上，vivo 上线了"解救好奇心"活动专属的测试型 H5（一种用第 5 代 HTML 语言制作的数字产品），将好奇心的测试结果分为"认知型""多样型""社交型""感知型""科学型"，并分别关联相应的 vivo 品牌下的商品。测试型 H5 以趣味互动的形式让消费者在一种新奇、愉悦的体验过程中加深了对 vivo 品牌及其商品的了解，在扩大品牌影响力的同时，也实现了向线下引流，吸引消费者前往 vivo 品牌体验店进行切身体验。

　　在线下，vivo 打造"解救好奇心"创意快闪店，为消费者提供有趣、个性化的互动体验场景。"探索之池""互动出击"等互动游戏让消费者暂时忘却生活和工作带来的压力，体验这些场景带来的快乐。"好奇心攻略墙"上的文案看似随意，其实每一句都颇具内涵，直击人心。另外，还有"巨型耳机""好奇心根据地"等互动场景，都会引发消费者的驻足互动。

　　在"解救好奇心"活动中，无论是线上传播的海报、视频和 H5，还是线下的快闪体验店，都给消费者带来了互动式体验。vivo 通过互动式体验传播品牌态度，寓教于乐，在延续 vivo 所坚持的科技感十足的品牌基因的同时，抛弃了传统枯燥乏味的开业仪式，通过更加贴近消费者的方式为他们制造参与感，让消费者从被动接受转变为主动参与，不仅将 vivo "科技、年轻、时尚"的品牌印象深深地印在消费者心中，还高效地完成了消费者的引流与转化，实现了门店的销售目标。

（四）激活消费者在"五感"上的原始知觉

五感是视觉感、听觉感、味觉感、嗅觉感和触觉感，是人们感知世界的普遍方式。美国知名营销大师马汀·林斯壮首先提出了五感营销理论，即通过具象的色彩、声音、气味、味道、质感勾勒出一幅美好的画面，让消费者感受到商品，从而产生购买欲望，进行消费。

传统的场景式营销通过构建生活场景植入广告来实现营销目的，而五感体验营销是引导消费者在情感和理智上对品牌和商品产生意识共鸣。对于一个人来说，其所获得的感官体验是不可替代的，这种体验不是在一种被动的情形下形成的，而是在一种"身不由己"的情形下获得的。由于事先没有心理准备或者没有得到暗示，五感会让人产生惊喜的感受，形成措手不及的记忆。因此，在新零售时代，无论体验如何升级，最根本的要求都是要激活消费者在五感上的原始知觉。

（1）视觉感

在五感中，视觉感是最核心的感受，也是消费者对品牌和商品产生第一印象的来源。颜色、线条、光线、造型等都是可以激发视觉感的元素。人们总是更加喜欢和向往美观的事物，充满魅力的外观是商品或店铺吸引消费者靠近的第一要素，也是基本要素。因此，品牌商和零售企业可以利用光、色、形状等元素来为消费者打造别具视觉体验的空间，强化消费者对商品和品牌的记忆。

（2）听觉感

音乐的旋律、节奏可以对消费者的心情产生影响，所以品牌商和企业可以在场景中设置与其主题相适应的音乐，以此来强化消费者对品牌的记忆，或者延长消费者在场景中停留的时长。

视频是视觉与听觉的结合，用心的品牌商和企业还会在店内设置与空间主题相契合的视频，营造出空间的故事效果、动态效果。

（3）味觉感

食品、饮料行业特别适于打造味觉感。现在食品、饮料的种类相当丰富，要想让自己的商品从众多商品中脱颖而出，首先要练好内功，在商品上进行创新，生产能带给消费者不一样的味蕾感受的商品，然后就是让消费者感受到这种不同的味道，并形成记忆，从而让品牌在消费者的心中留下印记。

（4）嗅觉感

香味也是容易被人长期记忆的元素，所以利用香味加深消费者对场景的记忆是不可或缺的手段。香味可以使消费者在场景中放松，对女性消费者来说，效果尤其显著。

（5）触觉感

品牌商和零售企业通过让消费者触摸商品进行感知，使其进一步了解商品的材质和温度，从而对商品产生进一步的理解和感受，这是于无声处打动消费者的最佳方法。例如，销售高级材质服装的店铺可以通过让消费者触摸不同的面料，让他们用触觉比较法来获得认知。通过让消费者触摸普通面料和高级面料比较不同的感受，从而加深其对商品价值的理解，这样消费者才会愿意支付更高的费用购买更好的商品。

现在零售行业已经进入消费者主权时代，在消费分层化、需求个性化、购买便利化、影响社群化的新消费环境下，如何通过更加有效的方式将优质的商品和全新的育儿理念传递给以80后、90后为主的新手父母，已经成为各个母婴品牌的必修课。

2018年9月，美国知名婴儿护肤品牌Aveeno联合天猫、聚划算打造了一个"五感时光沉浸式体验馆"，让参观者直观地体验Aveeno"爱，润而不腻"的品牌内涵。

燕麦一直是Aveeno护肤产品的主要成分，体验馆以一粒巨大的燕麦为造型，营造出一种燕麦粒从天而降的视觉效果，如图5-5所示。强大的视觉效果加深了燕麦与Aveeno品牌的联系，也体现了Aveeno对产品品质、品牌力量始终如一的坚持。

图5-5　Aveeno"五感时光沉浸式体验馆"

在体验馆中，Aveeno 品牌从触觉、味觉、嗅觉、听觉、视觉五个感官维度出发，让参与者直观体验"刚刚好"的母爱，从感性角度诠释了 Aveeno 品牌"滋润不黏腻"的产品特性，同时也让参与者感受到品牌对宝宝"润而不腻"的温馨关怀，如表 5-2 所示。

表 5-2　Aveeno 品牌的五感沉浸式体验

五感沉浸式体验	具体做法
触觉体验	参与者亲自试用 Aveeno 的金牌主打产品，感受产品滋润亲和又丝毫不黏腻的特质
味觉体验	参与者免费品尝特邀营养师调制的燕麦饮品，从饮品刚刚好的甜度中感受母亲对宝宝"刚刚好"的关爱尺度
嗅觉体验	参与者亲自制作自己和宝宝专属的自然香氛香包，感受恰到好处的贴心与亲密所营造的亲子关系
听觉体验	播放自然燕麦田中麦浪沙沙的声响，参与者感受产品中蕴含的舒心呵护的自然力量；此外，参与者还可以在落地键盘上弹奏音乐，奏出专属自己的自然乐章
视觉体验	体验馆内设有 AR 特效墙，可以根据人与墙之间距离的不同呈现出不同的视觉效果。参与者可以通过控制 AR 特效墙来体验不同的视觉效果，感受亲子关系中刚刚好的亲密距离

四、加强体验，线下实体店的创新趋势

随着年轻一代消费者的不断参与，其强大的消费力正在推动零售市场向前发展。这些消费者对商品、体验和服务的要求越来越高，呈现出需求个性化、追求极致体验、注重精神消费的特征。

因此，零售企业只有不断调整应变，锻造核心的竞争力，才能开拓出更好的局面，在市场竞争中站稳脚跟。要想从容不迫地应对市场变化，企业首先要知道如今线下实体店的创新趋势。

（一）由销售商品到销售生活方式

一个品牌要想打动消费者，除了提供优质商品，为消费者提供基本的功能属性，还要做好服务，打造极致体验，以满足消费者的情感需求。

因此，很多企业不再局限于细分品类的框架，开始由销售商品转变为销售生活方式，以塑造品牌的价值主张，进而与消费者产生情感共鸣。销售生活方式，就是企业围绕某种生活方式进行品类组合、门店的空间设计和消费者体验塑造，最终形成对消费者的强大吸引力。

1. "服饰 + 生活方式"

"服饰 + 生活方式"的代表是 I.T 时尚集团推出的全新概念店 i.t blue block，如图 5-6 所示。

图 5-6　i.t blue block 概念店

它打破了传统零售模式，营造出复合式时尚生活方式空间，将时尚与生活更加紧密地结合，使消费者在衣、食、住、行各个方面都能拥有属于自己的时尚态度。

店内划分为时装服饰、生活家品、鞋履配饰和户外用品不同区域，为消费者提供全方位一站式购物方式，同时各个区域的不同主题也能激发消费者在社交网络上分享和传播的兴趣。例如，彩色洗衣店、粉色宾馆、地铁车厢、大型集装箱等，天马行空的想象融于店内装潢之中，整个门店成为主题乐园，为消费者创造了新鲜感。

2. "书店 + 生活方式"

"书店 + 生活方式"的代表是西西弗书店旅行主题店——西西弗 SOLO。这家主题店于 2018 年 9 月在上海世茂广场店开业，是西西弗书店体系中的一个独特存在，不管是店型定位、视觉风光还是书品种类，都围绕"旅行"和"生活"来构造。

西西弗 SOLO 选取了整体爽朗明快、简洁现代的氛围和风格，呈现出与旅行、轻松生活相匹配的自由和舒适感。

这家主题店通过在旅游、出行等场景中选取丰富的细节元素凸显了主题感，如大量方向标和指示牌，给进店的消费者营造一种人在旅途的感觉；图书区贴合"环球世界之旅"，无论展架陈列、书籍品类还是细节元素，都与该主题相关，来到这里的消费者可以广泛涉猎旅游见闻、地域文化、旅行感悟与想象等内容，感受世界的奇妙、思想的纯粹和旅游的欢愉，如图 5-7 所示。

矢量咖啡区以"旅途中的候车站"的视觉形象示人，如悬空导视牌、点单吧台等高度模拟车站场景元素，打造了一处值得停驻与品味的创意空间，如图 5-8 所示。在旅游概念主题区，有大量与旅游见闻、地域文化、旅游感悟和想象等相关的内容。在互动主题区，有热气球造型的趣味互动装置，吸引消费者拍照分享。

图 5-7　西西弗 SOLO 图书区　　　　图 5-8　"旅途中的候车站"

西西弗 SOLO 从一个热爱旅游和旅行生活的人的角度出发，思考如何满足他们的阅读需求，用独具特色的内容反映旅行者的精神世界，构建了一个既精致又富有共鸣感的场所。

3. "家居 + 高端生活方式"

LANEHUB 瓴里是一家高端家居品牌店，将自己定位为"生活方式新零售品牌"，2018 年上线了瓴里 APP，并在上海白玉兰广场开设了第一家线下体验店。该体验店面积达 1500 平方米，打造了一套完整的场景化空间，集合众多国际高端品牌及设计师的作品，有很多系列，如家纺、卫浴、灯具、餐厨、饰品、运动、数码、儿童、旅行等，并按照生活场景搭配完备。

LANEHUB 瓴里致力于为消费者创造愉悦的生活方式，不仅为消费者提供家具家居体验，还在体验店内设置咖啡区、会客厅、共享工作区、亲子活动区等，并时常与时尚界、艺术界等合作。

例如，LANEHUB 瓴里曾与蔚来汽车合作举办跨界展，展示了 1000 万元的纯电动超级跑车 EP9，形成场景互补，使本品牌进一步渗透到高收入人群；LANEHUB 瓴里与上海译文出版社合作，在店内设置上海译文出版社的书籍专架，并在线上线下不定期举办阅读、设计、旅行、艺术、戏剧等主题分享活动，为消费者打造具有更多互动、更好体验的阅读生活。

（二）突破常规，纵横延伸

由于线下实体店的竞争越来越激烈，要想立足于不败之地，实体店必须突破常规，纵横延伸。

1. 横向延伸

延伸业务线，增加消费者的体验维度，如万物市集、吃喝研究所等新零售超市将业务延伸至餐饮、烘焙教室等；奈雪的茶推出"奈雪的礼物"门店，特别设置了"礼物 store"娃娃机游戏区，在茶饮店内融入了娱乐体验。通过以上尝试，这些实体店打破了服务场景的边界，为消费者带来了惊喜。

2. 纵向延伸

延伸产业链，朝平台化方向发展，这也是线下实体店提高生存能力、突破盈利天花板的新方向。例如，设计师品牌集合店 magmode 名堂、AnyShopStyle 等通过集合孵化模式规避单个设计师品牌运作的高风险；娃娃机品牌咔啦酷、LLJ 夹机占等通过 IP 孵化、授权与衍生品落地等建立竞争优势。

绿地控股集团旗下超市品牌 G-Super 在上海徐家汇绿地缤纷城开了一家吃喝研究所，旨在打造"场景体验+品牌孵化"的复合空间。吃喝研究所占地 2100 平方米，餐饮外租区和自营区域各占一半的面积，具体被划分为商品零售区、酿酒区、烘焙教室、餐饮区、直播间、美甲沙龙等多个区域，消费者可以在这些丰富的生活场景中进行体验。

餐饮外租区有很多绿地投资培养的新兴品牌，一方面外租模式可以极大地减轻餐饮的经营压力，另一方面投资孵化新品牌也可以开拓新的利润增长点。

而在自营区域，考虑到差异化，绿地从一开始就让吃喝研究所与盒马鲜生、超级物种等业态有所区别，从冻品入手，主打全品项经营，增加其他品牌门店没有的品类，如占地 280 平方米的鲜酿啤酒区、烘焙教室和儿童理发厅等。绿地希望能将吃喝研究所做成一个孵化平台，具有孵化新品牌、去中心化、数字化、社交化等功能和特点，例如设立品牌培训基地、新品发布区等。

（三）颜值升级，让消费者为美买单

现在年轻人的消费价值观是"颜值即正义"，为美买单。如今良好的消费环境和高颜值的消费空间已经成为线下实体店的竞争力之一，是品牌体现自身形象，加强与消费者的沟通，以及提升消费者体验的重要途径。因此，各大品牌开始深入探索店内空间升级，比拼想象力、时尚感和艺术格调。

就像时装界会有当季流行色一样，零售实体店的空间设计现在也逐渐出现引领市场潮流的色彩，如蒂芙尼蓝、千禧粉等。很多品牌打造色彩主题店或快闪店，其目的就是吸引消费者的注意力，与目标消费群体沟通，展示年轻的品牌形象。

例如，喜茶推出了粉色主题店 HEYTEA PINK，喜茶想用代表幸福的粉色与消费者进行一次更亲密的沟通。店内选用了颇具风格和创意的设计师作品，如菲利普·斯达克的鸟笼椅和丹麦 Bang & Olufsen 红音响等，设计师在各个细节上充分体现了自己的巧妙心思，店内由上至下延伸的梯形装饰，就像一层层的阶梯，象征着女生沿着台阶缓缓走来，成为舞会焦点，备受瞩目的梦想。店内摆放的公主椅，也容易激发人们的少女心，让人置身其中，如图 5-9 所示。

图 5-9　HEYTEA PINK

还有融合不同领域美学理念的艺术空间 COMMONHALL，它是由时尚眼镜集团 coterie 全新打造的饰品集成概念店，2019 年 1 月入驻上海 K11 购物艺术中心。

COMMONHALL 引入了来自 9 个国家近 20 个独立设计师的品牌，通过独特的空间设计，巧妙融合了不同领域的美学理念。例如，室内搬进一座巨大的 3D 打印长颈鹿水泥雕像，不仅极具未来科技感，还有丰富的俏皮感和活力感；COMMONHALL 邀请荷兰插画艺术家以"太空探索"为主题，打造了街头艺术和涂鸦元素结合的艺术墙面；COMMONHALL 运用水泥、玻璃、大理石、建筑等元素展现不同细节，呈现出现代感、科技感、时髦感和艺术感，巧妙融合不同品牌的风格，为门店空间注入了艺术感和个性，更好地吸引消费者的目光。

（四）沉浸式体验建立深度情感链接

沉浸式体验正成为很多实体店商业创新的发力点，其关键在于营造某种氛围，调动消费者的感官体验和认知体验，使消费者投入到当前情境中。通过塑造场景、表达故事、增加互动等方式，实体店传递给消费者各种各样的感官刺激和情感体验，表达出想要与消费者建立深度情感链接的意愿。

长沙本土品牌文和友于 2018 年在长沙海信广场打造了一座老长沙龙虾馆，占地近 5000 平方米，风格设计为 20 世纪 80 年代老长沙的超级楼中社区，楼中有楼，全方位展现老长沙的街区文化和人文情怀，有强烈的复古风和怀旧感。

"土味"的红砖房、数不清的霓虹灯牌、古老的藤椅、被还原的餐馆、电游室、照相馆，为前来观光的消费者讲述着动人的老长沙故事，如图 5-10 所示。

图 5-10 老长沙龙虾馆

开业以来，老长沙龙虾馆的日均客流量达 1 万多人次，翻台率最高达 10 次，甚至成了长沙的旅游景点、超级地标。

（五）通过优质 IP 抓住年轻消费群体

为了抓住年轻消费群体，品牌们在进行跨界合作时更倾向于选择年轻人喜欢的 IP（如动漫、游戏、电影等领域的人气 IP）来进行合作，打造 IP 跨界主题店。这是线下零售实体店对场景的内容和体验进行的创新改造，以年轻消费者喜好的方式拉近与消费者的距离，建立更深层次且更长久的情感链接。

永辉超市旗下的创新零售业态超级物种定位为高端生鲜食材体验店，围绕城市核心消费人群，提供全场景打通的新零售服务，其关键词是"业态混合、年轻化、体验感突出"，为此超级物种持续与热门 IP 合作，通过与契合年轻消费者的 IP 合作，打造跨界主题店。例如，超级物种曾与自拍软件 Faceu 激萌合作打造拍照主题店，与电影 IP《爱情公寓》合作，推出沉浸式的电影主题体验店，如图 5-11 所示。

图 5-11　超级物种与《爱情公寓》合作

创新的重要性不言而喻。现在是一个产业相互渗透、业态跨界融合的"无边界"时代，线下实体店只有不断自我革新，才能在竞争中立足，同时在求新求变的过程中回归商业本质，为消费者提供优质的商品和服务，提供更好的购物体验，助力消费品质加速升级。这是线下实体店创新升级的落脚点。

五、VR/AR，打造身临其境的全新购物体验

如今传统零售商正在纷纷拥抱新技术，以提升消费者的购物体验，其中，VR 和 AR 是当下热门的趋势之一。从营销角度来看，VR 和 AR 能够帮助零售商以更有意义的方式吸引消费者，从而增加消费者与品牌互动的时间，创

造更好、更难忘的体验。

（一）AR 提升购物体验的三种方式

AR 是指增强现实技术，是一种将虚拟信息与真实世界巧妙融合的技术，广泛运用了多媒体、三维建模、实时跟踪及注册、智能交互、传感等多种技术手段，将计算机生成的文字、图像、三维模型、音乐、视频等虚拟信息模拟仿真后，应用到真实世界中，两种信息互为补充，从而实现对真实世界的增强。

近些年，很多零售企业把 AR 技术作为一种高科技的营销手段，用来提升消费者的购物体验，进而吸引更多消费者前去购物。

AR 提升购物体验的方式主要有四种，如图 5-12 所示。

图 5-12 AR 提升购物体验的方式

1. 虚拟试用试穿

AR 技术可以将数字信息与店内环境相结合。零售企业可以使用 AR 技术解决消费者购物的痛点，实现虚拟试用试穿；尤其是在服装销售中，AR 技术可以为消费者模拟穿上想要购买的衣服的模样。这非常贴合消费者的购物心理，省去了穿衣换衣的环节，缩短了购物时间，使消费者获得了更好的体验。与此类似，同样可以使用 AR 来虚拟试用的商品有化妆品、配饰、鞋帽等。

全球美容公司 Coty 在 2018 年创造了首个店内 AR "魔镜"，目的是促进消费者与商品之间的互动。当消费者拿起感兴趣的口红或眼影时，只要对准"魔镜"，颜色会立即出现在脸上，消费者可以即时看到使用商品后的样子，避免了传统试妆的麻烦和耗时，更不用担心卫生问题。

曼马库斯百货也为消费者提供了 AR "智能魔镜"，消费者选择一件衣服，站在"智能魔镜"面前，可以立刻看到穿着这件衣服后的样子，如果不满意，可以迅速更换其他衣服，反复比较挑选，最终选出中意的一件。

据调查，很多消费者表示，在使用 AR 试穿试用商品后，他们购买商品的可能性更大。AR 提供允许消费者无风险试用商品的机会，同时让消费者对商品的购物体验更加难忘。

2. 个性化定制商品

AR 不但允许消费者实时虚拟试用商品，而且允许他们定制自己的个性化商品，这种体验有助于提升品牌消费者的忠诚度。当消费者亲自设计商品时，其投入的精力和时间比以往多得多，一旦遇到自己喜欢的设计，大概率会购买，并且在未来多次购买。

美国时尚品牌 Kate Spade New York 通过与 PERCH 合作创造了"Make It Mine"个性化定制产品系列。当消费者拿起手提包时，AR 显示器便会立即检测到他们选择的手提包的类型，并将其显示在交互式触摸屏上。然后，消费者可以从海量肩带中自行搭配，选择不同的颜色和图案，打造自己的专属手提包。自从 2018 年推出该 AR 显示器以来，平均每天有 800 多个日常互动。

3. 提供店内导航方式

在大型超市或百货商店购物时，很多消费者都体验过寻找某种特定商品的困难程度，而 AR 技术可以很好地解决这一问题。AR 可以为消费者提供可靠的店内导航。

2017 年，居家环境改善产品零售商 Lowe's 宣布推出店内导航应用程序。这是一款利用 AR 室内地图的应用程序，利用运动跟踪技术为消费者提供高效的逐向导航，帮助消费者快速找到想要购买的商品。此举为消费者节省了很多精力和时间，提升了消费者的购物体验。

4. 直观了解商品

AR 技术在食品、工具类等商品销售上应用，主要是用来告诉消费者商品是什么、如何使用及其使用范围，帮助消费者直观了解商品，从而增加消费者购买商品的可能性。

在星巴克上海烘焙工坊里，消费者可以用手机淘宝 APP 扫描相应的二维码来观看星巴克用 AR 技术展示的咖啡烘焙、生产、煮制全过程，充分感受星巴克烘焙工坊中的每一处细节。星巴克的相关负责人表示，他们希望通过 AR 这种新的互动形式让年轻人重新了解和体验咖啡文化。

（二）利用 VR 塑造互动式购物体验，提升购物趣味性

VR 是指虚拟现实技术，囊括计算机、电子信息、仿真技术于一体，其基本实现方式是计算机模拟虚拟环境从而给人以环境沉浸感。用户可以在虚拟现实世界体验到最真实的感受，其模拟环境的真实性与现实世界非常相似，给人以身临其境的感觉；同时，虚拟现实具有一切人类所拥有的感知功能，如听觉、视觉、触觉、味觉、嗅觉等感知系统；最后，它具有超强的仿真系统，真正实现了人机交互，使人在操作过程中可以随意操作并且得到环境最真实的反馈。

VR 作为时下大热的技术，已经被众多行业关注，不少零售企业对 VR 这种新兴技术格外青睐。

例如，连锁家装公司劳氏在全美各地的店铺开设了虚拟体验空间 Holoroom，消费者在这里可以看到自己家装修完成之后的 3D 模拟效果图。Holoroom 可以根据不同消费者的需求改变房间大小、内置装置、颜色和外装。只要消费者向劳氏公司提供装修房间的尺寸，就可以从劳氏公司几千种产品中选择合适的产品布置房屋，然后带上 AR 头显查看装修设计和安排是否和谐，发现不和谐的地方可以随时调整，直到满意为止。

Holoroom 能解决家装业面临的最大问题，提前看到装修后的房子是什么效果。借助 AR 技术，消费者可以看到整个房间，即使只是换一块地板或墙壁的颜色，沉浸式体验也可以帮助消费者感受到细微的变化对房间布局的影响。

虚拟现实不但可以改善店内的消费体验，还可以售卖商品。继社群购物、直播带货之后，现在购物中心又摸索出新的营销模式，即 VR 购。

广州购物艺术中心 K11 上线 VR 购，消费者在手机上搜索 KLUB11 商城微信小程序，点击广州 K11"在线商城""VR 逛 mall"，进入 VR 购物中心，覆盖整个商场公共区域与品牌店铺的 360° 全景画面便呈现在屏幕上。

VR 购是广州购物艺术中心 K11 联合人工智能企业 Aibee，利用人工智能、VR 等技术推出的在线购物服务。以往 VR 技术一般只应用于沉浸式场景体验，真正实现通过 VR 来逛街、选购并支付下单的应用很少；而使用 K11 的 VR 购，消费者可以点击标有"进店逛逛"的虚拟招牌的门店进入店铺，浏览店内陈设的商品。

此外，VR 购与广州购物艺术中心 K11 的在线商城打通，消费者可通过商品卡片直接跳转到在线商城，查看商品详情并直接下单购买，或通过店员发

送的付款码支付；如果看到感兴趣的商品，消费者还可以选择右下角"一键呼叫"店员，无须添加微信，直接一对一视频沟通。

通过 VR 与 AI 技术应用，VR 购将线下零售实体店搬到线上，推出"VR 全景逛店 + 店员一对一服务"新模式，不仅兼顾线上购物的效率，同时赋能线上渠道释放线下购物的体验优势。

第六章

营销建设,打造智慧化营销新生态

新零售时代的新营销,是以消费者为中心,以新技术为驱动而进行的营销建设。随着消费者的诉求从过去的追求产品功能逐渐转变为追求消费体验,零售企业面临着消费者对于高效便捷、个性化的消费体验的需求,需要不断完善自身系统,打通各个生态入口、平台、产品与服务,实现对生态内资源的重组,以满足消费者多层次、多元化、多渠道的需求,打造全新智慧化营销新生态。

一、新零售时代的新营销

新零售时代是一个通过新技术和新理念来满足消费者升级需求的新时代。零售企业为了争取更大的生存空间,获得更丰厚的利润,拥有更大的竞争市场,必须搭建新的生态系统,采用新营销模式来迎合消费者的改变,满足消费者的新需求。

(一)推销转变为认知

新营销摆脱了过去那种单纯推销的销售方式,原来那种广告无处不在、销售信息到处刷屏的方式只会引起越来越多的消费者的反感。新零售时代的新营销是站在消费者的角度,以消费者认知为重心,教消费者如何买得更好、更实惠、更有意义和价值,建立信任体系,赢得消费者的赞赏,提升消费者的认知,从而迎合消费者的需求,促成销售。

例如,时装品牌营销会融合时尚、休闲、娱乐等内容和消费者体验,在媒体上不仅发布新品图片,还有穿衣搭配指南、穿衣哲学、设计亮点等内容,让客户在浏览这些信息时产生搭配灵感,懂得如何穿搭更显品位,更契合自身风格和气质,让客户觉得买到的不仅仅是一件衣服,而是更完美地塑造了自身形象。

又如新零售企业销售茶叶时，不是单纯地宣传茶叶有多么好，而是教授消费者如何鉴别好茶，怎样泡出一壶好茶，如何饮茶更有感觉和味道，甚至上升到茶艺和茶文化等，把商品推销转变为提升消费者的认知，让消费者除了商品之外更看中其附加价值。

（二）营销商品转变为营销客户

传统零售时代的营销模式是以商品为中心、以价格为主要营销手段，其经营理念、经营模式严重缺乏以客户中心的经营思想，与客户构建起来的关系非常松散。这种关系一般是建立在商品特价的基础上，搞特价有优惠，他们就是你的客户；没有特价，他们就是隔壁的客户，这种关系极易导致客户流失。新零售时代的新营销首先是"客户至上"，探究客户的心理，听取客户的心声，围绕客户的需求，采取以客户中心的营销模式，关键是与客户建立紧密的联系。

在互联网信息时代，80后、90后和00后已经成为主流消费群体，他们对商品及服务的需求愈发个性化、多元化、情感化，他们购买一件商品绝非因为价格，也不仅仅单纯因为需要，更多的可能是出于喜欢，他们的审美、人格认同、情感需要都可能促使其产生购买行为。因此，新营销要求对客户的需求和喜好进行深度挖掘，多渠道、多角度地满足他们的各种需求，一切营销工作都要以客户为出发点和落脚点。

例如，近年来特别受欢迎的农家乐旅游，是农民向现代都市人提供的一种回归自然从而获得身心放松、精神愉悦的休闲旅游方式。农家乐的业主让客户亲自体验种植、采摘、加工各种农产品和制作各种食物，从而满足客户的体验需求。

（三）单一营销转变为多元化营销

传统媒体时代的营销渠道单一，商家或企业仅在论坛、门户网站上发布商品信息。随着互联网的发展，电子商务信息开始与搜索、即时通信、网络聊天、网络游戏等场景相结合，消费者可以从各种渠道获得商品的相关信息，可以通过各种社交媒体平台、品牌官网、电商网站等搜索商品信息、商品推荐、营销活动信息等。

消费者场地更加多元化，有商场、购物中心、便利店、自媒体、微信朋友圈、微博、电子商务、移动端、智能终端、VR等，消费场景的多元化促使营销多元化，营销从单一营销转变为多元化营销，做到内容全渠道，随处可触达。

多元化营销一方面整合营销渠道，即打造线上线下融合的购物场景，将线上、移动、实体通过新媒体传播工具的营销手段实现线上线下互动，最终形成消费者与渠道/品牌以及消费者之间的互动，通过差异化经营为消费者打造极致的消费体验。

另一方面，营销内容可以通过文字、图片、视频、直播等多种表现形式呈现，通过各种各样的创意，有情怀、有温度感的表现形式进行品牌商品的传播。互联网时代强调"内容为王"，只有那些商品有亮点、表达有情感且个性化、价值观能够引起受众共鸣的内容，才更容易引起广泛的关注与传播。多元化营销服务更加全面，营销更加精准。

二、做好新营销的四个关键点

新零售营销的主线是找到客户、建立链接、产生影响、增强黏性、打造终身价值客户。在受众、媒介和渠道都发生了改变的新营销时代，做好新营销需要精准定位目标消费群，构建营销场景建立链接，将产品IP化，产生影响力，增强黏性，进行全方位营销、多渠道传播打造价值客户。

（一）精准定位目标消费群

传统的营销方式目标客户群体定位不够精准，往往造成大量的人力、财力的浪费。做好新营销很重要的一点就是精准定位目标消费群，要求企业为客户精准"画像"，有了清晰的客户图像，企业就能以低成本快速、精准地找到目标客户群。而且，画像越精准，营销成本越低，销售增长越快，反之亦然。

例如，无人超市锁定的客户群体就是快速接受新事物、熟练使用移动支付、崇尚自由购物的年轻人，无人超市的营销需要针对这个人群的特点来进行。又如，凡客诚品一开始就锁定"懒男人"，而不是女性顾客。所谓"懒男人"，就是那些厌烦商场购物的男性顾客，他们觉得去商场购物非常麻烦，他们期待更加简洁、便利的购物方式。因此，当能够足不出户网购满意的服装时，"懒男人"心花怒放。

（二）用"视觉+故事"设计场景营销

在传统的商业理念中，人与商品的连接是通过卖场或者商场来实现的，随着商业营销的变革，连接的概念不断扩大，在场的作用下，人和商品可以发生更加紧密的连接。新零售时代，"场景"不再是一个简单的名词，而是将人的精神、记忆和情感与实体空间融合的一种创造、一种思维，是以人为核心，伴随着新洞察诞生的新生活方式。

场景营销已经成为新零售营销的核心。场景可分为两个维度：一个是视觉；另一个是故事。视觉维度是企业对产品在营销过程中的展览展示，包含营销场地、工具、产品、营销人员。特定的场景才能唤醒用户使用产品的冲动，并促使用户完成使用的全部过程，在此期间用户拥有了使用产品的感性体验。从体验角度讲，体验只有放在特定的场景中才是协调的，才是有感觉的；离开场景的泛体验或者在哪儿都能体验，这种事不存在。

例如，星巴克在上海建成的臻选咖啡烘焙工坊，是一家面积 2787 平方米、上下两层的大型咖啡店。与传统的咖啡店相比，这家店更像一个咖啡爱好者的"朝圣"之地。进店后首先看到的是一座巨型铜罐，高 8 米，重 4 吨，罐身装饰了 1000 多个中国传统印章和篆刻图案，内容大多和咖啡文化有关，如手冲、花香、日晒、种子、灵感等。在这里，客户可以亲眼见证一颗颗绿色生豆经过细心烘焙，通过天顶"咖啡交响管"落入吧台储豆罐，最终被制成咖啡的全过程，如图 6-1 所示。

图 6-1　星巴克咖啡烘焙工坊

店铺提供了多种咖啡饮品及面包等食物，甚至还有巧克力和咖啡豆萃取的精酿啤酒、葡萄酒和气泡酒，以及各种衍生商品，包括服饰包袋、家居厨具、休闲零食等，所以整体上它已经不再是一个传统意义上的咖啡馆，而是一个场景，一个生活和工作之外的"第三空间"。很多人去那的目的只是想消费时光，咖啡本身也许只是辅助品，重要的是那个空间，这才是星巴克要传达的场景体验。

场景的另一个维度是传递故事。相较于冷冰冰的产品说明，故事更容易让人接受；如果故事能具体到个人，那接受度和信任感就会立刻增加，甚至可以和部分消费者产生心灵共鸣。例如，江小白，姓江名小白，把商品虚拟成一个人物形象，是好哥们、好兄弟聚在一起时的最好陪伴：一起打拼的好兄弟，几十年没见了，喝一杯；创业的团队庆功时，喝一杯。此时，分享的不是酒，分享的是彼此的成功和喜悦，要珍惜的是彼此的友情。"小聚、小饮、小时刻、小心情"，可以引发无限的想象，可以讲述感人的故事，这就是江小白塑造的营销场景。

场景就是产品逻辑。从心智角度讲，产品逻辑就是占领场景的心智，建立场景强关联。场景相当于"时空"+"心智"。时空，就是什么时间，什么地点；心智就是强关系，占领场景，就是占领心智。新营销必须能够有效触动目标消费者的心智，能够使目标消费者产生较强的感应，形成较强的品牌认知，目标是要形成较强的影响，最佳的结果是产生粉丝影响。

（三）将产品IP化，赋予产品情感

IP（Intellectual Property）的原意是知识产权，指"权利人对其所创作的智力劳动成果所享有的财产权利"。对新营销来说，IP就是企业的品牌个性和企业所传导的价值观。基于企业文化特性，用消费者喜欢的方式，持续不断地输出相关联的内容，每次内容的输出都能给客户带来一定的感触，这就是价值。

产品IP化是将人与产品紧密相连，优质IP本身会具有价值观，营造出一个"故事"场景，使客户成为故事的参与者，产品是打开故事的钥匙。产品IP需要有一个绝对的核心内容，即要针对消费者的不同特点再结合合适的市场定位，赋予产品独特的内涵。消费者通过IP化内容获得符合自己价值观和审美取向的品牌信息，或者购买一款符合自己个性需求的产品后，便会对其产生忠诚度；消费者会主动通过朋友圈或者论坛发表对品牌的看法和体验，传播品牌的美誉度，最后就会形成知名度。

产品IP的终极目的是追求价值和文化认同，产品IP化提供给消费者的不是产品的功能属性，而是一种情感的寄托。因此，只要产品本身能够体现

出特定的情感和文化元素，便有利于各种资源要素的优化组合，提高产品的管理效能，增强产品的竞争力，使产品充满生机与活力。

例如，三只松鼠的品牌 IP 设计初衷就是希望跟消费者之间建立不一样的情感关系。三只松鼠电商企业在运营过程中不断地讲述其与消费者之间的故事，把消费者视为"主人"，讲述"松鼠陪伴主人"的故事，让消费者感受松鼠与人之间的温情，如图 6-2 所示。

图 6-2 三只松鼠 IP 形象

又如大家都非常熟悉的褚橙，褚橙因为创始人褚时健先生的故事而被称为"励志橙"，励志、正能量就成为该商品 IP 的核心价值观。

（四）全方位营销，让传播无处不在

新零售时代，越来越多的零售企业逐步将销售渠道从线下拓展到线上，依托互联网，从微信、微博等自媒体营销，到现在的电商直播、短视频、话题热点等展开全方位营销。

伴随着人们消费观念的全面升级，人们需要通过移动互联网和物联网获得更加丰富多彩、个性化十足的内容，因此伴随消费升级的是内容传播方式的升级。例如，原本针对儿童创作的动画形象小猪佩奇，以其天真无邪的表情配上网民突破想象的各种创意文案，很快就成为刷屏表情包，在各网络社交平台快速传播，迅速成为超级 IP、全网红人。抖音上"小猪佩奇"的热议话题下每条视频中都带有与小猪佩奇相关的周边产品，甚至还有各大国际品牌与小猪佩奇联合，以自带吸睛效果的营销模式打造出产业潜力无穷的商业 IP。

从时下海量自媒体、主流社交平台和泛内容传播渠道来看，不难理解小猪佩奇的成功。因为无论是微信、微博，还是抖音、快手、小红书，乃至贴吧、论坛、各大直播平台等，90 后、00 后等新兴消费人群已成为流量主力，支撑起越来越庞大的新兴消费市场。

传播是营销的灵魂，传播带来流量。新营销时代，一切活动都围绕传播展开，如公众号运营、官网官微维护、推广活动策划、逻辑关联语录、社区类产品开发等，所有接触点都是传播点。这就意味着既有线下，也有线上；既要建渠道网络，又要建传播网络；既要让产品无处不在，也要让传播无处不在，最后才能无所不能。

三、跨界营销，打造"1+1>2"的营销效果

跨界营销就是根据不同行业、不同产品、不同偏好的消费者之间所拥有的共性和联系，把一些原本毫不相干的元素进行融合、互相渗透，进而彰显出一种新的生活态度与审美方式，并赢得目标消费群体好感的营销方式。通过跨界营销，品牌能实现营销双赢，形成强强联合的品牌协同效应。

（一）以消费者为核心，找到跨界的桥梁

跨界营销的重点在于品牌之间存在互补性。一个品牌只有和另一个品牌之间存在"界"，才能将自身品牌打入对方品牌的消费者阵营，从而实现缩小自身品牌的消费者"盲区"的营销效果，体现跨界营销的意义。这里所说的"互补"，并非指自身品牌与竞争对手品牌之间的消费者"共享"，而是指不同领域、不同行业、不同产品之间的互补；并非指产品功能上的互补，而是指消费者体验上的互补。这种互补要求两个品牌的目标消费者之间存在一定的共通性，在消费者需求和消费体验上要有一定的共同点，这个共同点就是跨界的桥梁。

跨界营销始终是以消费者为核心。因为无论在什么时候，何种品牌采取何种营销方式，其最终目的始终是销售产品，而为产品买单的始终是消费者，所以营销的核心终究是消费者，这就意味着跨界营销也要围绕"消费者"这个核心展开。

在互联网时代，市场和消费者要求品牌能够成为一个富有感情的"人"。当前，品牌传播社交化的特征越来越明显，品牌需要与消费者进行沟通，消费者需要与消费者进行沟通，品牌需要和品牌进行沟通，这些因素促使了口碑营销和跨界营销的形成。

在当前市场环境下，品牌已经成为一个"人"，并形成了一定的品牌性格，而消费者则已经从简单的产品功能的使用者演变为忠诚的品牌性格的拥护者。不同的品牌所拥有的拥护者往往是不同的，跨界营销就是找到与自己品牌拥护者有共通性但并不属于自己品牌阵营的那部分消费者所拥护的品牌进行合作，从而获得双方共赢的营销效果。

（二）做好跨界营销需遵循的原则

跨界合作对品牌产生的最大益处就是让原本毫不相干的元素相互渗透、

相互融合，从而让品牌产生一种立体感和纵深感。要想发挥不同品牌的协同效应，形成"1+1>2"的效果，在开展跨界营销时需要遵循以下原则。

1. **品牌资源相匹配**

品牌资源相匹配是指在开展跨界营销时，两个不同的品牌在品牌实力、营销思路、品牌战略、消费群体、市场地位等方面存在一定的共性和对等性，这样才能发挥双方品牌的协同效应。跨界营销要讲究"门当户对"，寻求强强联合，这样才能使跨界营销1+1>2，获得双赢。资源不匹配的跨界营销不仅不能实现营销的效果，甚至还会伤害品牌形象。

2. **品牌之间不存在竞争关系**

多个品牌开展跨界营销主要是为了通过合作来丰富各自品牌或产品的内涵，进而提升自身品牌下产品的销售，达到双赢的结果。也就是说，参与跨界营销的品牌之间应该是一种互惠互利、互相借势增长的共生关系，而非此消彼长的竞争关系。因此，跨界营销要求合作的品牌之间不存在竞争关系，只有这样才有跨界合作的可能，存在竞争关系的品牌进行的合作只能称为联盟。

3. **产品属性相互独立**

产品属性相互独立，指的是进行跨界合作的品牌各自的产品在属性上要具有独立性。跨界营销并不是要从产品功能上对对方的产品进行补充（如笔和纸、衬衣和领带等），而是需要两个品牌的产品本身是相互独立的存在，在跨界合作中各取所需，如对方产品的人气、消费群体、销售渠道、品牌内涵等。

4. **品牌效应能够形成互补**

品牌效应互补是指进行跨界合作的两个品牌要在优劣势上形成一定的互补效果，将各自已经形成的市场人气和品牌内涵互相转移到对方品牌身上，或者在品牌传播效应上形成互相叠加，从而丰富自身品牌的内涵，提升自身品牌的立体感和纵深感。每个品牌都诠释着一种文化或者一种生活方式或理念，体现着目标消费群体的个性化。但是，一些竞争品牌和外界因素的干扰往往会削弱品牌对文化或生活方式、理念的诠释效果，而通过跨界营销就可以有效地避免这种问题的产生。

我们常说"宝剑配英雄"，如果将"宝剑"和"英雄"当作两个不同的品牌，"宝剑"只有被"英雄"使用，才能淋漓尽致地发挥其威力；"英雄"只有与"宝剑"相配，才能体现出其神勇气概。"宝剑"和"英雄"两者相互补充才能相互衬托，使对方发挥最大的效用；反之，只会让各自的价值浪费掉。对于跨界营销来说，也是同样的道理。

5. 消费群体具有一定程度的一致性

每个品牌都有自己的消费群体，都会对自己的目标消费群体的特征深度分析，以更好地挖掘目标消费群体的需求，掌握目标消费群体的消费行为特征。由于跨界营销的参与者所属品牌不同、行业不同、所提供的产品不同，要想保证跨界营销的顺利实施，双方需要在消费群体上具有一定程度的一致性。

6. 坚持以用户为中心

随着市场环境的变化，现代营销的工作重心发生了巨大的转变：品牌的一切营销行为都从以品牌和品牌下的产品为中心转变为以用户为中心，从关注品牌和品牌下的产品转变为关注用户的需求。对跨界营销来说，只有更多地强调用户的体验和感受，才能让跨界营销发挥更大的效用。

例如，网易云音乐与美妆、保健品零售品牌屈臣氏的跨界深度合作，用音乐碰撞美妆，构筑"音乐生活"。首先，双方在会员业务上开展了包括会员权益打通、积分兑换、个性化定制等多方面的深度合作。

网易云音乐会员进入屈臣氏自建的产品体系中，实现长期渠道合作，这也是屈臣氏首次深度开放其会员体系。网易云音乐的平台流量也将与屈臣氏全国线下约3300家门店渠道互通，这意味着网易云音乐形成的会员流量、知识产权热度、品牌文化都有可能转化为屈臣氏的线下消费势能。

网易云音乐与屈臣氏合作的达成，意味着中国线上娱乐和线下零售领域的两大品牌将在各自的会员服务领域携手，进一步为会员提供更高品质的服务，双方也将拓展新的消费群体。同时，网易云音乐与屈臣氏联合推出了6款音乐主题妆容——爵士复古妆、民谣诗意妆、流行风尚妆、轻音夏日妆、嘻哈迷幻妆和古风国色妆。6款妆容以大胆、颠覆的色彩向时尚潮流致敬，表达年轻人不妥协、敢于打破常规的个性态度。

网易云音乐是深受年轻人喜爱的音乐平台，而屈臣氏作为国内知名的保健品与美妆零售商，其年轻、时尚、活力的品牌理念正是与网易云音乐跨界合作的契合之处。

这次跨界深度合作，真正实现了品牌、平台以及用户三方的共赢。对网易云音乐来说，与屈臣氏开展会员业务合作是对音乐IP线下服务场景的延伸，将音乐品牌渗透到美妆个护零售消费场景，直接触达用户。同时，借助屈臣氏多元化的销售渠道，网易云音乐可以将自身品牌下沉至三四线城市，提升云音乐文化品牌的影响力。

对屈臣氏来说，网易云音乐庞大的用户群体与年轻的社区文化为其带来了海量的线上流量，使其触达更多的年轻用户，实现了品牌年轻化的诉求。同时，通过在线下零售消费场景中适当加入音乐妆容、联合营销等娱乐元素，屈臣氏进一步提升了用户的线下消费体验。

对双方会员来说，这是一次愉悦的体验，他们能够享受到更多的权益。随着合作的深入，积分互通、会员折扣互售将成为现实，会员积分将融合更多的场景，方便用户的生活。

（三）如何打好跨界营销之战

要想打好跨界营销之战，需要弄清楚跨谁的界。对品牌商来说，他们之所以开展跨界营销，可能是为了借势品牌元素，提升品牌格局，可能是为了扩大渠道覆盖，增加销量，也可能是为了延伸消费者使用场景记忆，还可能是为了放大产品功能点。因此，按照品牌开展跨界营销的不同动机，跨界营销大致可以分为四类，即跨品牌的界、跨用户的界、跨场景的界及跨产品利益点的界。

1. 跨品牌的界：借势品牌元素，提升品牌格局

跨界营销的精妙之处在于它可以让参与者借助对方积累的品牌资产为自己的品牌增加新的元素，从而提升自身品牌形象，扩展品牌格局，为自身品牌带来新的活力和新的增长点。因此，如果品牌需要强化或优化自身在某一方面的形象，可以尝试跨界营销，借助其他品牌之力来增加自身形象溢价。

如果想让自身品牌获得更多年轻人的喜欢，就可以寻找带有年轻元素的品牌进行跨界合作；如果想增加自身品牌的科技感，就可以寻找带有科技元素的品牌进行跨界合作。

例如，喜茶与百雀羚的跨界合作是茶饮行业中的经典案例，通过跨界合作，双方以"致敬经典"为主题推出了一系列独具复古风格的联名款产品（见图6-3），包括"喜雀"礼盒、喜茶会员卡，以及线下喜茶门店的特别菜单、茶饮的杯套等。一个是茶饮品牌"新势力"，一个是国货美妆行业的"老师傅"，潮流与传统的碰撞产生了新的火花。对于喜茶这样的年轻品牌来说，要想打造出"致敬经典"的特

图 6-3　喜茶和百雀羚联名款产品

色，就需要选择和百雀羚这样具有民族复古风格的品牌进行合作。

而对于百雀羚这样历史悠久的民族品牌来说，当务之急不是向年轻的用户介绍自己品牌的理念与精神，而是想办法让他们喜欢上自己的产品，并自发地在社交平台上分享。因此，百雀羚和具有"社交属性"的喜茶合作再合适不过。喜茶拥有大批年轻且具有高消费能力的用户，他们喜欢"晒"生活的特性，能够帮助百雀羚进行社交圈层传播，强化经典国货品牌在年轻用户心中"复古却时尚"的个性化形象。

2. 跨用户的界：扩大渠道覆盖，增加用户量

由于渠道不同，每个品牌所能覆盖的消费群体也会有所不同，跨界营销可以让品牌借用对方的渠道资源和粉丝群体，覆盖到更多有价值的目标消费群体，这就是跨用户的界。

扩大渠道覆盖、增加用户量的跨界营销的实现手段多种多样，可以与一个人气比较高的关键意见领袖（Key Opinion Leader，KOL）进行合作，例如，中国工商银行在推出新款信用卡时与papi酱合作，借助papi酱强大的粉丝群为该款信用卡造势；也可以与一个比较热门的娱乐IP合作，例如，丝芙兰携手漫威推出了系列联名款美妆；还可以跨合作方的渠道，例如，亚朵酒店分别与网易云音乐、知乎、腾讯、同道大叔等合作，打造"亚朵×"系列主题酒店等。虽然实现跨界的方式各不相同，但其核心都是"圈粉"。

3. 跨场景的界：延伸用户使用场景记忆

在移动互联网时代，争夺用户的注意力非常重要。跨场景的界，其核心就是通过开展跨界营销延伸或强化用户使用场景记忆。

例如，面对同类音乐平台的竞争压力，网易云音乐与众人皆知的快消品牌农夫山泉合作，推出了"乐瓶"。网易云音乐从四亿乐评中精选出点赞数最高的8000条乐评，再根据文字简练便于印刷、年轻有趣、易于理解这三个标准，最终选出30条打动人心的评论，印制在四亿瓶农夫山泉天然饮用水"乐瓶"瓶身，让每一瓶水都自带音乐和故事，如图6-4所示。

"乐瓶"根据饮水场景，不仅为每个人打造专属的产品，还为用户提供完

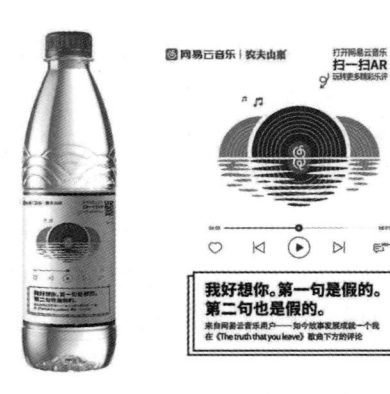

图6-4 乐瓶

整的听歌体验，更具互动性和分享性。这也是网易云音乐品牌升级"音乐的力量"后，在日常生活化的场景中再次展现音乐力量的一次积极尝试。

通过"乐瓶"营销，网易云音乐和农夫山泉突破了原有品牌的场景流量，增加了用户的场景记忆，用户在饮用农夫山泉时会通过瓶身联想到网易云音乐，而用户在使用网易云音乐时，也会因为乐评联想到农夫山泉。

4. 跨产品利益点的界：放大产品功能点

跨产品利益点的界，简单来说就是通过跨界营销放大产品的功能点。在这一点上，美国的科技公司 Uber 打造的"一键呼叫系列"体验营销就是一个典型的案例。

作为一个外来品牌，Uber 旗下同名打车 APP 在铺设中国市场时，采取了与不同品牌合作的策略，借"他山之石"来彰显自身"即时叫车＋专属司机"的服务理念。Uber 分别与淘宝、梦龙、曜能量、玉兰油等品牌合作，开展了一键呼叫移动试衣间、一键呼叫冰激凌、一键呼叫英雄专车、一键呼叫美丽专驾等"一键呼叫系列"活动，通过为用户提供定制专车服务，将自身产品的利益点无限放大。

四、社群营销，以用户思维打造粉丝经济

社群营销就是基于某些相同或相似的特征，通过某种载体聚集人气，然后塑造商品或服务形象，不断满足群体需求的营销模式。社群营销核心是对准了用户的情感和归属需求，企业与用户建立起朋友关系，通过感情建立紧密的联系，利用新媒体工具，以价值认同为纽带，打造一种强力联结目标用户群体并实现社群裂变的营销方式。

（一）实体店社群营销"五部曲"

时代变了，用户的行为习惯、购买路径都发生了很大的改变，如果实体店跟不上这种变化，就会陷入困境，甚至难以生存。通过社群连接，可以将用户与零售企业、用户与用户进行连接，这才是新零售正确的打开方式。

新零售强调用户思维，新型实体店的用户思维就是：用价值吸引—激活老客户—与客户产生对话—营造口碑带动客户参与—促使客户推荐和传播。实体店的社群营销就是围绕用户思维来做的新营销模式。

1. 社群策划

社群策划就是依据实体店的行业属性与社群定位来做的具有针对性的营销策划。实体店通常分为三种：刚需高频，刚需低频和小众需求。根据实体店分类进行社群策划，具体内容如表 6-1 所示。

表 6-1　不同实体店的社群策划内容

实体店类型	社群策划
刚需高频	把目标客户吸引进群，通过社群运营，激发客户的购买欲望，与他们快速建立起彼此间的信任，塑造价值，然后实施批量成交。例如，利用储值、满赠活动等实现
刚需低频	刚需低频客户群属于复购率低的人群，针对这种客户群，必须打造强大的后端产品才能实现持续盈利，可以延伸周边产品，或者联合其他周边关联商家共同运营，资源互换。例如，建材社群可以联合厨卫、家居等商家合作，相互之间实现客群互补
小众需求	小众需求的人群对产品的选择和购买都是根据其自身爱好和兴趣进行购买，对于这类客户，可以建立内容输出体系，通过内容吸引同频的人，不断延伸客户范围

2. 社群引流

社群引流主要从利益驱动和内容营销两个方面来考虑。

（1）利益驱动

要想把客户拉到自己的社群中，当然要有吸引力才行，没有利益没人会理我们。正所谓"无利不起早"，有利益才能吸引人们主动行动，所以要设计具有吸引力的利益点让人们自愿加入社群。

实体店搭建社群，第一批目标用户群体一定是进店客群，需要设置合适的礼品将众多客户拉进群，这种礼品属于引流礼品，可以是储值赠送活动、领红包、领实物礼品等，目的是拉新客户，如图 6-5 所示。

在社群运营过程中，还要设置各种抽奖活动，通过各种有吸引力的奖项来活跃群用户。除此之外，为了裂变群用户，还要设置礼品奖励或情感嵌入。总之，利益点设计的好坏直接影响社群的成

图 6-5　扫码加群

败，所以必须设计一个令人无法拒绝、具有巨大引力的利益点，才能促使客户积极行动。

（2）内容营销

内容营销主要通过创造和分发有价值、相关性强和持续连贯的内容来吸引并留住明确的目标用户，并最终驱动有利可图的用户行为。针对线上客户，可以通过走心的文案、内容营销等吸引客户进群。同时，还可以借助店铺间的相互引流，例如，帮助其他商家送礼，客户扫码进群后来到自己的门店领奖等方式，将客流导流过来引进社群。美容院可以与时装店合作，满足人们追求形象美的需求；美食餐厅可以与健身房联合，满足人们的健康需求等。

3. 社群运营

客户进群后，就要开始做社群运营了。做好社群运营的重点在于让社群成员都有参与感，做好价值输出，组织社群成员讨论热点话题，并遵守社群规范。

（1）互动方式

通过与社群成员之间的互动，运营者与社群成员的关系才会日益密切，有共同的话题，才更聊得来，运营者才更容易获得社群成员的信任。互动的形式包含：抽奖、砍价、拼团、秒杀、抢红包、每日价值分享、娱乐分享等。每天或每周确定好互动主题，号召群成员参与讨论，进行分享，还可以在群里设计一些好玩的游戏主题，如成语接龙、脑筋急转弯、掷骰子等，通过这些游戏互动来提高社群成员的参与感。

（2）价值输出

价值输出很重要，就是要不断地在群内输出一些干货，输出一些有价值的内容，并且与社群成员的价值观保持一致。社群成员之所以加入某个社群，就是因为他们觉得该社群能够满足其某个方面的需求。如果群内知识很实用，社群成员就会觉得自己不仅增长了知识，还提升了格调。例如，吴晓波频道、罗辑思维、樊登读书会、"凯叔讲故事"等这些知名社群，就是在不断地输出优质内容，既保持了群活跃度，也满足了社群成员的价值需求。

（3）热点讨论

热点讨论就是对一些当下热点事件、热门话题进行讨论，可以先抛出自己的看法和意见。但是，这些热点并不是照搬网上的热门内容，更不是通过刷屏来博取眼球，而是要精准地触及目标消费群体的需求，引导大家参与互动讨论，从侧面了解社群成员最关注哪些主题，然后对这些主题的内容进行重点挖掘，总结归纳。

（4）制订群规

无规矩不成方圆。社群运营如果没有规则就会非常乱，变成广告群或死群，所以一定要设置好群规，事先规范每个群成员的行为，每当新客户进来的时候，要对他进行群规内容的友情提示，比如说违反群规的后果，以及持续坚持执行群规的好处等，群规还包括奖惩制度、淘汰制度等。

4. 社群变现

社群运营的最终目的是变现。通过社群的运营，可以很好地实现客户的转化，引导社群成员进店消费。这主要是因为通过社群，运营者和社群成员已经建立了联系，社群成员对于运营者及其商品品牌会多一份信任，再加上长期的沟通，运营者可以更清楚地了解社群成员的需求，从而进行有针对性的营销，引导其购物。

5. 社群裂变

社群裂变直接影响着社群营销的效果，要想让社群的价值充分发挥出来，除了把社群建好、维护好，还要扩大社群的影响范围，将社群推荐给更多的人。社群运营者要激励群成员传播和推广社群，不断吸引新成员，实现社群裂变。社群裂变方式如图6-6所示。

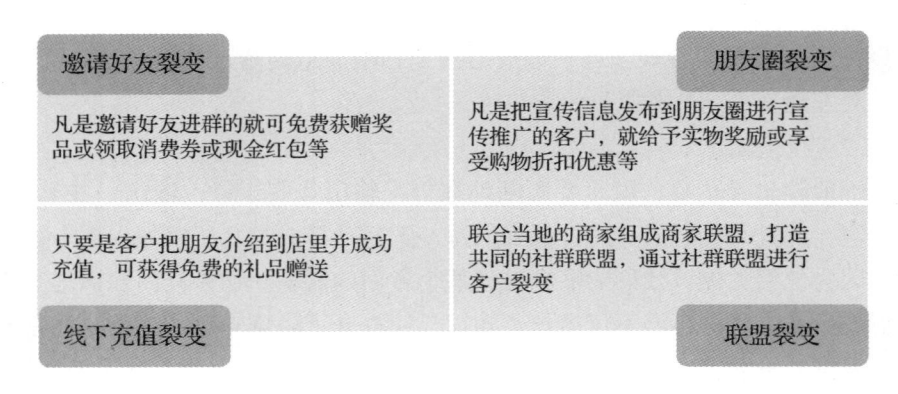

邀请好友裂变	朋友圈裂变
凡是邀请好友进群的就可免费获赠奖品或领取消费券或现金红包等	凡是把宣传信息发布到朋友圈进行宣传推广的客户，就给予实物奖励或享受购物折扣优惠等
只要是客户把朋友介绍到店里并成功充值，可获得免费的礼品赠送	联合当地的商家组成商家联盟，打造共同的社群联盟，通过社群联盟进行客户裂变
线下充值裂变	联盟裂变

图6-6 社群裂变的四种方式

现在，线上与线下营销场景趋于融合，这是一种流量上的互补，不仅可以增加客户黏性，提高客户的忠诚度，最关键的是可以节约营销成本，形成流量闭环。社群营销与实体门店相结合有助于避开自身的短板，提高零售企业营销效果。

（二）实体店如何创建社群

社群是指基于移动网络和社交工具，拥有相同兴趣或价值观的人突破时间与空间限制聚合而成的实时互动沟通的群体。它是培育信任度最好的场所，任何成交都是基于信任度，所以创建社群能够建立社群成员对运营者的信任，降低零售企业广告成本，提高实体店的商品销量，增加客户量，挖掘潜在客户等。

1. 精准定位

首先，要给社群一个明确的定位，如想创建一个什么样的群，创建社群的目的是什么，目标客户群体是谁，分析社群成员的属性和消费能力，思考能够给这些客户提供哪些帮助等。做好自身定位是一切社群行为的基础，只有在精准定位客户的属性和需求后，社群宣传和运营才能做到有的放矢。

（1）明确建群目的

创建社群第一步就是要明确建群目的，是销售商品、打造品牌，还是提升影响力。

①销售商品。创建社群是为了更好地售卖商品。这里所说的商品是广义的概念，物品、服务、会员、技术、智力成果等都包含在内。例如，DIY饰品，创建一个群，交流分享DIY的经验，向群友推销自己的淘宝店铺，或者做培训、研究金融财经等。这种以经济盈利为基础的群拥有良好的生存空间，因为只要做好产品，在群员中赢得口碑，自然会赢得老客户的满意和复购，还可以通过老群员发展新群员。

②打造品牌。基于打造品牌的目的而组建的社群，旨在与客户建立更加紧密的关系。这种关系并不是简单的交易关系，而是实现交易之外的情感链接。社群的规模大了，其传播性就会增强，对品牌的宣传就能起到积极的作用。

③提升影响力。群的复制裂变能力能够帮助群主快速提升影响力。借助网络快速扩散的特点，社群的影响力能够向更大的范围扩散。群主通过激励、分享干货、组织有意义有价值的活动鼓励群员认同某种群体身份，最终借助群员的规模和影响力获得商业回报。

（2）分析目标客户群体

目标客户群体是创建社群的第一批种子客户，对其进行分析有助于社群的运营和裂变。

①分析目标客户群体属性，寻找共性。实体门店运营者可以根据目标客户群体的属性来建立社群，这个属性可以是性别、年龄、爱好，也可以是行业、职业、身份属性等。属性相同的人更容易拥有共同语言，更容易形成连接。

针对不同属性，要建立不同的社群，然后确定不同的社群交流主题，例如育儿社群，要以推送育儿经验和婴幼儿商品信息为主；老年人的社群要以推送健康、养生知识和商品信息为主等。

②分析目标客户群体的消费能力，制订社群运营策略。例如，如果想在社群中推送一些高品质的商品，消费能力较低的人就会觉得商品的价格太高；如果一味地迁就消费能力较低的成员，总是推送一些低价商品，可能就会导致追求高品质商品的成员退群。

（3）确定社群的核心价值

价值是社群运营的核心，社群就是要将拥有共同兴趣爱好、共同价值观的人聚集在一起构成群体。

①内容。社群通过输出核心内容来提升客户的黏性。社群的重要功能之一就是为群员提供优质的内容，包括精准的专业内容、客户分享或产生的相关内容。好的客户因为内容而聚集，好的内容因为分享而传播，好的社群因为传播而裂变。

②服务。社群是以群体共性为基础，为成员提供多项服务，满足成员的各项需求，成员是社群产品的共同缔造者和传播者，不仅仅是消费者。人的需求涉及生活的方方面面，如交友、学习、旅游、健康等。社群的爆发力和潜能是不可限量的，在以人为本的互联网时代，将会引领新的商业方向。

③体验。社群成员可以利用新媒体工具（如图文、音频、视频等）进行分享交流，群员在社群中获得交流体验，交流是提升社群价值的加速器，也是维护社群成员关系的黏合剂。

（4）寻找合适的社群运营平台

社群的构建一定要选择一个合适的运营平台，这个平台可以是论坛、QQ群、微信群、微博群、陌陌群、YY群等各类社交软件，也可以是这些工具或者平台的混合体。社群营销的本质就是希望通过线上工具，借助人与人之间的沟通来实现商品及品牌的推广。

QQ群可以实现客户点对点、点对多聊天，还具备签到、群论坛、公告、相册、群直播等一系列功能，几乎能满足所有场景的需求，非常适合开展话题讨论，维持成员的活跃度，所以比较适合创建垂直类、地域类及强兴趣类社群。

微博平台侧重于粉丝以及兴趣爱好，且不受地域的限制。同时，微博用户还会不断发布原创内容，经过用户的转发分享会形成裂变式传播。在特定兴趣爱好和特质的关系群体中，通过信息的转发与交流、价值的互通和增值，会让社群获得更加丰富的发展。微博平台社群的主要运营模式就是与用户进行丰富的互动。微博平台为用户提供了转发、话题讨论、分享与有奖转发等功能，充分运用这些功能能够帮助社群更好地运营。

微信平台较微博更具私密化，微信群成员一般都是熟人，在群中可以分享篇幅较长的深度文章，并对此探讨交流。与微博相比，微信具有独特的传播模式与效率，所以微信群更适合建立内容类、产品类、圈子类社群。具体哪一种社群运营载体，需要结合自己社群的定位和玩法来确定。

2. 组织架构

社群的组织架构是社群正常运营的基础，一个想长久发展的社群，必须要有完整的组织架构。当然，组织架构是依据社群所处的发展阶段来设计的。建群初期规模小，组织架构应当精简。随着社群规模的扩大，就要层级分明，一般包括管理层和普通层，遇到问题，先由管理层团队商讨沟通，提出解决方案，再扩散到普通层社群中。社群成员一般包括创建者、管理者、开拓者、分化者和参与者（见图6-7），不同用途的群所设置的管理结构也有所不同。

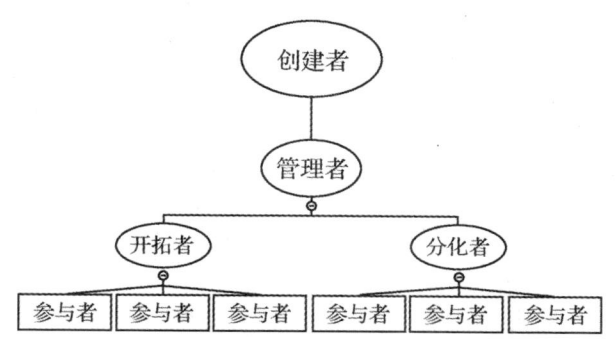

图6-7 社群的一般组织架构

（1）创建者

社群的创建者即社群群主，他不一定要对社群进行直接的管理或维护，但需要有人格魅力，能够借助某种方式在社群中不断形成影响，能够以其为中心不断地吸引更多的人加入，在某个领域能够让人信服，具有一定的号召力，能够为社群的定位、持续发展进行长远的谋划。他是社群的灵魂，所有的社群组织都是围绕他而出现的。

（2）管理者

社群管理者要有良好的自我管理能力，能够以身作则，率先遵守群规；有责任心和耐心，认真履行群管理的职责；团结友爱，遇事从容淡定，决策果断，懂得顾全大局；赏罚分明，能够灵活运用社群规则对成员的不同行为做出合理的奖惩。如果社群大到一定规模，管理者就要组建核心管理团队，包括总管理员、副管理员、管理员组长和初级管理员等；遇到问题，先由管理团队商讨沟通，提出解决方案，再扩散到社群中。

（3）开拓者

开拓者要能深挖社群的潜能，在不同的平台上宣传社群，尤其要能在加入不同的社群后促成各种合作的达成。因此，要求开拓者具备懂连接、能谈判、善交流的特质。

（4）分化者

分化者一般学习能力都很强，他们能够深刻理解社群文化，参与过社群的构建，熟悉所有细节。分化者是未来大规模社群复制时的超级种子用户，是复制社群规模的基础。

（5）参与者

作为社群的参与者，不强求必须保持步调一致，其风格是可以多元化的。多元连接才能激发社群整体的活跃度，进而提升参与度。一个生命力持久的社群需要每一位成员的深度参与。

3. 管理规则

运营好社群要制订一个符合自身定位的运营规则。合理地设计社群管理规则是保证社群健康、有序发展的基础，也是维护社群稳定发展的有效机制。

（1）引入规则

最好设立一定的进入社群的要求，有门槛才能保证社群质量，才能让加入者由于自身付出而格外珍惜。引入规则包括邀请制、任务制、付费制、申请制等。例如，实体店消费者购物满××元，或者完成转发促销活动任务等，可以加入社群。

（2）奖惩规则

奖励与惩罚是管理与运营社群过程中必不可少的手段。设置合理的奖励与惩罚机制有利于提升社群的活跃度，维护社群的良好秩序，为社群成员创造健康的交流学习环境。只要群成员为社群的商品、服务或社群管理模式提出了有价值的建议，管理员就可以给其一定的奖励，如赠送商品、商品试用奖励，甚至是现金奖励。对于违反群规定的成员要予以惩罚，以维护社群的良好秩序，保证社群的健康发展。

（3）淘汰规则

作为社群运营者，可能会经常遇到一些问题，例如，社群成立之初活跃度很高，但一段时间后发言的人越来越少。对于长期不发言、不表态的成员应该如何处理？为了激励成员的成长，组织了各类线上活动，对于总是不响应、不反馈的成员怎么办？此时，社群运营者应该考虑淘汰机制，通过运用淘汰规则筛选出高价值成员，将低价值、无效成员剔除，从而提升社群的价值。

制订群规时要以激励为目的，要以多赞美、多鼓励、多表扬，少批评、少指责、少对抗为原则，以柔和的方式鼓励好的行为，以正能量带动社群的发展。

4. 激活成员

客户成功入群后，接下来就是要激活社群成员，让其保持活跃度，并对社群产生信任感和依赖感。激活社群成员的方法如图 6-8 所示。

图 6-8 激活社群成员的方法

（1）建立情感链接

实体门店运营者要将社群打造成一个讲情感的空间，让门店与社群成员形成情感链接，用情感拉近门店与社群成员的心理距离。深入的情感链接是社群的重要特征之一，如果运营者只是在社群中硬邦邦地卖货，也就失去了建群的意义，这样的社群必然不会长久。

（2）推送商品

实体门店建立的社群最终一定要与商品运营建立连接。在社群中推送的商品一定要符合社群成员的特征和需求，紧抓社群成员的痛点。

实体门店运营者可以采取图文结合的形式来推送商品，用文字和图片赋予商品更多的价值增值；也可以使用短视频来推送商品，让商品更具表现力，提升社群成员对商品的关注度，刺激他们自主传播商品，从而扩大商品的传播范围。

（3）发放红包

红包对于社群建设有着很大的作用，巧妙地利用红包可以激活社群成员的活跃度。但是，红包是建立在直接利益之上的，是"弱吸引力"，只能作为激活社群成员活跃度的手段，不能过于依赖。

要想借助红包刺激社群的活跃度，需要注意两点。一是不要毫无目的地发红包，而要师出有名，例如，每逢节日时发放红包，配合相应的节日气氛，在发红包时写上一句祝福语，让社群成员感受到红包的情感分量，而不是简单地点击获取。有了情感要素的植入，社群成员会更加依赖社群。二是要选择合适的发放时机，避免深夜发红包，以免给已经休息的社群成员带来困扰；避免在工作时间发红包，以免影响社群成员的正常工作。

（4）组织线下活动

实体门店运营者要充分运用好线下实体门店的优势，将社群运营与店铺营销活动结合起来，针对社群成员的特点组织一些有价值的线下体验活动，如新品体验、亲子活动等，拉近运营者与社群成员的心理距离，激活社群成员的活跃度。

（5）发挥 KOL 的价值

KOL 是指拥有更多、更准确的产品信息，且为相关群体所接受或信任，并对该群体的购买行为有较大影响力的人。实体门店在开展社群营销时，要高度重视 KOL 的价值，要结合自己社群的特点招募或培养自己的 KOL，让他们与社群形成紧密的关系，在社群运营中充分发挥其价值。

5. 运营技巧

想要做好社群运营，需要掌握一些运营技巧。社群的运营需要围绕赋予社群成员新鲜感、仪式感、归属感和参与感进行展开。

（1）新鲜感

群主要与社群成员保持互动，拉近其与用户之间的距离，但也要保持一定的神秘感，切忌毫无防备地出现在社群成员面前，以免失去必要的威信力；那些毫无神秘感的群主，也会让社群成员失去对社群的好奇。除此之外，还要不断策划社群创意活动，使社群成员保持持续的新鲜感。

（2）仪式感

新成员进入社群应该要有固定的仪式，以增强新成员的存在感，也能让原有成员更好地接触新成员。

（3）归属感

通过线上线下的互动、活动等，让社群成员感到社群是自己的归属，是自己的"家"，社群成员在社群中能获得满足，以此增强社群成员对社群的黏性。

（4）参与感

鼓励社群成员参与社群活动，这样既可以提高信息的到达率，也能更好地增加社群成员之间的联系，还可以通过征集用户意见对商品或服务进行改善和升级，或者参与到新产品的创意设计和功能体验中，让社群成员产生真正的融入感，提升其参与感。

（三）实体店社群营销盈利方式

零售商家或企业最关心的是利润，那么实体店如何通过社群营销来盈利呢？

1. 会员储值

会员预存和储值能够提高实体店运转的现金流，有了现金流，也就有了利润。客户是否会主动储值，取决于实体店设置的爆品、赠品是否具有足够的吸引力。爆品就是有超高价值、超低价格的商品。爆品的设置不一定是从中赚钱，主要用来引流，促使客户复购和转介绍，然后从中获得盈利。

例如，某服装店策划换季超值活动，凡店内会员储值1000元，均可赠送价值500元的风衣一件。风衣是人们入秋必备单品，保暖又不乏时尚感，具有超高价值，只要储值就是免费获得，具有很大的吸引力，可以很好地引流。另外，储值还可以促使客户复购，使其转化为店铺的忠实粉丝。

2. 组织活动

实体店既可以在社群内组织活动，也可以设置线下促销活动。

（1）社群抽奖活动

组织社群成员参与抽奖活动，把中奖客户引流到店铺领奖。奖品设置可以是实物，也可以是消费券等。客户领奖的同时，一般都会在店铺内进行额外的消费。实践证明，领奖客户由于额外消费所产生的利润比经营者付出的礼品成本更高。

145

（2）店铺促销活动

店铺可以搞一些限时秒杀、消费满赠、指定商品组合优惠等促销活动，主要是利用人们爱占便宜的心理，引发社群成员冲动消费。店铺促销活动一方面吸引用户参与并让用户感觉占了便宜，另一方面也让零售企业获得更高的收益，这就是很好的营销方式。

3. 发起团购

有些实体店的商品（如家电、家纺等）复购率比较低，用户不可能经常购买，因此零售企业应该选择那些消费刚需的商品，在社群运营中取得了一定的信任基础时就可以发起团购，可以通过接龙的方式呼吁社群成员积极参与，社群成员完成团购时，零售企业就能从中获得利润，当然零售企业还要保证所选商品质优价廉、性价比高。

4. 创建联盟

零售企业可以与周边的商家合作、整合，创建本地社群联盟矩阵，推出联盟会员卡，这样消费者可以凭卡到联盟商家消费享受打折服务，从而提升店铺的流量。

商业模式是根植于商品本身的，商品不同，其商业模式也不一样。社群也是一样，由于社群类型多样，一种商业模式不可能适用所有的社群。当然，这其中的原因极其复杂，最主要的就是商业模式是否能与社群的属性相匹配。

（四）做好社群营销的关键

社群营销并不是用社群做广告，而是要转变思维，从自身定位出发，运用利他思维，确定输出价值，寻找精准客户，建立情感链接，产生价值认同，这是一个循序渐进的过程，逐步实现营销目标。做好社群营销主要有三个关键点，缺一不可，如图6-9所示。

图6-9 做好社群营销的关键点

1. **转变思维**

做好社群营销的关键首先是转变思维。传统营销的思维模式是不停地挖掘新客户，而不注重对老客户的维护，容易造成老客户的流失。在移动互联网时代，社群改变了这种链接关系，人与人之间从一个基础的生理链接升级成情感链接或者精神链接，让新老客户之间形成了一种情感纽带，让社群成员彼此之间无隔阂、无障碍，这种社群思维是一个企业发展壮大的关键。

社群营销要从原来的产品思维转变为客户思维，以客户为中心，最大限度地满足客户的需求。不管是什么样的社群，首先要考虑的就是企业能够给社群成员提供什么价值。如果做养生产品，那么分享养生知识就是核心价值。要保证持续价值输出，需要不断提升内容跨度，通过信息关联扩大社群辐射圈。

2. **精准目标客户**

社群营销的另一个关键就是如何把社群成员转变为目标客户。如果说企业主营养生产品，那么需要找出哪些人需要养生，哪些人对养生更感兴趣，构建精准目标客户画像，如喜欢养生的大部分人都是有一定经济基础、想让生活品质变得更好的中高端消费人群，年龄相对偏大一些。

再如，主营化妆品的零售企业自身定位就是职场女性的美丽专家，可以通过大数据或者深度调研，确定目标客户画像为女性、25~35岁、城市职场白领等特征属性。客户画像主要涵盖的几大要素包括性别、年龄、收入、职业、文化水平、地域等。做好客户画像之后，确定其核心需求，然后为其量身定制价值内容。

根据自身定位精准吸引目标客户，而不是一味地追求客户数量，只有在精准定位客户属性和客户需求之后，社群营销才能做到有的放矢。

3. **建立情感链接**

通过价值吸引为客户营造归属感，满足他们的精神需求或物质需求，给他们提供加入社群的理由，或是与他们有共同爱好，或是让他们获得身份情感认同，或是彰显自身的物质价值，或是解决他们的痛点需求。

社群运营必须维护好社群成员的利益，切身考虑客户的痛点需求，照顾客户的个性，并给出尽可能完善的解决方案。当社群运营者与社群成员建立了情感链接后，才能相互理解、彼此信任，有了情感认同，人和人之间才能深度交流，才能创造出新的可能，才能带来回报。

只要慢慢地让客户爱上社群，甚至"爱"上群主，建立起如同家人般的关系，社群就会越来越活跃，客户也会用尽全力支持社群的发展。

五、用"四全"开展智能化全域营销

全域营销是指在新零售体系下,以消费者运营为核心,以数据为能源,实现全链路、全媒体、全数据、全渠道的一种智能营销方式。全域营销与传统营销模式相比,更加关注消费者的个性化、情怀化和高端科技化需求,为消费者提供一种随时随地随心的购物方式,是符合新零售时代新营销的一种营销模式。

(一)全链路

新零售时代,零售企业不仅要改变生产模式,还要改变营销模式,而实现全链路营销就是改变营销模式的第一步。

全链路包括两个方面的内容:一是品牌管理,企业要实现品牌策略、传播、运营和数据沉淀的全链路;二是品牌和消费者的关系,由于消费个体的不同,消费者在做决策的时候都有其个性化的决策链路,这就要求品牌商在与消费者关系的表达上体现出认知、兴趣、购买与忠诚。

全链路营销要求企业把产品的所有推广链路都利用起来,整个推广链路由三大步骤组成,如图 6-10 所示。

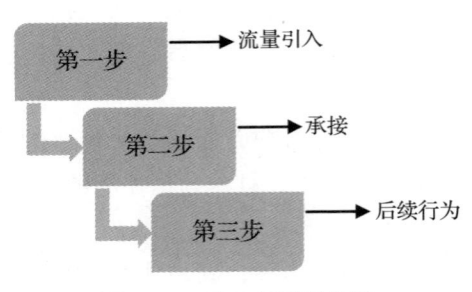

图 6-10 推广链路的步骤

①流量引入,顾名思义,就是将流量引入店铺,这个步骤的关键就是根据不同的客户群体,采用不同的定向策略引入流量。

②承接是流量进店后进行的一系列行为及动作,如顾客关注、收藏、加入购物车、直接购买等。

③后续行为,指当顾客对店铺或者商品产生了关注、收藏、加入购物车、直接购买等行为后,企业针对如何管理及引导消费者产生更高的转化和销售

额等问题所做出的一系列行为。

例如，盒马鲜生的全链路营销模式如图 6-11 所示。

盒马鲜生从提升客户体验出发，具有完善的购物路径：客户产生购物欲望后，可以自由选择线下门店或线上平台这两种渠道购买商品，既可以选择在线下门店加工就餐，也可以实现送货上门，依靠现代物流技术、大数据驱动、强大的供应链支持实现全链路营销。

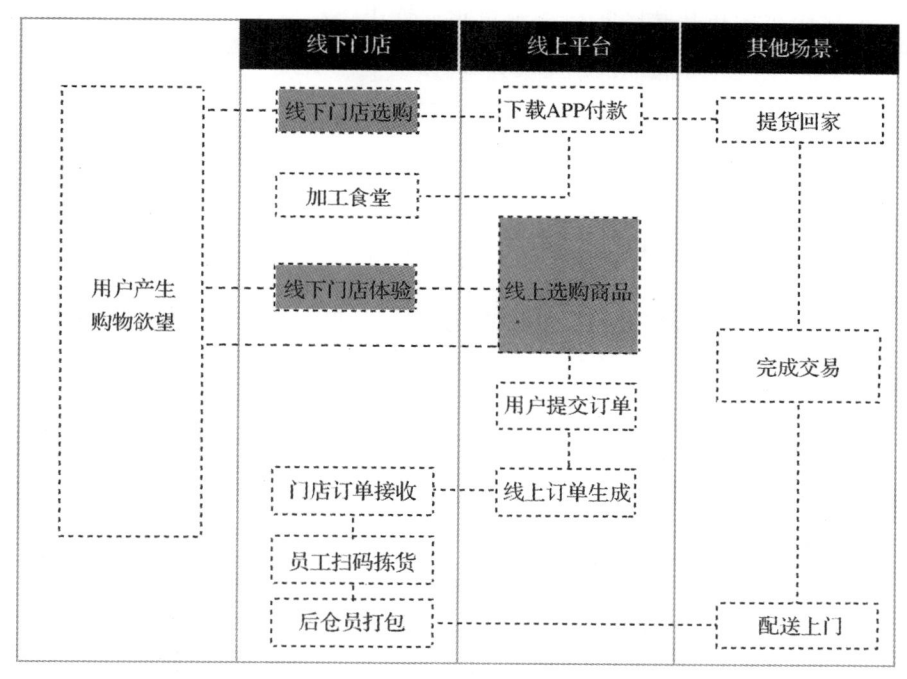

图 6-11 盒马鲜生的全链路营销模式

（二）全媒体

在传统媒体时代，零售品牌的宣传推广都是通过电视、报纸、杂志等媒体进行传播的。随着互联网的飞速发展，新媒体的传播方式越来越被人们接受、认可并依赖，这给企业提供了更多的传播推广途径。

新媒体较传统媒体是一种低成本、高效率的传播方式。通过在新媒体上为消费者构建场景和引爆话题，能够实现企业传播效果的最大化。全媒体营销就是结合传统媒体与新媒体进行的综合营销，是整合营销方式的重要环节，也是互联网时代营销的必然要求。

企业实施全媒体营销战略，可以打造出多渠道、多维度、全方位的营销网络。企业可以通过微信、微博来制造话题，受话题吸引的消费者很容易关注企业的产品，而当话题成为热点时，跟话题相关的企业产品自然就成了爆款。例如杜蕾斯，因为其善于抛出热点话题，并且敢于蹭热点话题的热度，能够抓住每一个通过网络渠道传播的机会，从而扩大了知名度，成为人们心目中的首选品牌。

全媒体营销是互联网时代对零售企业提出的新要求，零售企业必须将传统的媒体营销与新媒体营销相结合，打造出多渠道、多层次、全方位的媒体营销模式。当然，不同的品牌有不同的调性，在企业进行全媒体营销探索的时候，不仅要在资金的基础上量力而行，还要制订出一套适合自己的、能够实现品牌价值最大化提升的营销方案。

（三）全数据

新零售时代的新营销都以数据为基础，打通线上与线下的数据共享，利用大数据和云计算技术，深度分析并预测用户需求，实现流量的智能分配和营销的精准匹配。

互联网时代，全数据的应用使企业营销变得更加简单。首先，通过数据渗透到营销渠道的所有环节，能够帮助企业提高营销效率；其次，大数据营销可以实现为用户进行个性化的推荐，商家通过对用户画像，分析用户的兴趣爱好，有选择、有针对性地向其推荐商品，增加了消费行为的发生；最后，大数据还可以使企业了解消费者对商品的使用情况，通过数据的反馈可以更好地优化商品和服务。

大数据颠覆了传统的营销模式，为零售商带来了很多的便利，让零售企业能够以更低的成本对目标消费者进行精准定位。例如，知名服装品牌ZARA，其全数据应用主要体现三个方面，如图6-12所示。

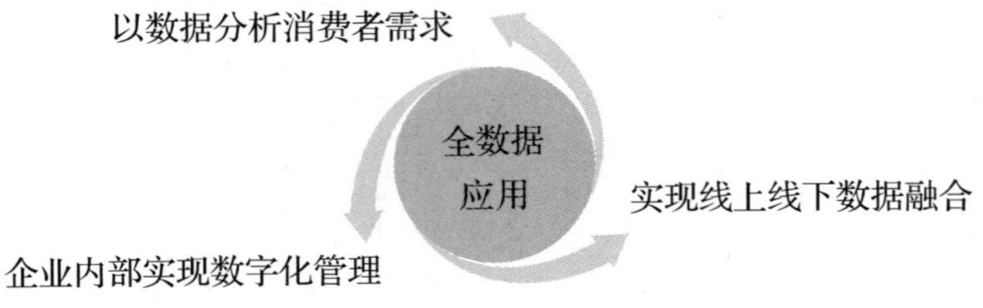

图6-12 ZARA全数据应用

(1) 以数据分析消费者需求

ZARA 通过收集消费者购买行为的相关数据，并对数据进行整理，分析大多数消费者对衣服图案的偏好、对衣服细节的要求等，再以此作为依据，设计符合消费者品位的服装。采用大数据技术，不仅使 ZARA 的服装产品迎合了市场需求，获得消费者的青睐，还降低了 ZARA 的存货率，减轻了仓储压力。根据这些消费数据，ZARA 还可以分析出流行趋势，在确定服装的颜色、款式等流行元素时，能够做出与消费者需求最为接近的市场预测。

(2) 实现线上线下数据融合

新媒体时代的到来使 ZARA 实现了线上线下数据的共享，通过对数据的综合分析与整理，能够更加精准地定位目标用户群体，设计更受消费者欢迎的服装款式，大大提高了企业的营销效率。ZARA 还以线上旗舰店为平台，广泛征集消费者意见，再结合时尚资讯，及时把握时尚潮流，为消费者提供各种时尚穿搭建议；根据消费者的需求，为其提供个性化和多元化的服务。

(3) 企业内部实现数字化管理

大数据技术使 ZARA 实现了真正意义上的数字化管理。ZARA 根据大数据技术的特点和优势，改进了企业的运营方式，以最快的速度对数据进行处理、修正和执行，帮助企业实现信息的即时传输，缩短各部门沟通流程的时间，提升整个供应链的运营效率，提升企业的市场竞争力，使企业获得更加丰厚的利润。

（四）全渠道

全渠道营销是指企业营销不再局限于传统的单一渠道，而是利用一切可以利用的渠道进行营销，包括微博、微信、论坛、QQ、APP 等线上渠道和各种线下渠道。

全渠道营销是营销方式变革中的重要一环，也是未来营销的方向。零售企业要做好全渠道营销，需要掌握三个关键点，如图 6-13 所示。

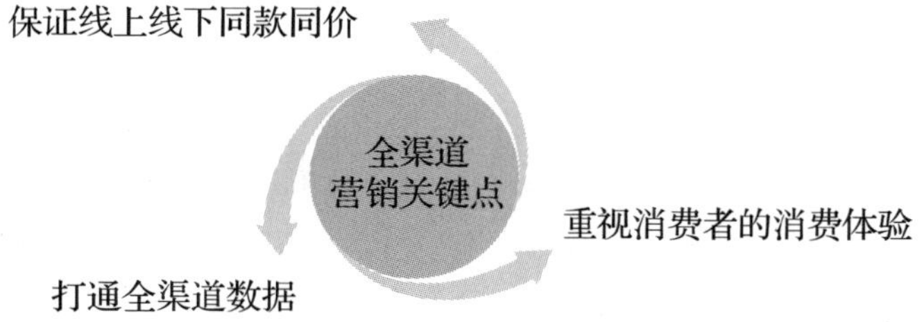

保证线上线下同款同价

全渠道营销关键点

重视消费者的消费体验

打通全渠道数据

图 6-13　实现全渠道营销的关键点

（1）保证线上线下同款同价

在互联网时代，消费者获得信息的渠道越来越多，企业只有将线下线上资源整合，将营销覆盖全渠道，让消费者在不同的渠道都能看到产品信息，才能引起消费者的注意。但是，这需要保证线上线下产品的同款同价，一方面提升消费者对企业品牌的信任度，另一方面避免由于价格差带来的负面效果而影响消费者的购物体验。

（2）重视消费者的消费体验

重视消费者的消费体验是企业实现成功营销的基础。如果消费者在购物过程中获得了快乐、愉悦的购物体验，精神需求得以满足，他们自然就会对品牌产生好感，认为这个品牌正是自己所要找的，是最适合自己的，进而成为品牌的忠实粉丝。

零售企业要认真分析消费群体的需求，使自己的品牌理念和价值观与消费者的观念完美契合，为其营造轻松舒适、充满乐趣的购物氛围；加强与他们的互动交流，积极地为他们排忧解难，为其提供更加个性化的产品和服务。

（3）打通全渠道数据

打通全渠道数据，即打通线上线下店铺、社交自媒体内容平台、线上线下会员体系、线上线下营销数据，这是实现全渠道营销的关键步骤。企业若能将这一步完成好，就可以让消费者感受到无缝化的跨渠道购物体验，从而加深对品牌的好感，使自己的品牌获得更多消费者的追捧，同时企业的影响力和产品销量也会得到跨越式的提升。

小米就是全渠道营销的成功案例，其全渠道营销布局首先体现在产品的设计环节。小米首先开发出了小米手机、小米应用商店和米聊三大业务板块，然后通过众多线上平台与用户互动，包括微信、微博、贴吧、论坛等，让用户通过这些线上渠道参与小米手机和其应用系统的设计，非常重视用户的消费体验。

在销售和售后环节上，小米手机同时在线上和线下渠道进行销售，保持同款同价，并为购买小米手机用户提供完善售后服务，接受信息反馈，积极地予以回应，为用户解决问题。同时，小米的全渠道营销还节省了很多分销成本，减少了部分代理商和零售商的加价环节，这样小米就可以用节约下来的成本研发新的产品，使产品的质量更加优良，从而形成了良性的效益循环。

在全渠道营销中，要着眼于线上和线下的所有渠道，以及线上与线下的融合，包括产品信息、产品体验、订单处理、收退款、物流、服务和消费信息反馈等环节。除此之外，全渠道营销的方式还要突出自己品牌的个性。

第七章

新物流，构建新零售时代供应链模式

新物流是新零售的重要组成部分，新零售的发展又推动新物流的升级完善。满足消费者实时购物需求的新零售，对物流环节提出了更高的要求。新物流必须结合大数据、云计算、人工智能等新一代信息技术，以满足消费者个性化、多元化需求为前提，构建新零售时代供应链模式，从而为消费者创造更多的价值，确保自身在激烈的市场竞争中站稳脚跟。

一、物流改革，适应新零售的新诉求

传统企业转型新零售，主张采用全渠道模式。全渠道模式强调以消费者为中心，企业通过打通各个渠道，使渠道之间形成内在的联系，进而为消费者提供最佳的消费体验。物流服务是消费体验中的一个关键环节，是全渠道零售的终端服务。基于全渠道模式的特点，零售企业应该对物流体系进行改革，构建适于全渠道模式发展的物流管理体系。

（一）新零售背景下的物流新诉求

全渠道模式的核心要求就是为消费者提供包括线下实体门店渠道、电子商务渠道、内容分享型渠道、短视频渠道、O2O平台渠道、社交媒体渠道等在内的多种渠道的消费服务，以满足消费者在任何时间、任何地点、以任何方式购买商品的需求。基于此，零售企业在向全渠道模式转型的过程中，对物流提出了新的要求。

1. 更高的物流效率

在全渠道模式下，零售企业在各个渠道中产生的各项业务并非是独立的，而是互相关联、混合进行的，零售企业的物流运营与管理也更加复杂。有效利用各项信息和技术手段对物流资源进行整合，以实现订单快速响应、物流资源准时调度，是全渠道模式下对零售企业物流运营和管理的要求。

2. 更低的物流成本

在全渠道模式下，业务的复杂性导致物流配送过于分散，大大增加了物流成本。因此，在全渠道模式下，如何有效降低物流成本已经成为零售企业需要解决的重点问题之一。

3. 更高的灵活性

对零售企业来说，单纯地在实体门店或线上商城搞一次促销活动可能不会让其物流配送产生很大的压力，但是实体门店、电商平台网店、官方商城、APP商城等多个渠道同时开展促销活动，就会让零售企业的物流配送产生前所未有的压力。

全渠道的物流配送涉及各个渠道的业务衔接、资源调配等问题，要求零售企业能够科学、合理地协调物流资源，灵活地应对各种物流配送问题。

4. 更高的资源共享度

在全渠道模式下，零售企业的各个部门之间，以及企业与合作伙伴之间，要在人力资源、库存资源、订单信息、运力资源等多个方面实现高度共享，有效提升物流配送的高效性与便捷性，从而提升消费者的购物体验。

5. 更高的兼容性

在全渠道模式下，物流配送中心所承担的业务更加复杂，包括订单信息处理、商品包装处理、配送时间处理、包裹交接等多个方面，这就使物流中心的功能建设面对新的挑战。零售企业需要打造兼容性更高的物流配送中心，以使不同业务模式下的各个物流环节得到有效的衔接，为不同业务模式下的物流配送提供定制化的解决方案。

（二）积极推进物流体系变革

全渠道模式对物流提出的新要求决定了物流变革的方向。在全渠道模式下，零售企业可以从以下五个方面对物流体系进行变革。

1. 以大数据为依托

在全渠道模式中，零售企业需要利用大数据技术整合线下门店、线上店铺、社交媒体等各个渠道中的消费者数据，并对这些数据进行分析，以便更准确地掌握不同渠道、不同地区的商品销售情况及库存，从而更合理地配置物流资源，最终有效地降低物流成本，提升消费者体验。

2. 对物流资源进行整合

对零售企业来说，整合物流资源包括两个方面的内容：一是对自身的运力资源进行整合，二是对自身的信息系统进行整合。很多零售企业虽然已经认识到整合运力资源的重要性，却忽视了对自身信息系统的整合，最终导致货品无法精准、高效地流通。

在全渠道模式中，完善且成熟的信息系统是保证零售企业稳定持续运营的一个重要因素。只有建立了完善的信息系统，零售企业才能清晰、全面地掌握自身的运营情况，有效提升自身在销售预测、智能补货、仓储管理、物流配送等方面的反应速度和精准度，及时发现运营中存在的问题，并对问题做出快速、准确的响应。

3. 建立并提高物流中心的可视化与柔性化管理

对零售企业来说，建立可视化与柔性化的物流中心运营与管理模式能够有效提升全渠道物流运作的效率。例如，实现库存可视化，有利于提升发货速度；实现仓储柔性化运营及管理，有利于提高物流资源的利用率，有效降低物流成本。

此外，在全渠道模式下，企业的订单类型会更加多样化，订单数量也会大大增加，这就在商品的分拣、包装、配送等方面对零售企业提出了更高的要求。因此，零售企业还要提升处理订单的能力，可以通过运用各类智能化及自动化物流设备，如自动分拣系统、分拣机器人等来提升订单处理效率。

4. 调整线下门店职能

在传统模式中，线下门店通常只承担商品展示与销售、服务体验的职能。而在全渠道模式中，线下门店的职能发生了巨大的转变，除了承担传统职能之外，还需要实现终端仓储、履单中心、线下自提等职能。因此，零售企业需要对线下门店进行调整与升级，将其打造成同时具备商品展示、商品销售、服务体验、终端配送、自提站点、履单中心、终端仓储等多种功能的"超级门店"。

5. 重视"最后一公里"配送

在全渠道模式下，"最后一公里"配送的重要性更加凸显，主要是以下两个原因造成的。

第一，"最后一公里"是商品配送的最后一个环节，零售企业在此阶段提供的服务会直接影响消费者在整个交易过程中的体验和感受。第二，在将来，"最后一公里"的配送服务除了要将商品及时、精准地送到消费者手中外，还会承担更多的职能，例如，通过对配送人员的服装、配送工具、服务行为等进行调整与升级，将"最后一公里"配送升级为零售企业的营销渠道，在完成商品配送的同时，还可以帮助零售企业宣传推广，从而提升品牌商和企业的影响力。

由此可见，完善并提升"最后一公里"配送服务是保障零售企业顺利完成全渠道模式转型的重要因素。

二、供应链物流，新零售升级发展的关键

供应链物流是以物流活动为核心，协调供应领域的采购、生产制造和销售领域的客户服务和订货处理业务，包括对涉及采购、外包、转化等过程的全部计划和管理活动，以及全部物流管理活动。更重要的是，它还包括与渠道伙伴之间的协调和协作，涉及供应商、制造商、销售商和第三方物流企业等。

供应链物流作为联系线上线下的重要纽带，促使电商与线下实体商业由原先的相互独立甚至冲突走向混合、融合，推动以强化客户体验及提升效率为主的新零售升级发展。

围绕着新零售模式，各零售企业都在积极构建全新的端到端的供应链物流模式。例如，生鲜超市从货源采购到商品销售，再到购买支付最后到末端配送形成供应链物流。

- 在货源上，以货源地直采和海外直采为主，保证其食材质量。
- 在销售模式上，采取线上线下全渠道融合的多功能门店模式，门店集展示、销售、仓储、分拣、配送于一体，提高坪效，提升线下消费者体验，加快分拣速度。
- 支付端采用线下扫码、线上 APP 购物的模式，高效收集客户数据。
- 末端配送采取自建配送团队与第三方物流结合的方式，保证 5 公里范围内订单的 30 分钟送达。

但是，新供应链物流的建设从计划、网络、仓储到配送等方面都面临着诸多挑战。例如，物流计划需要对社区、个人客户有更精准的感知；在网络布局层面，需要兼顾零售和仓储配送，并满足高频次、紧急、低规模效应的订单需求；同时，末端仓储还面临着极高的租金成本。此外，末端配送服务品质的波动性大，服务水平难以控制。

三、新物流，物流模式的智慧升级

新零售对物流提出了更高的要求，只有提升物流服务的效率与水平，才能为消费者带来良好的购物体验。新物流是一种解决新时代物流问题的物流集合，

在其发展过程中融入了很多新技术、新手段和新模式，是物流模式的智慧升级。

（一）何为新物流

开展线上线下加供应链物流深度融合是新零售发展的必然趋势，打造新物流，提高物流效率与服务水平，强化企业的供应链管理能力，已经成为新零售企业急需解决的重点问题。为了应对市场变革带来的诸多挑战，零售企业端、物流企业端、消费者端都对物流体系提出了新的需求，如图7-1所示。

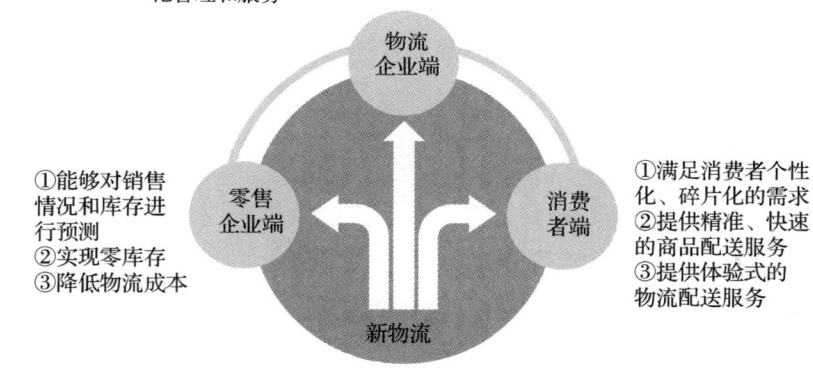

图 7-1 零售企业端、物流企业端及消费者端对物流的需求

由于市场各界对物流体系的新需求，以及物流行业的创新尝试和新技术的应用，"新物流"的概念在2018年全球智慧物流峰会上得以提出。

新物流是将物联网、互联网、云计算、人工智能等信息技术的深度应用与传统物流的自动化、机械化、标准化相结合，满足用户的个性化物流需求，将企业的资源利用潜力充分发挥出来，具有透明、协同、柔性、即时反应等特征，能够为商业创新提供有效的支持，提升物流的效率，推动物流绿色化、安全化运行。

从本质上看，新物流是一种解决新时代物流问题的物流集合，是原有物流要素的升级与重构，以供应链的数字化为前提，以流通设施及物流网络的完善为基础，以物联网、云计算等新技术的应用为支撑，以网络伙伴间的协同共享为关键。新物流在其发展过程中融入了更多新技术、新手段与新模式，它代表着物流行业新的发展方向。

（二）新物流的三重属性

新物流具有三重属性，如图 7-2 所示。

图 7-2　新物流的三重属性

1. 物理属性

物流就是"物"的流通，"物"是物质资料世界中同时具备物质实体特点和可以进行物理性位移的那部分物质资料；"流"是物理性运动，就是以地球为参照系，相对于地球而发生的物理性运动。流的范围可以是地理性的大范围，也可以是在同一地域、同一环境中的微观运动，小范围位移，所以物流本身就具有物理属性。

2. 数据属性

这一属性经常隐藏在物的流通轨迹背后，很难被发现。它回答了物的来源、物的构成、物的流通环节与目的地、目标消费群体类型、物获取场景与方式等问题。

整个物流过程会产生大量数据，借助这些数据可以对物流"出口端"的消费者行为做全面分析，增进物流企业对消费者的了解，甚至让物流企业比消费者自己更了解自己。同时，借助这些数据还可以对物流"入口端"的物品进行追溯，让物流企业了解物品的来龙去脉，参与物品流通的整个过程。由此可见，整个物品的全生命周期管理都实现了数据化。

3. 经数据链接与传导，新物流又产生了第三重属性——服务属性

在物品流通过程中，物流企业不仅为消费者提供拆零分拣、包装定制、搭配重组、场景设计等服务，甚至还提供配套的金融服务，推动服务与文化不断增值。

基于新物流的数据属性，新物流最终可以发展为柔性物流、智慧物流。基于其服务属性，新物流最终可发展为与商品增值服务对应的专业物流或在物流、信息流、商流联合的基础上形成的商物流。在整个过程中，物流的物理属性始终是外在体现。

（三）新物流的四大特征

新物流具有四大特征，如图 7-3 所示。

图 7-3　新物流的特征

1. 动态性

新物流既不是某一特定阶段的发展形态，更不是某种至高无上的终极形式，而是不断变化发展着的创新业态。当然，这种说法没有否认其阶段性呈现的特定模式和相应特征。

新物流的动态性主要表现在以下两个方面。

① "智慧"的动态性。新物流的发展支撑就是大数据、云计算和物联网等信息技术，而信息技术一直处于快速发展中，这也促使新物流的"智慧"内涵不断丰富，"智慧"水平不断提升。

② "物流"的动态性。随着共享物流及信息共享的发展，尤其是供应链协同与物流整合的趋势不断加强，物流的产业形态同样处于动态变化中，在创新发展中实现转型升级。

2. 系统性

虽然新物流的发展离不开新技术的支撑，但是新技术并非实现新物流的唯一途径。作为一种物流集合，新物流更重要的特征在于系统性，而技术支撑只是这个系统中的一个层面。除了技术之外，新物流还涉及体制、组织、管理、运营等诸多层面。

尤其当物流与供应链协同融合时，该系统涉及的层面也愈发复杂。在这个跨度极大的复合型系统中，新技术发挥着重要作用，但企业仍需注重系统的整合、管理及运营。

3. 普适性

在新零售时代，物流行业已经进入"人、货、仓、配"重新整合的新常态，广泛参与制造、零售等多个行业。因此，新物流绝非某个环节或某个产业的新物流，它不是新仓储，也不是新零售物流，而是具备了普适性的特征。

①全方位普适性。虽然"新物流"的发展刚刚起步，该形态多出现在行业或企业对"新物流"的探索实践中。随着积累的经验不断增多，物流企业间的协作共享不断增强，新物流在不断发展完善的过程中也将发挥示范和带动作用，为各行各业提供解决方案，最终全方位地实现物流产业的智慧升级。

②价值普适性。新物流普适性特征的根源在于价值的普适性，主要体现在两个方面，一是新物流可以提升企业绩效，拓展市场份额；二是新物流能够为用户创造价值，给经济、社会和民生带来巨大的益处。

4. 渐进性

对我国的物流行业来说，全面实现新物流是一个长期的战略规划，需要各界的共同努力和通力合作，对目标任务进行细分，在渐进的过程中逐步触及目标。新物流的落地实施必须由物流企业从技术升级、管理升级、装备升级、系统升级等多方面着手，脚踏实地、循序渐进地逐步完成。

（四）新物流的三层逻辑架构

新物流的三层逻辑架构分别是技术层、决策层和应用层（见图7-4），其中技术层主要为新物流提供基础功能支持，决策层主要确定新物流的智慧升级模式，应用层主要呈现新物流具体的发展形态。

应用层：多式联运、车货协同、末端共享、智能仓储、路径优化

决策层：
- 标准规则（逻辑决策）
- 人工智能（算法决策）
- 综合平台（市场决策）

技术层：
- 物联网、物流云、自动化
- 智慧流通基础设施建设
- 数据感知（人、货、场）

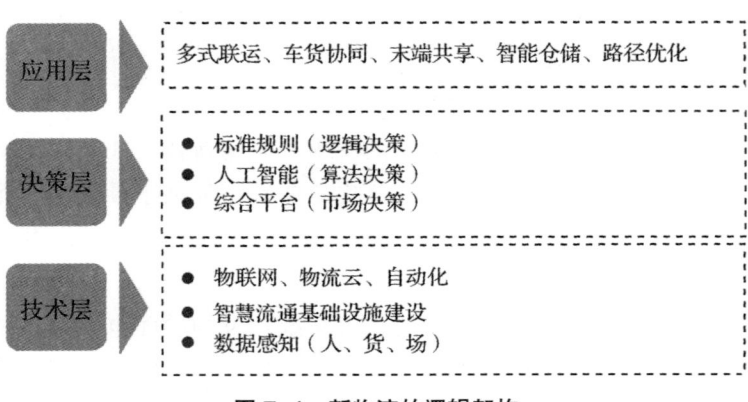

图7-4　新物流的逻辑架构

1. 技术层

新物流的技术层以数据感知为基础，尤其是对关键数据的获取，包括人（消费者画像）、货（物流要素）、场（地理信息）等数据信息，据此将物品信息进行数字化处理，采用卫星定位和 RFID 等技术获取车辆及其物流配送过程的实时数据和动态信息，以及货物位置、状态等配送环节的信息。

新物流的技术层以智慧流通基础设施为重要支撑，这些设施包括物流基地、分拨中心、公共配送中心、末端配送网点等，同时物流基础设施信息化改造也为新物流的实现提供了强有力的保障。

新物流的技术层以物联网、物流云、自动化为核心，通过新技术的推广与应用，实现仓储、配送、客服等环节的自动化，推动物流领域生产、销售、流通的运营与管理。

2. 决策层

要想将技术层获取的数据连接起来，进一步打通这些数据，必须借助决策层的相关决策，包括人工智能、标准规则、综合平台、行业判断、竞争策略与发展定位等。

通过决策层的构建，数据挖掘与信息处理等技术可以在物流管理与配送系统实现广泛应用，可以对客户需求、物流数据和商品库存进行有效的分析。一方面，能够计算并决策最佳仓储位置及配送路径；另一方面，能够实现物流存储和配送决策的智能化。此外，还可以对货物进行精准定位和追踪管理，并实时地将物流运行状态信息反馈给客户与管理者，从而可以追溯物品产地及流通信息。

3. 应用层

新物流的落地实施需要政府、行业、研究机构等多方共同推动。现阶段，新物流的应用具体表现在以下几个方面，如表 7-1 所示。

表 7-1 新物流应用的具体表现

应用表现	具体内容
多式联运	如入选《第一批多式联运示范工程项目名单》的公铁联运、公铁海河多式联运、集装箱公铁水联运、集装箱水铁联运等
车货协同	如用户可以通过货拉拉 APP 叫车，实现同城即时货运，享受优质、高效、专业的物流配送服务
末端共享	如共享第三方代收平台、智能快递柜等基础设施，开展共同配送等

续表

应用表现	具体内容
智能仓储	如苏宁借助"业务+仓储+技术"的零售仓储体系管控模式，以多元化的零售场景为核心构建多种多样的仓储形式，如DC仓储、FC仓储、门店仓、微仓等，从而满足电商、品牌商、零售商的业务需求
路径优化	如杭州传化"易货嘀"致力于打造无车承运人平台，货主与司机可以通过该平台交易货物运输信息，开展同城货物运输，实现集约配送，为货主与司机提供结算支付、保险经纪等服务

四、构建以消费者为中心的新物流格局

在线上、线下与物流相结合的新零售业态中，物流配送是最关键的环节之一，全新的消费场景对物流提出了更大的挑战。谁能为消费者提供最省心、省钱、最便捷的整体化解决方案，谁能充分整合并优化配置资源，谁就能在市场竞争中脱颖而出。

（一）以消费者为中心，构建高效供应链

在新零售时代，消费者需求发生了巨大的变化，他们更渴望购买到符合自身情感和精神需求的商品，更关注在商品消费过程中获得的生活体验，不再简单地关注商品的功能和价格。消费者的需求日益呈现出新的特点，如图7-5所示。

图7-5 消费者需求的新特点

1. 高效、便捷

站在消费者的角度，商品本身的功能、质量等是引发购买行为的基础，但消费场景、购物体验等已经成为影响消费者购买决策的重要因素。当前，人们希望能够随时随地自由选择线上线下的各种渠道购买适合自己的商品，达到省时、省心、省钱的目的，所以高效、便捷是其追求的新元素。

2. 个性化服务

现如今，人们的个性化消费被充分释放，这就要求新零售企业必须全面、深入地洞察消费者的需求，通过分析消费者数据对消费者画像，精准把握消费者个性化特征，提供个性化、定制化服务。

3. 独特的体验

同质化、标准化的购物体验已经很难满足现在的消费者群体（尤其是80后、90后及00后）的购物需求，独特的购物体验对他们来说非常重要。在某些特殊时刻或场景下，这种需求更为强烈。针对人们所处的丰富、多元的购物场景，为其提供独特的购物体验，已经成为零售企业赢得消费者认可的关键所在。

当人们的消费选择、消费行为、消费习惯发生变化时，企业将围绕消费者的需求优化运营模式，构建高效的供应链体系，供应链应当转被动为主动，强化与消费者之间的沟通互动关系，在选品、趋势预测、商品价格制订与调整、商品供应及优化、商品采购等方面发挥作用，从整体角度出发，构建高效供应链，并将供应链管理及运营、企业营销及大数据应用结合起来，提供能够满足新时期消费者的新需求服务。

以消费者新需求为中心构建的高效供应链如图7-6所示。

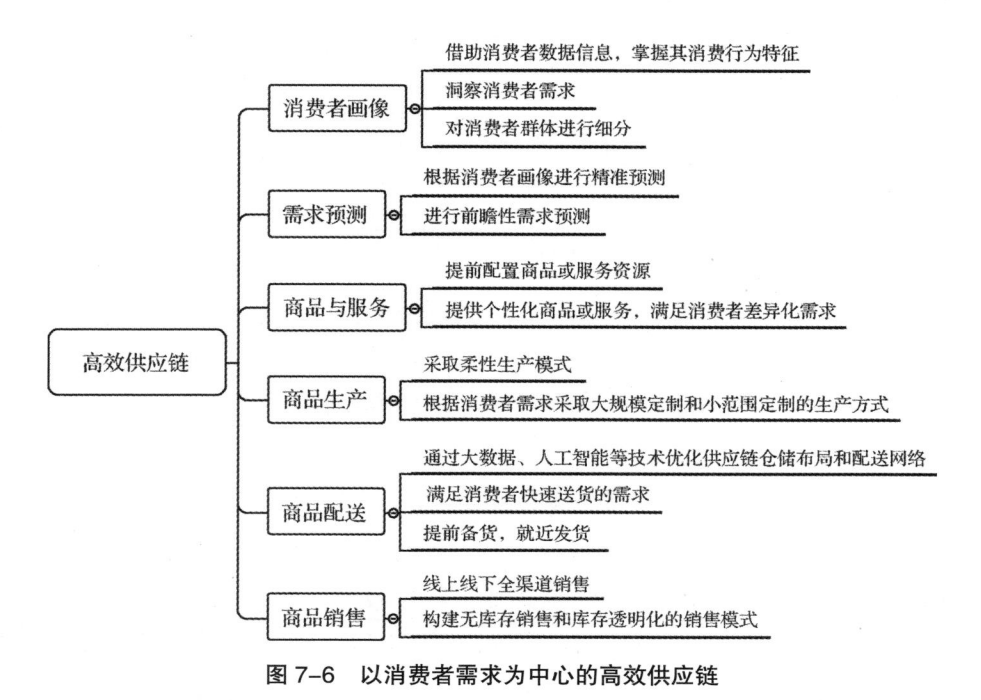

高效供应链
- 消费者画像
  - 借助消费者数据信息，掌握其消费行为特征
  - 洞察消费者需求
  - 对消费者群体进行细分
- 需求预测
  - 根据消费者画像进行精准预测
  - 进行前瞻性需求预测
- 商品与服务
  - 提前配置商品或服务资源
  - 提供个性化商品或服务，满足消费者差异化需求
- 商品生产
  - 采取柔性生产模式
  - 根据消费者需求采取大规模定制和小范围定制的生产方式
- 商品配送
  - 通过大数据、人工智能等技术优化供应链仓储布局和配送网络
  - 满足消费者快速送货的需求
  - 提前备货，就近发货
- 商品销售
  - 线上线下全渠道销售
  - 构建无库存销售和库存透明化的销售模式

图7-6 以消费者需求为中心的高效供应链

（二）用逆向业务和售后服务提高物流体验

随着时代的发展，消费者的消费需求更加个性化、多元化，消费者也更注重消费体验，因此构建逆向物流和售后服务是企业向新零售转型的必要环节。

逆向物流是指从消费者到零售商/生产商的物流服务，主要涵盖商品退换货和商品零部件维修两个方面。退换货涉及的主要是网购商品，例如，服饰鞋包类、化妆品类及3C产品（计算机类、通信类和消费类电子产品）等，这些商品一般对退换货的物流时效要求较低。零部件维修涉及的主要是价值较高的中小型3C产品、首饰手表、服饰箱包等，零部件从消费者手中返回至商家完成维修后，还需要商家寄回至消费者。

随着网购规模的不断扩大，以及电子产品更新换代速度的加快，逆向物流和售后服务已经成为消费者的新需求。这是因为在网购过程中，商品退换货和商品零部件维修需要由消费者参与商品的寄送环节，商家提供的物流服务会直接影响消费者的购物体验。

为了迎合消费者对物流服务的新需求，零售企业需要培养并建立逆向物流业务和售后服务体系，以提高消费者的购物体验。具体来说，零售企业可以从物流的便利性、时效性和安全性进行布局，如图7-7所示。

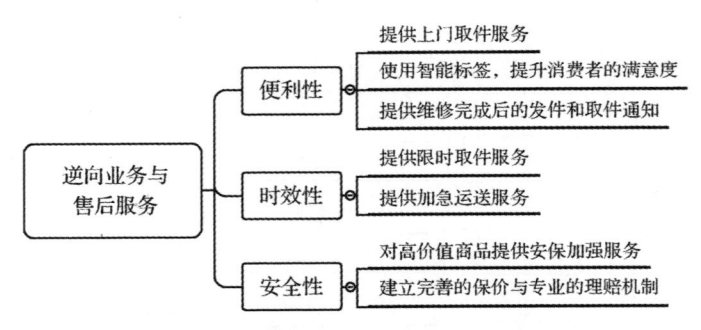

```
                      ┌─ 提供上门取件服务
           ┌─ 便利性 ─┼─ 使用智能标签，提升消费者的满意度
           │          └─ 提供维修完成后的发件和取件通知
逆向业务与  │          ┌─ 提供限时取件服务
售后服务   ─┼─ 时效性 ─┤
           │          └─ 提供加急运送服务
           │          ┌─ 对高价值商品提供安保加强服务
           └─ 安全性 ─┤
                      └─ 建立完善的保价与专业的理赔机制
```

图7-7　构建逆向物流业务与售后服务体系

（三）降本增效，优化物流服务体系

在新零售模式下，零售企业要想建立能够满足消费者碎片化、多样化和急速送达需求的物流服务体系，必然要在物流服务上投入大量的资金，这必将增加零售企业整体的运营成本。因此，为了有效控制企业的运营成本，零售企业可以采取以下有效手段来优化供应链，实现降本增效。

1. 建立智慧物流

智慧物流指的是借助集成智能化技术，让物流系统模仿人的智能，具备思维、学习、感知、推理判断、解决问题等能力，以自行解决物流过程中出现的各种难题，也就是利用各种互联网技术从源头开始对商品进行跟踪、管理，让信息流快于物流，以便在货物流通过程中及时获取信息，分析信息，做出决策。例如，使用无人机、末端配送智能机器人、仓内拣货机器人、新式扫描标枪等智能设备来降低人工使用成本。

2. 共享优质资源

通过采取闲置运能共享、闲置仓储空间共享、平台资源共享、数据共享、信息共享、社会资源共享等方式，最大限度地高效整合各方资源，为自身物流业务的发展提供助力。

3. 提升效率

在新零售时代，零售企业纷纷聚焦设计业务的发展，旨在打通供应商与终端消费者之间的通路，跨越中间的多个环节，实现物流直达。通过优化物流路径，改善物流内部流程的方式，达到提升物流运营效率的目的。

（四）提高物流效率，抢占"最后一公里"

新零售的核心在于提高消费者的体验，让消费者能够快速地得到自己想要的商品，消费者对物流服务的即时性要求明显提高。"最后一公里"是新零售模式中一个重要的环节，一些行业领先者正在通过采取店仓一体化、众包物流、设置快递自提点、智能快递柜、前置仓等手段来打通新零售模式中的"最后一公里"，实现更高效的商品配送。

1. 店仓一体化

店仓一体化是指线上线下全渠道融合的多功能门店不仅承担着展示商品的职能，还兼具仓储、商品分拣、配送等职能，如图7-8所示。在门店内，线下门店货架就是线上店铺的虚拟货架，通过使用电子标签、自动化物流设备能够实现在店内分拣商品。在配送端，凭借门店自营物流和合作物流，实现门店经营半径5公里范围内线上订单30分钟送货到家服务，极大地提高了物流配送速度，满足了消费者对线下及线上业务高效率的需求。

线上线下全渠道融合的多功能门店能够有效地提升消费者的消费体验，但仓店一体化模式也面临着诸多问题。首先，仓店一体化要求有较大的门店面积，门店的租金成本将会上升；其次，如果门店自建配送队伍，也需要花

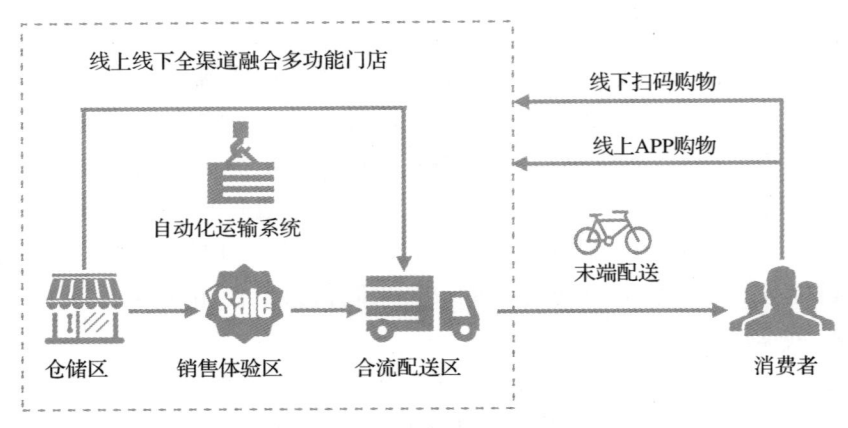

图 7-8　仓店一体化商品销售模式

费一定的物流成本；最后，门店的配送范围受到限制，如果配送范围在门店经营半径 5 公里之外，就难以保证配送时效和服务水平，如果选择与第三方物流合作，合作物流方的管理和服务水平难以得到有效的保障。因此，仓店一体化模式的落地实施还需要不断的探索与实践来得以完善。

2. 众包物流

众包模式（Crowd-sourcing）是指一家公司或机构把过去由员工执行的工作任务，以自由、自愿的形式外包给非特定的大众网络来完成的模式。众包任务通常由个人承担。众包物流是对现有物流最有效、最灵活的一种补充，它可以有效缓解快递人员短缺的情况。

众包物流的基本运作流程如图 7-9 所示。

图 7-9　众包物流的基本运作流程

从众包物流的运作流程来看，首先它拓宽了组织边界，将所有众包合作伙伴拉入自己的阵营中，企业的管理边界不再局限于组织内部，还需要对外部伙伴进行规范和引导，引导其共创企业价值理念。

其次，众包物流充分利用了社会资源和群体智慧，让需求方和服务方实现了无缝对接，降低了沟通成本，有效提高了企业的运作效率。

最后，众包物流可以解决物流行业需求波动问题，即波峰跟波谷的平衡问题。在配送高峰期，企业可以采取众包物流的方式，依靠社会闲置资源来为自己提供速递服务，满足自身特殊时期内对物流配送的需求。

3. 设置快递自提点

快递自提点是比较常用的一种末端配送方式，具有节省时间、人力资源的优势，消费者取件可以不受时间的限制。

目前，快递自提点有加盟和自建两种模式。菜鸟驿站是加盟模式的代表，即物流公司与社区内的便利店进行合作，在消费者不方便签收的情况下，快递员将快递寄放在便利店，消费者可以在方便的时间点去自提。京东采取的是自建自提点的模式，即企业出资在人口密集的地方设置自提点，消费者可以选择将快递寄送至自提点，在自己方便的时间点自行取货。

4. 智能快递柜

智能快递柜作为一种末端快递投递方式，为消费者提供智能化的寄件、取件服务，很大程度上解决了快递员与消费者时间节点不对称的问题。同时，通过集中配送，有效缓解了快递末端行业的人力成本问题。此外，智能快递柜在保护消费者隐私方面也有较大的优势。

但是，由于智能快递柜的建设成本和维护成本较高，仅凭单一的快递服务功能较难实现盈利。在"互联网+"、大数据、云计算等新科技的推动下，为了深入挖掘末端配送服务潜藏的商业价值，智能快递柜的运营者主体要通过拓展智能快递柜的其他辅助功能和增值服务探寻新的利润增长点，以此提高末端收益。

5. 前置仓

社区仓/微仓，就是指将仓储前置，即设置前置仓。以生鲜行业为例，生鲜类商品存在保质期较短、损耗严重、商品非标准化、冷链物流成本高等劣势，而物流运输是关键。对生鲜行业来说，布局前置仓成为其提高配送效率、降低运营成本的一种重要措施。

在前置仓模式中，每个零售门店都是一个中小型的仓储配送中心，这样总部中央大仓只需对门店供货也能够覆盖"最后一公里"。消费者下单后，商品从距离消费者最近的零售店中发货，而不是从远在郊区的某个仓库发货，这是支撑前置仓能够在门店3公里范围内30分钟送达的重要前提。

例如，每日优鲜 2.0 版前置仓重新定义了生鲜到家行业。每日优鲜是一个生鲜 O2O 电商平台，覆盖了水果蔬菜、海鲜肉禽、牛奶零食等商品。每日优鲜在主要城市建立起"城市分选中心＋社区配送中心"的极速达冷链物流体系，为消费者提供全球生鲜商品的极速达冷链配送服务。2015 年 11 月，每日优鲜第一个前置仓——北京望京站开业，2 小时极速达服务正式上线。2017 年 11 月，每日优鲜将极速达服务提速至会员下单可 1 小时送达。

前置仓是每日优鲜模式中的重点，它开设在离消费者较近的地方，辐射周边 1~3 公里的"仓库"。因为足够贴近消费者，所以能够实现消费者下单后 1 小时送达。2019 年 6 月，每日优鲜公布了前置仓 2.0 版本。1.0 版前置仓的平均面积为 100~150 平方米，而 2.0 版前置仓在仓储面积上有了较大的提升，可以达到 300~400 平方米。2.0 版前置仓内的 SKU 从约 1500 个增加到 3000 个，以满足消费者社区 3 公里内的一站式购物需求。2.0 版前置仓不仅设置了冷藏区、冷冻区、常温区等功能区，还设置了餐食区、小红杯咖啡区、水产区等功能区，可以为消费者提供早餐、午餐、现磨咖啡、"三去"活鲜等商品。

简单来说，前置仓就是在距离消费者较近的地方（如某个办公楼、某个社区里）设置一个小型的仓库，当消费者下单后从这个小型仓库发货，1~2 个小时后消费者即可收到商品。具体来说，前置仓模式具有以下特点。

（1）及时性

前置仓模式可以使店铺的商品配送更加及时、快速。消费者下单后，商品都是从最近的仓库发货，也就是附近的零售店发货，短时间内商品将被送到消费者手中，满足其对高效率物流配送的需求。

（2）改变门店选址逻辑

前置仓模式改变了传统门店以流量来选址的逻辑。在前置仓模式中，门店选址首要考虑的不是流量，而是与门店与消费者之间的距离，通过选址下沉以及选址社区化，以距离优势让前置仓和商品主动走向消费者。从某种意义上来说，可以将前置仓理解为一种极致的到家服务。

（3）降低门店运营成本，让利消费者

在传统的门店仓储一体化的模式中，门店选址首先考虑的是流量，流量高的地址物业成本也相对较高。此外，各种商品要在门店中展示，又会产生较高的店铺装修成本和商品展示成本。

但是，"线上下单＋前置仓"的模式用前置仓取代了传统的门店，为消费者提供的是到家服务，对门店的位置没有特殊的地段需求，所以门店的物业及装修成本较低，而这些节约的成本就可以作为品牌的让利优势提供给消费者，进而打造品牌在消费者心目中的良好印象。

五、以数字化推动供应链物流升级

物流行业在运行过程中会产生丰富的数据资源，物流企业要想提高自身发展潜力，增强自身竞争力，必须依托数据支持，提高数据处理能力，利用大数据、云计算、物联网等技术手段，加快供应链上各环节间的高效合作，推动供应链物流转型升级。

（一）从企业端整合供应链，提升企业商业价值

从企业供应链的角度来说，新零售颠覆了传统的多级分销体系。在新零售模式下，对供应链端产生了三个方面的新需求，即零售企业需要提供更加贴近消费者的物流服务；零售企业要实现去库存，将自身库存降至最低；零售企业要提高物流的响应速度。基于此，零售企业应该坚持以数据为驱动，进行供应链整合升级。

在传统供应链模式中，制造企业通过对标准产品的大规模、批量化运输，控制物流成本，同时和渠道商、零售商合作，将产品快速送达消费者。供应链的功能集中体现在供应链后端，也就是采购、生产、物流功能，企业难以实现对不同销售渠道的统一运营，与消费者之间的接触也十分有限，导致供应链上各个环节之间的运营相互独立，供应链的灵敏度不高。例如，制造企业无法及时获取客观、真实的库存数据和销售数据，严重影响其做出正确的战略决策。

在新零售的供应链模式中，制造企业可以与消费者直接对接，并加强与供应商、仓库、经销商、终端零售等供应链上各个环节之间的配合，在把握消费者需求的基础上，及时提供品类、数量正确的产品。经过整合供应链，一方面，有效解决了企业的库存问题；另一方面，这种对接消费者个性化需求的高端定制生产及配送服务为企业提供了更大的利润空间。

供应链整合以数据为驱动，制造企业将上下游的采购订单预测、生产订单预测、销售订单预测等环节打通，实现了需求、库存和供应各个环节的透明和平衡，其供应链的运作流程如图 7-10 所示。

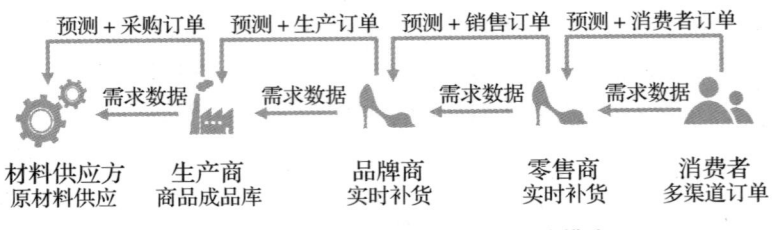

```
预测+采购订单  预测+生产订单  预测+销售订单  预测+消费者订单
         需求数据      需求数据      需求数据      需求数据
材料供应方    生产商       品牌商        零售商        消费者
原材料供应   商品成品库   实时补货      实时补货      多渠道订单
```

图 7-10　以数据为驱动的供应链运作模式

企业整合供应链后，使供应链中各个环节实体之间的实时数据得以相互连通，从而提升了信息的透明度，使企业的整体运营得到优化和升级，最终实现企业整体价值的提升。

例如，沃尔玛就是数据驱动的整合供应链的典型代表。该公司建成了完善的中央数据处理系统，可以通过私人卫星进行信息上传与发布，能够对分布在世界各地的门店经营数据信息（如商品储存量、订单需求量、营销数据等）进行收集与统计，整个过程所需时间不超过 1 小时，并及时通过供应链系统为门店供货。

（二）建立动态调配的供应链结构

在传统零售模式中，企业多采用 B2B 模式开展运营，对各级库存及运输线路采用静态管理模式，不同库存之间、不同运输线路之间相互独立，彼此之间缺乏协同性，缺乏灵活应对能力，并且单次运输货物规模庞大且相对固定，配送频率较低，无法快速、低成本地调配库存。

在新零售时代，随着消费需求向个性化、差异化转变，企业开始在 B2C 领域拓展业务，采用动态管理模式，降低单次配送量，提升配送频率，动态管理库存和配送路线，并且统一管理协同运营不同分拨中心，从而高效、低成本地配置库存资源，在满足消费者个性化需求的同时，提升了运营效率。

（三）充分运用第三方供应链平台

为了迎合品牌商和企业在物流环节中的新需求，物流行业出现了第三方供应链平台这一新型业态。第三方供应链平台的主要服务对象是有供应链服务需求的中小零售企业，其凭借自身强大的数据和供应链资源，为中小零售企业提供物流支持，帮助他们实现直达消费者和降低库存的目标。

第三方供应链平台整合了大量零售企业的数据资源，可以精准预测消费

第七章 新物流，构建新零售时代供应链模式

者未来一段时间内的需求，指导零售企业的采购、仓储及物流配送。部分供应链平台还扮演了贸易平台的角色，对中小零售企业来说，贸易平台不仅能够帮助它们剔除冗余的中间环节，还能为其提供自主订货、库存管理及货款结算、生成财务报表等服务，并且能够作为中小零售企业开展线上业务和进行营销推广的工具，如图7-11所示。

图7-11 第三方贸易平台协助中小零售企业运营

对零售企业来说，充分运用第三方供应链平台，可以有效提高自身的商品流转效率，还可以实时监控商品的进销，防止窜货。此外，第三方供应链平台的物流配送范围更广，速度更快，效率也更高。

（四）建立数据驱动的数字化供应链

数字化供应链是利用数字化技术，尤其是人工智能使供应链可视化、供应链可预见、供应链智能化、供应链自适应，形成满足全球供应链的复杂不确定环境下与可抗突发、频发风险的端到端、实时感知、智能并韧性的供应链。

在新零售时代，零售企业建立数据驱动的供应链，保证供应链各个环节的数据顺畅流通，可以将需求预测、生产计划制订、营销等各个环节串联起来，努力达到供给与需求之间的均衡状态，实施高效的库存管理，促使不同环节能够根据市场需求进行合理的库存调度，提高库存管理信息的开放程度，最终将库存降至零。在生产制造环节，基于数据分析建立数字化智能制造解决方案，提高商品的迭代速度，迎合快速变化的消费需求。

例如，国际知名摩托车品牌哈雷戴维森，引入数字化制造系统对工厂进行转型升级，针对用户个性化的订单，灵活调整物料及制造设备，提升自身的运营效率，生产一辆摩托车的时间从之前的21天缩短为6小时，工厂布局得到了优化，并且降低了人力成本，还能为用户提供更加专业的售后服务，显著提升了企业的市场竞争力。

建立数字化供应链，能够提高企业在生产制造环节的智能化运作水平，能够有效促进各个职能部门之间的有效沟通，实现数据资源分享，提高信息开放程度，提高整个数字化供应链的性能，进而推动整体的发展。具体来说，建立数字化供应链的优势如表 7-2 所示。

表 7-2　数字化供应链的优势

优　　势	具体描述
时刻在线	依托物联网和大数据的支持，数字供应链将时刻在线，并具备自主适应决策变化的能力
互联互通	破除信息孤岛，实现供应商、生产商、品牌商、零售商、物流方之间的合作，供应链的各个环节实现资源共享和数据共享
智能化管理	将可视化、人工智能技术管理纳入供应链日常运营流程，为企业的决策管理提供指导，并持续优化和发展供应链
供应链透明管理	依靠传感器和基于位置的服务提高供应链网络的透明度，实现对商品从源头到消费者整个路径的跟踪

想要在新零售领域夺得一席之地，企业必须结合自身发展情况、行业特性及目标用户需求，积极打造面向未来的数字化供应链，充分利用线上线下的持续流动的信息流，打破时空限制，为企业决策及执行提供有力的支持，使企业灵活应对激烈的市场竞争。

同时，数字化供应链使企业和供应商等合作伙伴实现无缝对接，共享数据、资金、技术等优质资源，使供应链各节点企业都能实时掌握供应链运行状态信息，对设计、生产、配送、售后等全流程实时追踪，从而对产品及服务不断优化完善，降低交易成本，提升供应链的整体价值，实现多方共赢。

六、技术驱动物流智能化转型

大数据、人工智能、云计算、物联网等先进技术在新零售领域的深度应用，将促使物流行业向智能化方向转型升级，各个环节的数字化、智能化建设，将提高零售企业在整体运营的智能化水平。

物流包含五大要素，分别为人、货、车、节点和线路。实体经济与虚拟经济要通过这五大要素走向融合，为此要发挥物流在两者之间的连接作用。

1. 人

在对物流进行智慧化改造时，货运司机、分拣人员、园区运营者等在传统模式下只能通过全球定位系统获取相关数据，如今则可以通过智能移动终端收集多方面的用户信息。

2. 货

以往多使用条码技术，如今可以通过射频识别技术追踪货物，并进行高效的信息管理。例如，PRADA 在传统模式下主要依据服装销量判断其市场热度，将销量差的服装款式下架。如今，利用试品上装置的 RFID，品牌能够综合分析试穿次数与销量，调整那些试穿次数多、销量却不高的服装，有效促进其后期的销售。

3. 车

以往主要通过全球定位系统获取相关数据，如今在运载货车上安装了传感器。部分物流企业构建了相应的数据服务平台，能够从传感器硬件设备和远程信息设备中收集相关数据，实现数据资源的整合利用，为物流供应商和客户随时查询货车的运输状态提供便利。

4. 线路

以往主要通过摄像头获取数据，如今可以利用传感器捕获集装箱、卡车、航空载具（ULD）的实时利用状态，据此分析这些交通工具的运力应用情况，制订最佳的运输线路。

5. 节点

现阶段下的大型物流中心、物流园区主要在内部管理系统进行信息化建设，而不少小规模企业则另辟蹊径，采用 Saas（软件即服务）模式，通过使用基于网络的软件应用，提高对自身经营活动的线上管理能力，并促进了系统内部的信息共享。

通过从以上五大要素方面着手进行物流改造，深度挖掘物流的价值，可以提高整体运输效率，优化物流服务体系，降低企业的成本消耗。随着网络化、信息化的建设与发展，智慧物流也能跟上数字化时代的步伐，促进企业当下的业务发展，实现资源的优化配置及整合利用，提高企业运营的整体效益，实现智能化决策，促进建立成熟、完善的互联系统，提高企业运行的规范化程度。

第八章

转型升级,传统企业向智慧新零售的蜕变

在消费升级的背景下,消费者对商品与消费适配度提出了更高的要求,这给传统企业带来了巨大的冲击。传统企业必须转变思维,依靠互联网新科技的赋能,完成向智慧新零售的蜕变,才能实现持续发展。新零售模式强调以消费者体验为核心,以数据为驱动力,构建全渠道营销模式,满足消费者个性化、多元化、体验式的消费需求。

一、传统企业智慧创新,打破传统模式僵局

进入新的商业时代后,越来越多的传统企业入局智慧新零售。它们以互联网为依托,通过运用大数据、人工智能、物联网等先进的科技手段,对商品的生产、流通与销售过程进行升级改造,打破了传统模式的僵局,纷纷走上转型智慧新零售的道路。

(一)做好传统企业转型的策略

传统企业转型不仅仅是技术升级和互联网营销,还是整体系统的转变。如何才能在这波浪潮中乘势而上,完美蜕变,企业需要提前做好准备,如思维理念的转变,管理组织架构的整合,营销模式重新构建等,做好全面转型的应对策略。

1. 思想转型

在互联网时代,再用传统的思维运营企业是一件不可取的事情,但企业转型也不等于单纯开网店、运营微信公众号等,这样转型的结果可能会使企业自身的线上销售冲击线下销售,造成"左右互搏"的局面。当然,不同的行业转型需要根据自身的实际情况,找到自己商业模式中受冲击的关键环节,并努力去改变,更好地满足消费者的新需求,以适应新时代的发展。

企业不仅要熟知互联网的特点,还要深入分析传统模式的运营机制,找

出两者的结合点，选择一个精准的维度来切入，用互联网的思维方式来解决问题，这是转型升级的第一步。

在传统零售业，如何以柔性化生产实现"小批量、多批次、快迭代、零库存"，以应对消费者快速变化的个性化需求，是转型的关键。如何应用大数据工具，在大众消费领域实现极致的库存和供应链管理，以降低成本，在个性化消费领域实现"多品种，小批量"的个性化定位；如何利用互联网工具，实现快速的商品呈现和全场景体验，是转型的关键。

随着移动互联网的广泛普及，消费者需求不断变化，个性化的主张和碎片化的需求使行业深度细分成为趋势。重新定位品牌理念及消费人群，深度研究并找出客户的痛点，持续地为其变化的需求提供极致的商品，是新形势下企业的转型和生存之道。

2. **组织重构**

传统企业要想在消费新时代下继续生存，必须进行组织结构的整合，为企业的发展做好规划，同时在实践过程中不断地调整策略。

组织重构，就是将整体分散为一个个单独的个体，让每一个小的个体成为整个系统发展的驱动力，减少中间环节，提高反馈效率，促进企业发展。企业转型初期可以采用"模糊职能分工，重视项目组合"的方式，采用碎片化管理，项目制组合，先将整体打散，让每个小单元担负起不同的职责。

- 主流的组织单元：负责处理日常事务，利用现有的资源，确保发展的平稳性和效率性。
- 非主流的组织单元：在日常事务之外，负责创新研发新产品，针对风险制订应对策略，辅助主流的组织单元的工作。

在互联网时代，这种扁平的组织结构既能提高效率，又能以项目为单位进行灵活组合。改变传统企业自上而下的反应机制，形成自下而上的反应机制，是企业进行组织重构时需要思考的关键问题。

3. **营销转型**

在传统的商业理念中，人与商品的连接是通过卖场或商场实现的，随着商业营销的变革，人和商品可以在不同的场景中建立起更加紧密的关系。构建新的营销场景，可以使原来没有温度的商品升级为人格、体验等。在以往的商业逻辑中，消费者会因为物美价廉而买单，而随着经济及科学技术的发展，以及大规模生产带来的物资丰盈的状况，物美价廉已经不再是企业生存下去的万能法宝。

由于市场上的商品同质化越来越严重，竞争越来越激烈，企业开始思考新的营销模式，所以产生了由客户参与的营销方式。企业与客户直接连接，持续、动态地获得客户需求的第一手信息，不要求做到比客户更懂客户，而是让客户参与营销过程中，从产品设计到产品改进，再到产品的传播，都让客户参与其中。从物美价廉到质量上乘，再到拓展渠道，营销模式不断变换。发展到现在，只有在特定的营销场景下，才能唤起客户使用商品的冲动，在场景的作用下完成使用的全部过程，并在此期间形成对商品的感性体验。

例如，金泰迪工作室是一个自己动手 DIY 填充玩具的全球性领先品牌（见图 8-1），所有来金泰迪工作室的客户，可以通过简单的六步打造出属于自己的"毛绒朋友"，具体步骤如下。

图 8-1　金泰迪工作室

- 从柜台上挑选自己喜欢的毛绒朋友皮肤。
- 可以根据自己的需要添加声音或者能够散发香味的香片。
- 装扮好毛绒朋友。
- 给它取个名字，打印出它的身份证明。
- 和它拍张照。
- 带它回家。

这里是一个充满魔法和爱心、记载着独特体验的地方，带给客户满满的成就感和仪式感，让客户非常享受，所以客户很愿意为这样的体验过程买单。

（二）清楚传统企业转型新零售的痛点

当前，众多传统零售企业正在遭到新零售和线上商城的冲击，这些企业本身也存在着很多急需解决的问题。无论是被动还是主动，很多传统企业都开始借助互联网走上转型之路，但传统企业转型新零售并不是一件简单的事情，在转型过程中存在着诸多痛点。

1. 成本上升，利润下降，盈利困难

以传统商超为例，其利润来源主要倚仗其所占据的黄金地段，凭借地段优势卖场轻松获取大量客流，薄利多销是传统商超一直以来的生存之道。

当线上零售业态发展成型甚至对外扩张时，线下流量被线上堵截，"薄利"依然存在，"多销"却难以为继，再加上昂贵的店铺租金、不断上升的人工成本，以及被电商严重截流，传统商超盈利的空间越来越小，盈利变得越来越难。

在这种情况下，为了突破困境，化解运营风险，零售企业开始朝新领域延伸与拓展。例如，万达开始发展文化旅游、互联网金融等业务，沃尔玛进入房地产领域，还有很多零售企业开始朝医疗、旅游、养老、运动、健康等领域延伸，也有很多服装零售企业开始投身美妆行业。在新的形势下，以向新领域的拓展延伸来化解经营风险，为转型新零售做好准备。

2. 转化率、复购率低，缺乏营销手段

由于传统零售企业缺乏数字化经营意识和数字化经营工具，所以对进店客户的消费水平、消费习惯、转化率等没有清晰的数据记录及分析，对消费需求的变化没有明确的认知。传统零售门店基本无营销手段，全凭客户的自然偏好"做主"。

客户黏性低是传统零售企业一直都存在的问题，如传统商超，一般采用办理会员卡的方式增加客户复购率，但由于会员卡积分制吸引力较弱，几乎粘不住客户，造成回头客少，复购率低。

时至今日，很多零售企业仍在使用传统的营销策略，如打折、买赠、满减、送礼、抽奖等，随着消费升级这些已经很难引起消费者的注意。零售企业要想成功开展营销，需要创新营销手段，与客户建立密切的联系，了解他们的喜好，掌握他们的消费需求，从商品的包装宣传、氛围营销、场景体验等方面引发客户的情感共鸣，运用合适的营销策略，既能完成商品销售，又能把客户变成忠实的粉丝。

例如，盒马鲜生和超级物种实体店通过具有科技感的装修风格、高品质的贴心服务和别具一格的门店模式迅速积聚人气，使培养客户忠诚度、提升复购率和增加客户黏性一气呵成。

3. 管理低效，缺乏精细规模化管理

管理粗放、低效是零售企业陷入发展困境的主要原因。大多数零售企业热衷于拓展企业规模，不重视精细化管理，在管理方面存在严重的问题，导致客流和销售额大幅下降。

很多零售企业对基层员工的招聘门槛设置较低，不重视基层员工培训，出现门店导购自身素质欠缺、引导消费意识不足、引导消费手段不熟练等问题。此外，在供应链上缺乏销售数据、库存优化、物流管理等方面的服务支持，对客户服务也缺乏足够的重视，更不用说给客户带来良好的购物体验。

当然，控制成本、进行精细化管理并不是一味地减少开支、压缩成本、降低员工薪酬与服务水平等，而应该想方设法地激发员工潜能，提升人效来控制成本。企业应该积极转变管理方式，从体制机制、机构设置、流程体系等方面着手，推行高效、精细化的管理。

4. 营销模式单一，跟不上消费需求变化

随着经济的发展，生活水平的提高，人们的消费理念和需求都发生了质的改变，消费者需要更高品质的消费体验。当前是一个追求个性化消费的时代，不论是美食、服装、旅行等，一切都开始向个性化消费模式转变。传统企业的经营模式已经满足不了现在的市场需求，因此很多零售企业陆续开发出很多富有创意、多样化、极具个性化的专属服务，大大满足了消费者的个性化诉求，为企业带来了新的利润增长点。

零售企业只有在众多个性化营销（如场景营销、体验营销、社群营销）模式中突破重围，使自身处于优势地拉，才能成为最后的赢家。

5. 数据预测能力弱，新品迭代更新慢

传统零售企业转型的另一个难点在于商品研发效率过低，由于缺乏数字化工具的支持，难以将消费者的消费行为数据化，无法准确分析消费者偏好，无法使上架商品更加具有针对性。

消费者需求分散导致的订单碎片化、商品定制化为生产端带来了较大的压力，新品的生命周期急剧缩短，需求预测、库存控制和生产弹性都面临着巨大的挑战。大多数零售企业目前的预测及备货方法多参照历史同期表现，缺乏对全局信息的有效整合。

零售企业必须把数据分析与业务系统深度融合，才能从单据、流程、固定报表上一键切换至数据分析模式，让数据随时随地支撑企业的业务决策。

只有对业务、财务、营销等多种类型的数据进行交叉分析，才能为企业的精准决策提供有力的支撑。

（三）明确传统企业转型新零售主要路径

新零售时代的到来为传统零售企业转型提供了契机，也对电商多渠道发展提出了要求，实体店和电商打破渠道壁垒已成为发展的必然趋势。在零售业的商业模式上，传统企业要将线上线下与现代物流融合，更加重视体验式消费和整合生态产业链。

1. 资源整合，实现"线上＋线下＋物流"协同发展

当前，零售业最大的变化是线下渠道"社区化"，线上渠道"移动化"，这种结合不是简单的增加渠道，而是在数据技术的驱动下打破一切渠道边界，充分整合商品流和物流，形成全渠道产品和物流配送网络。

①实体店开拓线上渠道。在互联网快速发展的今天，实体店要抓住良机，在能力允许的前提下，开设品牌的自有线上销售渠道。当然，在技术和资金还不足以支撑自身开设线上渠道时，可以选择与电商平台合作，借助电商平台为自身品牌的产品开拓线上销售渠道，改变现有的营销模式，争取线上流量，完成线上线下的优势整合，从而实现持续发展和转型升级。

②电商布局线下渠道。传统电商应用线上线下相融合的理念，在保证线上销售的同时，积极开拓线下渠道，将线上流量引向线下。例如，三只松鼠开展的线下实体店（见图8-2）就是拓宽线下渠道的成功典范，这种实体店并不强调买卖功能，而强调消费者的体验和与消费者的互动，所以取名为"三只松鼠投食店"。这

图8-2 三只松鼠线下实体店

些店内的装修比较"森"系，符合三只松鼠的理念设定。

店内很大一部分区域都是休闲座椅和吧台，绿色的元素充满眼帘，还有很多小书屋和植被的装饰。更为有趣的是，店内每款商品的包装上都有一个小松鼠的故事。店内还播放着动听的音乐，其整体布置带给消费者惬意的感受。

实体店要积极开拓线上销售渠道，集自身开发和与成熟的电商合作于一体。电商也要拓宽自己的线下渠道，将自身线上平台的流量引向线下，最大

限度地满足消费者的消费需求。

2. 零售+体验式消费

随着我国居民收入水平的不断提升，当前消费者越来越重视商品品质和消费体验，新零售扩展了商品和服务的外延，更加关注消费者体验，"零售+体验式消费"也成为零售企业在实践中探索转型的主要路径。

"零售+体验式消费"即以消费者体验为中心，通过全渠道融合，借助大数据分析，打造线上线下融合的购物新场景，强化消费者全渠道、多场景的购物体验，将客流转化为购买力。在消费者越来越注重体验与服务的今天，消费者更愿意直观地感受商品，亲身体验商品，在体验中获得不错的感觉后，就会促使其产生购买行为。

例如，京东3C体验店非常重视带给消费者的体验，店铺的色调选择趋向年轻化，彩色置物架和绿植及饰品摆放让人心情愉悦，感觉非常舒适，如图8-3所示。店内还营造了不同的主题社区，消费者可随意体验商品，还可以与店员互动。这种体验式消费本质是营造一种游乐场式的氛围，让消费者感受其中乐趣的同时，消费于无形。在互动体验理念的成功贯彻下，京东的3C体验店里经常摩肩接踵，来店体验的消费者也会有感于店内精美的场景而发朋友圈晒图，进而吸引了更多的潜在客户来店体验和消费。

图8-3 京东3C体验店

互动体验式消费注重客户的体验，又迎合了客户娱乐消遣的需求，让客户在娱乐中体验产品，使他们在得到良好的产品体验和服务的同时，产生自愿消费的行为，这种体验式消费模式也增加了消费者对品牌的好感度。到店体验过的消费者会去影响身边没有体验过的消费者，日积月累就会形成强大的口碑营销效应，为品牌带来更多潜在的客户。因此，京东的3C体验店模式非常值得其他零售企业借鉴和学习。

3. 零售+产业生态链

"零售+产业生态链"是零售企业通过构建开放型战略平台，与内部员工、上游供应商、下游商家以及渠道内多方合作伙伴实现通力合作，形成互利共赢的良性循环。

在新零售时代，全新的技术和商业模式正在不断地向各行各业渗透，商业格局正在向生产、流通、消费相互融合和协作的方向变化。在未来的商业生态中，企业将更加以消费者为核心，这就要求零售商们不能只关注自身的发展，而是要更注重企业之间的协同合作，重视平台的搭建，打造整个产业的健康生态链，追求组织、管理上的协同，通过整合优势资源实现参与者的结构优化，构建一个高效率的产业生态链。

例如，在新形势下，以阿里巴巴、京东、苏宁云商为代表，都进行了资源整合并布局了产业生态链，如表8-1所示。

表8-1 阿里巴巴、京东、苏宁云商布局"零售+产业生态链"

企业特点	阿里巴巴	京东	苏宁云商
布局特点	引领"新零售"，布局零售全生态链	依托零售基础设施资源优势布局"无界零售"	构建完整"智慧零售"
整合消费者端	收购"饿了么"，投资美团、陌陌等	与腾讯、百度联合推出"京腾计划""京度计划"	收购PPTV，成立苏宁体育，收购国际米兰俱乐部
整合供应商端	淘工厂解决找工厂难、新品开发难等问题	与供应商实现基于供应链管理服务的定制化产品销售	解决供应商在产品研发、新品上市、尾货销售的问题
整合物流端	整合三通一达、顺丰，构建菜鸟网络	自建物流网络	收购天天快递，整合双方的快递网络资源

就像阿里巴巴打造开放的综合平台，并给入驻平台的商家创造出巨大的价值，平台给优质的商家带来了流量，提供诸如客户数据分析、营销解决方案等服务，加上自身完善的支付和物流体系，帮助商家获得足够的收益；反之，商家获得收益之后，又会推动平台的发展和壮大。

从本质上讲，也可以把线下的大型零售实体看作综合的零售平台。只有零售企业不断学习这种平台化思维，构建产业生态链，联合更多的合作伙伴共同把蛋糕做大，才能更具竞争力，不断发展壮大。

（四）打造智慧门店，提升零售企业运营效率

新业态和新场景的不断涌现，促使传统零售企业不得不加快转型的步伐。带着"满足消费者新需求，为消费者创造新体验"的使命，智慧门店应运而生，它似乎成为解救传统零售的出口。

1. 打造智慧门店的优势

智慧门店是随着新零售发展而来的，它系统地简化了消费者的购物流程，提升了门店的经营效率。通过智慧门店系统，消费者在线上扫码即可购买商品，无须排队。品牌商和企业通过一个系统即可完成结算、库存和营销等一系列过程。具体来说，智慧门店具有以下优势。

（1）体验提升，智能硬件技术带来附加价值

从消费者的角度说，智慧门店给其带来的新奇体验是他们走出家门的主要原因。这些新奇的体验大多来自诸如人脸识别、智能大屏营销、扫码购等智能硬件和技术，例如，采用人脸识别技术为商品配置类似于身份证的身份标识号码（Identity Document，ID）；通过智能大屏对商品进行展示和介绍，并展示推荐搭配等。

（2）全流程数据管理，提高运营效率

智慧门店采取数字化的运营管理模式，能够有效减少或避免因手工操作造成的错误。在智慧门店中，商品的档案管理、销售数据的分析、配送管理、商品调拨、自动配送、会员档案管理、会员数据分析，以及消费支付等各个环节，都可以实现全业务数据的共融互通，实现全流程数据管理。

（3）精准会员营销，提高会员转化率

在传统门店中，对会员的管理只是简单的办卡打折，品牌商和企业很难看到会员的其他数据及其复购率情况。智慧门店可以整合分析会员数据，根据会员数据分析结果重新构建门店和消费者的连接，实现由消费方式逆向牵引生产方式。运用智能化会员营销平台，品牌商和企业可以构建清晰的消费者画像，根据消费者画像和推荐算法向会员推荐符合其需求的优惠券和商品，以及个性化的营销信息，从而实现对消费者的精准营销。

（4）线上线下全渠道互通

智慧门店能够通过对数据的整合、分析与挖掘，帮助品牌商和企业实现运营策略、商品设计制作、供应链、物流交付、线上线下管理全过程的高效协同配合，有效提升运营效率，使品牌商和企业更好地开展"以消费者体验

为中心"的全渠道营销，提高消费者的购物体验，提升品牌转化率。

2. 搭建智慧门店系统

所谓"穷则变，变则通，通则达"，一部分有魄力的零售企业已经开始应用大数据和技术创新来搭建智慧门店，实现门店运营效率和业绩的提升。一般来说，一个完整的智慧门店系统由五个模块组成，如表 8-2 所示。

表 8-2　智慧门店系统的构成模块及其功能

模块名称	模块功能
客流分析	对进店访客数、访客店内行动轨迹、访客在店内驻足时间进行统计和分析，并将统计结果与 POS 机（一种多功能终端，可用于非现金结算）或 ERP（Enterprise Resource Planning，企业资源计划）系统中的数据进行对接，并汇总成报表，进而形成单个和多个门店在一定周期内的客流量变化曲线，从而了解天气、营销活动、节假日等因素对客流产生的影响，以指导门店运营策略的制订
会员运营	消费者进店后，通过人脸识别匹配消费者信息，判断消费者是新客，还是熟客或者会员，为导购开展个性化销售提供参考。针对门店会员，系统可以联动会员信息（如会员购买记录、消费频次、购物喜好等），让导购对会员进行精准销售
远程巡店	将原有的线下巡店转移到云端，基于互联网流媒体传输技术，借助视频监控设备，管理人员只需登录云端，即可随时随地查看各个店铺的运营状况。此外，管理人员可以通过统一的线上检查管理平台在线配置统一的店铺管理标准体系，定制统一的工作检查表，并实现按需检查，场景关联，通过在线对比就可以找到各个门店之间的差异，从而实现更加高效的连锁门店管理
智能导购	基于人脸识别技术和人工智能技术，通过店内智能展示屏或智能导购机器人与消费者进行有趣、好玩的互动，提升消费者的参与感和体验度。此外，可以借助线上活动分享实现对线下引流，借助线上线下多种营销方式与消费者进行频繁互动，进而提升门店流量和转化率
收银追溯	借助智能收银系统，被扫描过的商品信息都可以显示在视频上，防止商品标签被更改、商品漏扫等情况。此外，管理人员可以按需检索，当发现结算账目存在问题时，可以直接按照商品信息进行搜索，并调取门店指定视频片段，帮助解决存疑交易

例如，安踏集团就走在了数字化运营前列，借助智慧门店来打造"价值零售"。数字化是安踏"价值零售"最关键的组成部分之一。围绕消费者的需求，安踏通过提升数据价值、融合价值、体验价值、文化与团队价值为消费

者创造优质的零售体验。2018 年，安踏在武汉、福州和天津开设了三家旗舰型智慧门店，以数字化赋能零售，为消费者带来更加人性化和智慧化的购物体验。

作为安踏数字化产业链的"排头兵"，安踏智慧门店在洞悉消费者的偏好上下足了功夫。通过人工智能图像识别技术，消费者进店之后，在店内做出的拿起—试穿—购买等一系列行为都会被感知，安踏运用准确且及时的数据看懂消费者，从而更精准地为其提供服务。

作为安踏在全国设置的第三家智慧门店，天津滨江道步行街的智慧门店采用了更多的智能技术。

（1）进店

门店内设置了多个优 Mall 系统（腾讯开发的一款集定位技术与大数据分析能力于一体，致力于线下商圈数字化运营、精细化管理的智慧门店管理系统）的高清摄像头，主要作用是精准洞察消费者结构，包括男女性别比例、年龄构成等，从而为门店进行商品总体结构优化做支撑。门店的门口安装两个高清摄像头，消费者一进入门店，系统就能判断出其性别和年龄区间。

（2）逛店

门店顶部分布多个摄像头，能够时刻捕捉每一位消费者的购物路线和轨迹，从而诊断出店里的"冷区"和"热区"，帮助门店进一步优化商品陈列和调整门店动线规划的合理性。

（3）选品

安踏在店内设置了智能性的互动屏，利用 RFID 互动技术来判断商品对消费者吸引力的大小。当消费者从互动区域的鞋墙上拿起一款鞋时，压杆互动屏上就会显示该款鞋的相关信息，包括鞋码和推荐搭配等。这样一方面能让消费者更清晰地了解商品的各项信息，另一方面安踏后台可以采集到这款鞋的"拿及率"，然后结合实际售出的数据进行分析，为未来优化商品设计和研发提供信息支撑。

消费者可以在店内选购实物商品，也可以在安踏智能云货架的大屏上通过扫码进入微信小程序商城来选购商品。在云货架上，消费者可以挑选门店中没有的商品。完成付款后，该商品直接被送到消费者的家中。

（4）试穿

试穿区域也设有相应的数据感应器，安踏后台可以通过记录商品的试穿频次和频率来收集现场数据。

（5）结算

安踏智慧门店既设有收银一体化的移动设备，也设有人工收款结算台；消费者可以选择移动支付，也可以选择现金支付。

完成结算之后，消费者的此次消费就进入了安踏后台的客户关系管理（Customer Relationship Management，CRM）系统，消费者在线上线下所有渠道的消费记录、消费特征都被记录到该系统中，这为安踏开展精准营销提供了数据支持。

智慧门店能够帮助安踏洞察消费者，转化数据，提升运营效率。从逛、看、试、结四个维度升级人性化和智慧化的体验，同时也让安踏基于大数据来及时改善消费者的线下体验，提升管理效率。通过数据分析实施精准营销，能够提升消费者的到店率。

二、数字化运营，开启智慧零售新模式

数字化时代的到来对零售企业提出了巨大的挑战，向数字化转型成为零售企业在激烈的市场竞争中获得优势的关键。零售业开启数字化转型，传统的竞争规则、运营管理模式将变得不再适用，行业将有望迎来重新洗牌，所以零售企业对自身的组织架构、商业模式、管理模式等进行优化调整将成为必然选择。

（一）传统企业实现数字化转型升级的要求

向数字化转型升级涉及从根本上彻底地转变运营战略和技术。要想实现向数字化的转型升级，零售企业需要培养五种能力。

1. 创新业务模式的能力

在数字化时代，零售企业要培养自身设计并实现新的业务模式的能力，零售企业必须不断地探索新的盈利方式、新的营销推广方式等各种创新型业务模式。

2. 与消费者深度互动的能力

零售企业要具备与消费者深度互动的能力，不仅能在商品的销售、营销和服务过程中与消费者互动，还能在商品设计、供应链管理、人力资源管理等方面与消费者互动，让消费者在购物过程中获得参与感。

零售企业既可以通过创建自己的虚拟社区与消费者进行互动，也可以利

用消费者已经创建的社区与其进行互动。

3. 跨渠道整合能力

跨渠道整合是指在多渠道运作模式下，零售企业可以让消费者在社交网络、网站、线下实体门店等各个接触点实现随时切换。例如，消费者可以先在手机上对比商品的价格，然后到线下门店进行试穿或试用，最后回到线上完成交易。

在整个购物过程中，消费者在各个渠道中的期望非常一致和明确，他们希望零售企业能够了解自己的需求，能够为自己提供高品质的商品和服务。零售企业在线上、线下全渠道内为消费者提供统一质量的商品和服务，有利于提高消费者的满意度，提升其对品牌的忠诚度。

4. 数据分析能力

品牌商和企业要实现向数字化转型，就必须具备数据分析的能力。通过开展数据分析，品牌商和企业能够获得科学的分析结果，并让其指导运营。在运营过程中，品牌商和企业是根据事实做出各种决策，而不是根据直觉或个人经验做出决策。

5. 培养数字化员工队伍的能力

员工是保证企业正常运营的关键因素之一，所以培养数字化员工队伍是品牌商和企业实现数字化转型的重要保障。随着员工队伍日益移动化和全球化，通过移动工具和在线工具实现各部门、各个员工之间的协作已经成为企业内沟通、企业与合作伙伴之间沟通，以及企业与消费者之间沟通方式中的基本组成部分。

（二）构建零售企业数据化运营模式

零售企业可以通过三个步骤构建数据化运营模式。

1. 创建多触点数字化渠道

零售企业要想培养自身的数字化能力，首先需要创建能够让消费者通过多种渠道参与互动的接触点。这些接触点可以是社交媒体接触点，如抖音、快手、微信、微博等；也可以是零售企业的官方网站和APP，如盒马生鲜通过让消费者使用APP和支付宝付款来培养消费者数字化的参与互动的习惯。

2. 利用信息进行运营管理

在运营转型的下一个层面，零售企业要懂得利用信息进行运营管理。零售企业需要将各个渠道、各个业务单位，以及各个合作伙伴的信息进行整合，并用整合后的信息指导自身运营。

3. 整合价值链中的元素

零售企业要以消费者接触点为核心重构运营模式，优化交易价值链中的所有元素。

仍以盒马鲜生为例，其整个运营流程实现了以数字化为支撑，做到了线上与线下的有效联动。盒马鲜生综合运用大数据、移动互联网、智能物联网、自动化等技术及设备，通过让"人""货""场"三者之间达到优化匹配来提升运营效率。其供应链、销售、物流履约链路完全实现了数据化运营，在商品到店、商品上架、商品分拣、商品打包、商品配送等各个环节中，作业人员通过智能设备来开展工作，在保证高效的同时极大地降低了出错率。

（三）借助数据赋能，做好传统零售转型

在新零售商业模式中，大数据和云计算的应用为零售企业提升自身竞争力提供了有力的支持。向数据公司转型，将数据赋能发挥到极致，是零售企业实现新零售转型的必要条件。零售企业要想充分地运用好数据，将数据赋能的效应发挥到极致，需要做好以下四个方面的工作。

1. 创建大数据云平台

零售企业可以通过各种合法渠道、运用各种工具采集到大量数据，如消费者的社会属性数据、生活习惯数据和消费习惯数据等，并将这些数据进行存储，云平台就是一个数据存储仓库。

零售企业要将自己从各处收集到的各类数据及时地传输到云平台进行存储，形成自己的数据资产，以便后期对其进行分析研究，指导自身运营。

2. 保持算法迭代更新

算法是指解题方案的准确而完整的描述，是一系列解决问题的清晰指令，它代表着用系统的方法描述解决问题的策略机制。算法是大数据管理与计算的核心主题，以厨师烹饪食材来比喻，在大数据应用中，数据就是食材，而算法就是烹饪这些食材的厨艺，厨师只有不断提高自己的厨艺，才能做出更加美味的食物。同理，零售企业只有对算法进行迭代更新，才能让基于大数据分析的结果更加精准、科学。

3. 构建精准的消费者画像

在大数据时代，人们的一切行为似乎都变得"可视化"。随着大数据技术的不断发展与深度应用，零售企业越来越重视利用大数据来深度挖掘消费者

的需求，开展精准营销，于是消费者画像应运而生。

作为零售企业进行大数据运营的基础，消费者画像全方位、立体化地勾勒出消费者的信息全貌，为零售企业进一步精准、快速地分析消费者的需求、消费习惯等重要信息提供了足够的数据基础，帮助零售企业快速精准定位目标消费群体，掌握目标消费群体的消费行为特征。

4. 采取精准营销策略

构建消费者画像，有助于零售企业清晰了解消费者需求，进行精准营销，再根据精准营销追踪消费者反馈的信息，最终形成数据闭环。

大数据的价值不是事后分析，而是事前预测，"精准推荐"是大数据赋能零售业的核心所在。对零售企业来说，开展精准营销有着非常重要的意义。一方面，完善商品自身的运营，打破以往闭门造车的生产模式，通过事先调查和分析消费者需求，设计并生产出更符合消费者需求的商品，提升消费者体验；另一方面，提高服务水平，提升自身盈利能力，根据商品的特点，找到与商品对应的目标消费群体，让商品特点与消费者偏好形成交互，促成消费者购买商品，实现精准运营和营销。

例如，凭借数据算法进行销售的 Stitch Fix，是美国著名的销售时尚服装的电子商务平台，创办于 2011 年，总部位于旧金山。Stitch Fix 公司的创始人卡特里娜·莱克结合自己的专业背景，组织了一群数据科学家、IT 工程师、时尚造型师和零售业精英，开创了这家公司，用算法的模式为消费者寻找他们喜欢的服饰。

Stitch Fix 的制胜之道在于其商业模型采用了前所未有的数据科学，不仅仅是服装推荐系统，Stitch Fix 的物流、库存管理、库存采购、产品设计、需求估算等都用到了算法。

消费者在 Stitch Fix 上购买商品的基本流程如下。

第 1 步：登录 Stitch Fix 网站，填写一个关于个人时尚偏好的调查问卷，如尺码、颜色、样式等。

第 2 步：Stitch Fix 的专业时尚造型师会人工挑选 5 套服饰组合搭配，免费寄给消费者，消费者支付 20 美元的造型费。

第 3 步：消费者在家试穿，把自己喜欢的商品留下，把挑剩的商品用 Stitch Fix 提供的免费回邮服务退回去。

第 4 步：Stitch Fix 自动将消费者保留的商品欠款从消费者的信用卡中扣除。

消费者可以选择让Stitch Fix在每周或者每月的固定时间给自己邮寄新的衣着搭配，也可以在自己有需要的时候再联系他们。在整个过程中，Stitch Fix最特别的地方在于其能够根据算法判断消费者想要购买哪种风格的衣服。

在消费者注册账户时，Stitch Fix会问非常多的问题，其中会涉及消费者的体形体态、穿衣偏好以及消费者经常活动的场合等。Stitch Fix也会邀请消费者登记Linkedin（全球知名的职业社交网络平台）、Instagram（一款以分享图片和视频为主的移动社交应用）和Facebook（美国著名的社交网站）等社交账号。通过消费者的主动告知和对消费者社交账号上信息的挖掘，Stitch Fix就可以为消费者打上丰富的标签，构建出清晰的消费者画像，从而建立对消费者的基本认知。

在构建消费者画像的同时，Stitch Fix也会收集与商品相关的各种数据，如颜色、条纹、形状等，将一件衣服从不同的维度打上丰富的标签，形成商品画像，然后通过消费者画像和商品画像来建立标签数据库，这也是Stitch Fix开发智能算法的基础。

Stitch Fix的数据科学家们会根据消费者画像和商品画像建立一个稀疏矩阵（横列是所有消费者，竖列是仓库中的所有商品，每个单元格填写的是与消费者所对应商品的相关系数，大部分还是未知的，所以称为稀疏矩阵），然后根据一些明确的数据（消费者注册时填的资料，以及购买商品时的一些历史反馈）来预测一款商品与消费者之间的相关系数，从而预测这款商品的风格是否是这位消费者喜欢的。

除了运用算法之外，Stitch Fix还雇用了一些时尚造型师，通过他们的专业判断最后确定为消费者邮寄哪些商品。同时，这些造型师也能在算法的基础上更深入地了解消费者的需求。Stitch Fix平台会记录一些重要的数据，例如，时尚造型师为某个消费者选择了哪些服装搭配，这些服装有哪些共同点和不同点，最后再追踪消费者对这些服装的反馈并形成数据记录。这些数据记录都会帮助Stitch Fix了解时装造型师是怎么做决策的，从而帮助Stitch Fix更深入地了解消费者的需求，为他们寄送符合其风格的服装。

三、转变经营理念，向新零售进化的第一要义

新零售时代，企业必须转变传统的经营理念，以消费者为中心开展营销活动，重点关注引导消费、感性消费和体验消费，从单纯的线下渠道向线上

线下渠道相融合发展，以满足消费者的消费升级需求。

（一）从被动销售转向引导消费

在传统零售时期，大部分消费者更重视商品的性价比，更关注价格上是否实惠；零售企业只要保证商品质量过硬，就不愁商品卖不出去。但随着时代的发展，社会的进步，零售的业态已经发生了很大的变化。现在每个区域市场的店铺数量激增，而消费群体却没有明显的增长，购买能力普遍下滑，市场竞争更加激烈，如果零售企业还停留在坐等客户上门购买的状态，那么迟早会被时代淘汰。

随着人们的经济条件与生活水平的不断提高，其消费观念发生了很大的变化，消费需求不断升级，他们不再把商品价格作为消费的唯一决定因素，而是对价格、质量、服务、文化和体验进行统筹考虑。绿色、健康、环保正逐渐成为时尚消费的主题，消费者开始追求更健康、更舒适、更环保、更便捷的产品或服务，所以消费者对美好生活的追求成为零售业新的商机。

在新的形势下，只有转变经营理念，引导消费，才能在市场竞争中占有一席之地。引导消费，就是要想方设法地创造需求，将消费者脑海中未有的或者潜在的需求转化为现实需求。从过去的"以产定销、被动销售"向"引导消费、主动销售"转变，引导消费应该从三个方面发力，如图8-4所示。

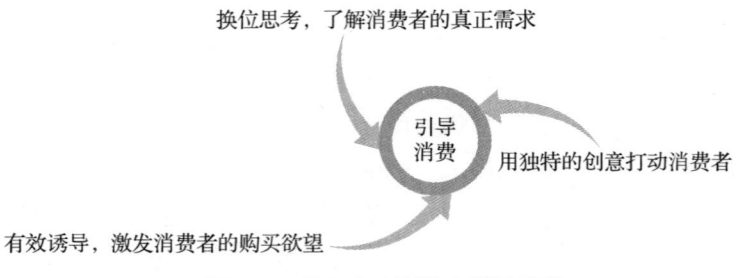

图 8-4 从三个方面发力引导消费

第一，换位思考，了解消费者的真正需求。零售企业要多站在消费者的角度思考问题，消费者喜好什么，企业就生产什么，销售什么；消费者喜欢什么样的服务，企业就提供什么样的服务。总之，只有满足消费者的需求，使其享受优质、愉悦的体验，才能赢得他们的芳心，实现最终的销售目的。

第二，有效诱导，激发消费者的购买欲望。消费者购物很容易受广告、信息、促销等因素的影响，所以通过有效的营销手段和营销技巧能够影响消费者的消费心理，诱导其做出购买决策。零售企业需要分析消费者的心理需求，科学、恰当地运用沟通营销技巧，如通过建立感情、信息讲解、语言技巧等方式来影响消费者，引起他们的兴趣和购买欲望。

第三，用独特的创意打动消费者。用与众不同的创意打动消费者，引发他们情绪与情感方面的共鸣，在此基础上提升对商品或品牌的信赖度。引发情感共鸣时就会影响消费者的态度，进而影响消费者的行为。

对消费者来说，绝大多数人都不属于盲目购买，他们一定是想获得某种满足，或许是实实在在的需求，或许是精神上的满足。那么，引导消费就要满足这些需求，摸透他们的消费心理，才能更加完美地完成销售。

（二）从理性展示转向情感传递

如今，年轻一代的消费群体已经不再满足单调、呆板的购物空间，他们开始追求有个性、有温度，体验感强，能够使购物过程变得更加愉悦的消费场景，而这正是新零售的意义所在。

没有美感的商品陈列不会吸引更多的消费者。在这个消费升级的时代，零售商只有营造店铺场景氛围，让商品陈列"开口说话"，才能留住更多的客户。陈列的魅力在于能够为客户创造美好的体验，用充满联想感的场景提升商品的吸引力，吸引客户进入店铺，让他们忍不住想买一些原本没有想过要买的商品，这是新零售的基本理念，如图 8-5 所示。

图 8-5　店铺商品陈列

为了使商品能够引起消费者的注意，需要从理性展示向感性展示延伸。感性展示更关注消费者的情感需求，通过情感传递激发消费者更深层次的消费需求，为其带来全新的消费体验。

人的情感是非常丰富的，商品展示的最终目的是诱发人们的购买行为，而人们购买行为的发生往往是和情感活动联系在一起的。一般来说，情感传递越强烈，购买行为就越容易产生，甚至可以说相当程度上购买行为的产生取决于个人的情感。情感有时并不完全从商品本身固有的特点出发，而是更多地研究消费者的心理需求，运用合理的艺术表现手法进行展示，寻求最能引发消费者情感共鸣的出发点，从而促使消费者在动情之中接受商品，激发购买行为。

零售企业要想活下去，就必须在商品展示中增加情感传递，既能刺激消费者的视觉需求，又能引发消费者的情感共鸣。例如，可口可乐通过一系列的营销活动，用"昵称瓶""歌词瓶"等向消费者传递"快乐与梦想"的内容和情怀，让消费者感觉可口可乐不仅仅是饮料，还载满了自己的心情和希望，如图8-6所示。

图8-6　可口可乐饮料瓶

（三）从线下销售拓展为线上线下融合

移动互联网技术改变了人们的消费习惯和消费方式，零售企业要想生存下去，必须做出改变，顺应时代的发展。如今，线下销售渠道已经不能满足人们的更高层次的消费需求，需要拓展向线上线下相融合的方向转变。

新零售经营是线上线下并举，线上经营网店，线下零售互动。线上线下相融合是新零售经营的一大特色，线上造势宣传、线下经营服务成为新零售经营的有机组成部分。努力实现线上线下融合，多管齐下经营是新零售经营的核心所在，是新零售经营的重要方式，也是新零售长期发展的态势。这种"1+1>2"的经营模式能够最大限度地销售产品，缓解库存压力，给企业带来更大的经济效益。

新零售的业态是丰富多彩的，既能体现出时下的消费新潮流、新热点，又能够顺应品质化、个性化的消费趋势。这需要零售企业不仅要注重线上信息的搜集、货源的关注、消费需求的挖掘，还要注重线下商品的宣传、促销活动的跟进，以及增值服务的完善。

线下实体店可以供消费者现场体验，提升消费者的真实体验感。线下销售的同时，开通店铺的线上通道，适时在线上发布店铺促销活动、商品信息等，迅速扩散传播，吸引更多的流量。形成线上线下的无缝连接，满足消费者多元化的需求，能够在很大程度上提升商品的销量。线上线下相融合，能够形成闭合的生态体系，如图8-7所示。

图8-7 零售企业线上线下相融合的生态体系

（1）线上线下消费者兼顾融合

在新零售时代，消费者的来源有线上和线下两种渠道。虽然现在网络购物已经非常普及，但仍有一部分人习惯去实体门店购物，他们认为实体门店更加可靠。因此，企业需要树立这样一个观念：无论是线上的消费者，还是线下的消费者，都是自己的目标消费者，不能忽视任何一个渠道内的消费者。

（2）线上线下商品资源融合互动

商品的流通速度决定了商品资源是否能够转化为实际的经济效益。商品的流通速度越快，转化率越高，就能越快速地为经营者带来效益。销售商品就如同投资，只有商品能够快速地流通起来，才能为企业带来利润。优化和调配企业各类资源和销售渠道，帮助企业实现商品的快速流通，进而带动利润的增长。

（3）线上线下购买环节融合

商品的购买环节分为线上和线下两种渠道，构建企业生态体系就要实现线上和线下两种购买渠道的融合和互补，实现"线上浏览、线下购买，线下体验、线上购买"的格局。

在消费过程中，很多人都会存在一定的犹豫心理，他们没有办法单纯地依靠在线上或线下一端对商品的了解而快速地做出购买的决定。打通线上线下渠道，将线上线下购物环节进行融合，才能缓解消费者的顾虑，提升其在消费过程中的自主性，还能丰富消费者的购物体验，加深其对零售企业的印象，从而增加消费者的黏性。

（4）线上线下营销方式融合

零售企业开展营销推广的渠道也分为线上和线下。通常情况下，实体门店只会在线下做宣传，或者以线下宣传为主，以线上宣传为辅。随着互联网技术的快速发展，以及各类新媒体的出现，线上营销推广具有传播范围大、传播速度快的特点。企业将线上营销渠道与线下营销渠道进行融合，能够实现更好的宣传效果，例如，将二维码运用到线下各类营销渠道中，通过让线下消费者扫描二维码进入线上渠道来了解更多的信息，这无疑能够有效提升品牌和商品传播的广度和深度。

例如，优衣库的运作模式实现了线上与线下的深度融合，在线下设有实体门店，线上有优衣库官方网站、天猫旗舰店、手机APP、微信公众号等形式，全方位地实现了线上线下同步销售。

优衣库官方网站和天猫旗舰店全品类开通门店自提服务，利用遍布全国上百家门店，有效缩短了消费者等待物流配送的时间。优衣库手机APP为消费者提供了商品展示、商品促销、在线购物、在线支付、在线查询等功能。同时，该APP也承担着为线下门店引流的职能。

另外，通过优衣库微信公众号，消费者可以随时随地直击潮流单品，查询实用穿搭，查看最时尚的搭配买家秀。同时，消费者使用微信公众号中的自助服务功能可以进入优衣库APP掌上商城，实现实时在线购买，既省时又方便。

在优衣库的运营模式中，APP在线上、线下相互导流中发挥着至关重要的作用，有效地保证了线上线下的双向运作。优衣库以线下实体门店为核心，以App连接线上和线下，让线上为线下服务，通过线上引流和消费，带动线下实体门店的流量和销量。其运营模式如图8-8所示。

在竞争激烈的大环境下，传统企业要想在市场站稳脚跟，必须进行转型升级。谁能率先完成转型升级，谁就能在市场上抢占先机，尽早享受新零售带来的增长红利。

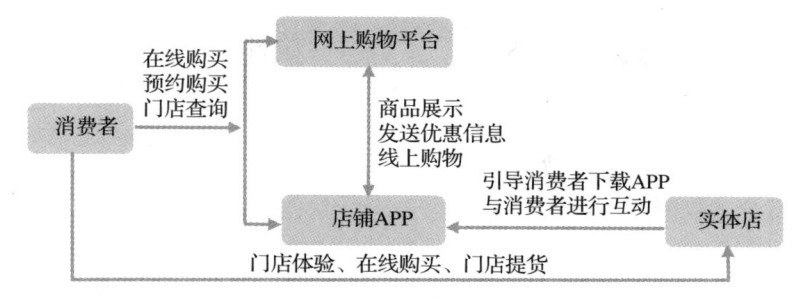

图 8-8　优衣库 O2O 门店运营模式

（四）从销售商品延伸为注重体验

在这个消费者至上和互联网经济大发展的时代，消费者不再单纯地追求物质的满足，其购物模式已经从传统的商品价格功能型转为价值观情感体验型消费。在新零售模式下，企业越来越以消费者为中心，而以消费者为中心的关键就是提升消费者的体验，在满足其购物的基本需求的同时，为消费者提供各种感官、人文、情怀、创新等新的体验服务。零售企业可以通过重新架构"新"体验闭环来提升消费者体验，如图 8-9 所示。

打造新体验闭环服务
① 活动体验：扩大营销范围
② 场景体验：智能化、创新化
③ 支付体验：自助买单，资源推送
④ 升级体验：体验无极限
⑤ 分享体验：即时奖励，鼓励传播

图 8-9　打造新体验闭环服务

1. 活动体验

为了带给消费者良好的体验，零售企业可以利用活动来搭建场景。互联网信息技术日新月异，企业利用活动提升用户体验时，可以选择的活动方式日渐增多，活动的设置不能只停留在线下，线上的互动在新零售时代是十分必要的。

一些零售企业通过策划活动吸引消费者参与，如推出购物节，掀起购物潮，为消费者带来抢购的体验。企业可以根据自己的实际情况安排活动奖项设置，包括线上线下的红包、卡券、积分、实物礼品等，目的是让消费者拥有参与感，使其获得有趣的活动体验，同时企业也推广品牌，在活动中获得大批粉丝。

例如，企业可以制作一些游戏类 H5，能够使线上活动设置更加便捷、高效，让消费者在获得趣味体验的同时，自发地将活动内容分享到微信等社交平台，从而推广品牌。

2. 场景体验

在消费主权时代，消费者越来越追求场景体验。零售企业在实体店布局场景时，需要打破传统模式。现在的消费主力军更喜欢智能化的产品和门店设置，为了迎合这一体验需求，企业纷纷利用智能技术为来店体验的消费者创造沉浸式的品牌体验。

在这种场景中，企业不仅能够有效地传递品牌价值，还能让消费者获得极致的体验。当然，注重体验首先是要刺激消费者的购买欲望，然后通过体验互动使消费者产生消费行为。为此，要积极创造条件让消费者参与，使其深度体验商品价值和服务价值；其次，还必须要有自己的品牌主张，让消费者有品牌体验感。

例如，在竞争日益激烈的汽车市场，东风日产除了保障产品品质优良以外，还在服务体验方面下大功夫，构建消费者智能化、年轻化的消费场景，使其走在行业的前沿。

东风日产运用创新科技并融合跨界传播资源，打造"智行科技体验平台"，为消费者创造沉浸感、参与感、兴奋感；运用 VR 技术为消费者搭建未来模拟驾驶场景，只要消费者佩戴 VR 眼镜，便能实现虚拟现实与感官结合，全面、真实地感受到"日产智行科技"的智能技术和未来自动驾驶技术；建立日产智行科技旗舰体验馆，打造车展体验平台，举办智行安全体验营巡展等，如图 8-10 所示。消费者非常喜欢在这种智能化的场景中体验高价值的感官冲击，极大地满足了消费者的体验需求，在激烈的市场竞争中不仅提升了自己的竞争力，还有效传递了东风日产的品牌价值。

图 8-10　日产智行科技旗舰体验馆

3. 支付体验

在传统零售业务中，一些企业不注重付款环节，很多消费者付款时需要排长队等候，这就有可能造成消费者因为非刚需而放弃购买。因此，零售企业应该完善付款环节，减少他们排队的时长，这会增加他们对门店的好感。支付流程的顺畅性与新零售时代的成交量密切相关。

无感化、便利化、智能化支付流程迎合了新一代消费群体愿意新受新鲜事物，喜欢高效、便捷的购物习惯。支付宝、微信支付等移动支付工具的推广与普及，加上集新技术、新体验于一身的自助收银能够很好地满足他们的消费需求。现在城市中随处可见的自动售货机不仅是销售瓶装饮料，消费者通过注册成为会员，扫描售货机上的二维码后，还可以选择丰富、多元的各类商品，选完商品后机器会自动识别客户选择的商品，并提醒客户及时支付。

随着自助收银不断成熟，会有越来越多的零售企业为消费者提供自助收银服务。这在提高门店结算效率、降低人力成本的同时，还能让消费者获得更为优质的购物体验。

自助收银能够确保交易流程的快捷化，不仅能给消费者带来良好的支付体验，还能有效地提升零售企业的数字化运营能力。在数字经济时代，消费者数据是企业的一项核心战略资源，而消费者使用自助收银服务时，通常需要绑定支付宝或微信支付信息；部分企业为了获取更加多元的消费者数据，还会推出注册会员享受更高折扣活动，从而使企业获取海量的消费者数据资源，为后续开展产品定制生产及营销提供强有力的数据支撑。

随着一系列新科技在支付领域的广泛应用，人眼识别、人脸识别、指纹支付等支付应用为人们对未来支付方式的探索提供了正确的方向。

4. 升级体验

线上线下的结合是新零售时代的必然趋势。近年来，虽然线上销售的发展势头迅猛，但消费体验不足，而体验正是线下实体店的优势。线上线下建立联系，实现一体化连接，就是互补两种渠道的优势，更好地满足消费者的体验。线上与线下的连接是为提升消费者体验而结合的产物。

例如，喔巴应用"线上预约—线下体验—线上购买"的理念，通过打造流动式体验车、开设线下快闪店的方式，打破了传统的线下专卖店和线上销售平台的局限，将线上购物与线下体验完美地结合在一起，使消费者获得了更真实的体验和更优质的服务，满足了他们不断变化的需求，在很大程度上提高了消费者的购买率。

5. 分享体验

对产品及服务的分享与推荐也是增强消费者体验的一个环节。消费者向社交圈推荐产品及服务时，需要产品及服务平台本身就具备邀请推荐的功能。此外，企业还要注重推荐功能场景的使用。例如，使用滴滴打车，乘客每次结束乘车，评价完成 APP 页面中就会出现优惠券，优惠券可以分享给好友，这样乘客和好友都能获得滴滴打车的优惠券。

企业还可以创造有利于传播的内容。这些内容要具有趣味性和新鲜感，能够引起消费者讨论，便于其分享宣传。例如，一些在微信公众号上发布的有价值的文章，使消费者愿意分享到自己的社交平台上与好友互动分享。老用户向好友推荐后，企业要给予即时奖励。

当然，奖励不仅仅体现在物质上，原则是能够让消费者心动，让他们感受到被重视，这样才能带给消费者良好的体验。企业还可以依靠消费者的口碑传播提高自身知名度，吸引流量，扩大销量。

四、传统企业转型新零售的六大思维方式

传统企业要想在新零售领域成功转型，就必须转变思维，勇于改革，抓住机遇，才能不被市场淘汰。

传统企业转型新零售的六大思维方式如图 8-11 所示。

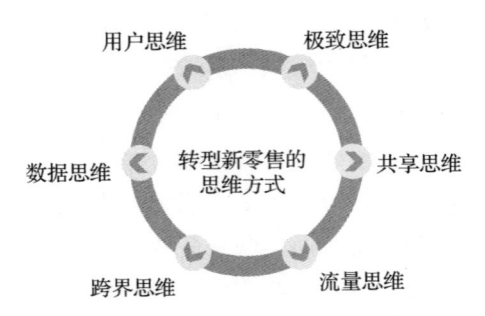

图 8-11 传统企业转型新零售的思维方式

（一）用户思维

从产品思维过渡到用户思维，是传统零售转型新零售的根本。传统零售模式主要是运用产品思维，营销重点放在产品功能特性上，虽然也是满足消费者需求，但很难全面满足消费者需求；而用户思维主要强调的是以"用户

为中心"来思考问题，从产品本身出发，深度探究服务、文化、精神等各个层面来满足消费者小众化、个性化、多样化的需求，满足消费者的更高层次的需求。零售企业借助大数据技术挖掘出用户的潜在需求，围绕用户的实际需求制订营销策略，并给予最大程度的满足。

例如，耐克利用AR投影技术满足消费者的个性化需求。运用AR技术，消费者不仅可以选择鞋子面料，亲自设计鞋子的配色，还能让量身定制的鞋子"真实"地呈现在眼前，从而获得极致的购物体验。

（二）数据思维

转型新零售，需要以数据资源的利用为基础。零售企业要进行全渠道建设，关键是打通线上线下数据共享。数据是企业发展的资源和动力，通过数据资源的共享，企业能够更准确地把握消费者的心理和需求。

随着互联网信息技术的快速发展，人们的生活、工作、思维方式发生了很大的变化，数据的采集和运算变得越来越容易。数据思维由三种思维转换组成：由抽取样本到全量数据思维、由精确到模糊思维和由因果到关联思维。

大数据思维最关键的转变在于从自然思维转向智能思维。零售企业首先要收集用户数据，并将消费者数字化，其次是将商品数据化，最后研究匹配供需的算法，高效、精准地满足消费者需求。通过大数据的采集和分析对消费者进行画像，挖掘消费者的核心需求，为他们提供更好的服务，从而提升企业运营效率。大数据时代带来了深刻的思维转变，不仅改变了每个人的日常生活和工作方式，还改变了商业组织和社会组织的运行方式，开启了一个重大的时代转型。

（三）跨界思维

跨界思维是零售模式转换的新起点。跨界思维，就是多角度、多视野、交叉、跨越地看待问题和提出解决方案的一种思维方式。在互联网的冲击下，很多行业的边界已经变得模糊，互联网行业的触角已经无孔不入。

在营销界，把一些原本毫不相干的元素进行融合、互相渗透，进而彰显出一种新锐的生活态度与审美方式，并赢得目标消费者的好感，使跨界合作的品牌都能得到最大化的营销，这就是跨界思维的突破和创新。例如，手机和音乐、银行和游戏、汽车和服务等，通过与不同行业的企业或品牌之间的跨界合作，拓展更大的传播空间，开创更大的销售市场，正在成为越来越多具有远见卓识企业的共识。这种思维模式打破了行业营销固有的藩篱，是一种真正跨行业的合作共赢。

跨界思维让不同行业的企业或品牌之间有了共同的联系，并充分发挥出各自企业或品牌之间的协同效应，让零售发挥出更大的效用。

（四）流量思维

在这个"人人都是自媒体"的时代，消费者从单向接收信息变为双向交流信息，并希望与企业平等对话，互动交流。企业要善于聆听消费者的心声，利用网络、新媒体等工具重塑和消费者沟通关系的思维方式。

流量思维，就是企业要考虑通过什么渠道投放什么内容可以让更多的人接触到，吸引更多的人关注产品。例如，杜蕾斯与粉丝建立长期的互动机制，巧妙地将品牌诉求点和名人话题结合，将产品与热点事件联系，迅速传播扩散，把更多的消费者变为粉丝。

在传统商业模式中，消费者是以点的形式存在的，与企业的关系是垂直参与的关系，信息传递是自上而下直线式的；而互联网时代是平等主体直接形成信息传递网络，信息传递是基于社交关系的链式传播，可以实现"病毒式"扩散。例如，小米通过流量思维打造的小米社区，为其发展奠定了坚实的基础。

（五）共享思维

企业竞争的本质是效率和成本，共享经济能够通过共享采购、共享物流、共享经营、共享资源等方法把成本降到最低，把效率提到最高。企业如果想实现共享经济，需要把企业的闲置资产、过剩产能即大量的碎片化客流、物流、资金流、商品流、信息流共享出来，重新定价，形成一个新的市场。

对零售企业而言，很多实体店有大量闲置的资产，但从竞争的角度来看，实体店竞争的效率低下，成本高昂。互联网平台为共享提供了契机和渠道，共享思维就是重新"整合分配"资源。

例如，日本 7-Eleven 既是共享客户的平台，也是共享信息、共享物流、共享采购和共享金融的平台。无论 SEVEN 银行、SEVEN 网购或是 SEVEN 外送餐，还是策略联盟的供应商，7-Eleven 作为一个共享经济平台为所有参与方创造了巨大的商机。

（六）极致思维

"极致"，就是"最高境界"；极致思维就是在思考问题、处理事情时始终贯穿把事情做到极致的想法，无论是细节还是效果，都力求做到最好。企业要想在新零售时代生存下来，就必须运用极致思维突破极限，创造新的可能性。

极致思维体现的是一种匠人精神，企业要专注于对产品或服务的极致追求，在资源、目标、时间等多个维度追求极致的平衡，最终不断地创造近乎完美的产品。例如，一款测试APP如果在乔布斯手里操作三步还不能引起兴趣，他会立刻将它"毙掉"。正是这种极致思维，让消费者疯狂热爱苹果公司的产品。在新零售时代，消费需求呈现出"新长尾特征"；企业无论是做"爆款"，还是"定制化"产品，都需要极致思维，把产品和服务做到最好，超越消费者的预期。

创新是新零售的竞争核心，能够直接影响创新的是人的思维，所以掌握正确的思维模式能够让企业更好地描绘新零售的发展蓝图。

五、传统企业转型新零售的七大关键模块

在这个万物互联互通的时代，企业盈利的模式已经不再是单纯的交易关系，新科技与新思维的赋能，为企业转型升级创造了更多的可能性。传统企业在向新零售转型的过程中往往缺乏有效的引导，导致规划很难落地，下面的七大关键模块能够指引传统企业找到转型升级的方向，如图8-12所示。

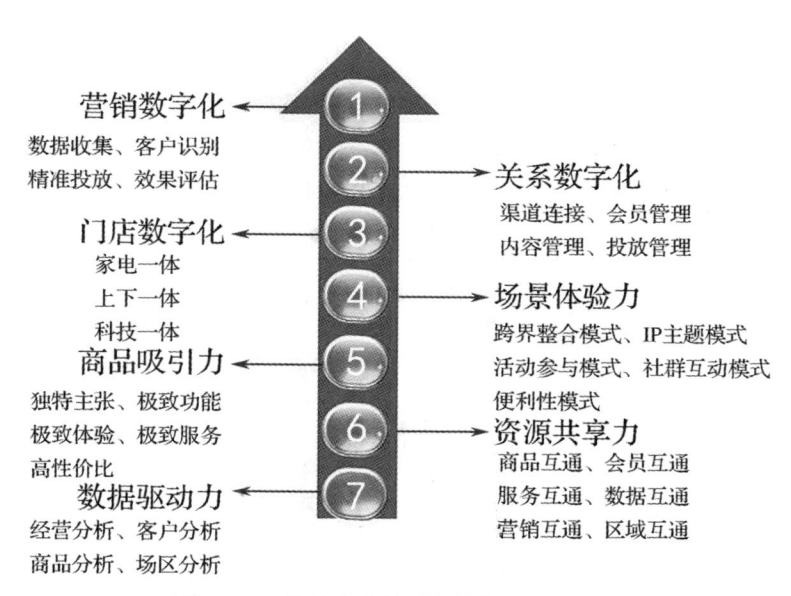

图8-12 传统企业转型新零售的关键模块

（一）营销数字化

对营销流程进行数字化改造，以客户感知为基础，实现营销过程可跟踪、可量化、可优化。通俗地讲，就是要做到"见什么人说什么话"。这个模块可以帮助零售企业降低广告投放成本，使广告投放更加精准。

实现营销数字化的具体步骤如下所述。

（1）数据收集

汇聚线上客流和线下客流，收集客户的基础信息，把所有的客户信息进行数据化处理，建立线上线下的客户数据收集体系，针对实体店安装人脸识别等智能监测设施。

（2）客户识别

建立客户标签体系，并通过静态标签与动态标签相结合的方式，全方位描绘客户画像。

（3）精准投放

能够自定义投放人群、时间、渠道、内容和频次，实施精准投放。

（4）效果评估

获取广告投放数据，汇总广告曝光、参与互动、商品购买等数据，评估广告效果。

（二）关系数字化

对客户关系进行数字化管理，通过数字化手段量化客户关系等级，搭建差异化的互动体系，提升客户关系，最终将企业重点资源用在重点客户的维护上。此模块可以帮助企业改善"销售即结束"的现状，转变为"销售是关系起点"，真正实现客户全生命周期的管理和价值挖掘。

关系数字化模块包含的主要内容如图8-13所示。

（三）门店数字化

对店铺的"人、货、场"进行数字化改造，从客户场景出发，从到店购买转变为到店到家一体化；从线上和线下的隔离，转变为线上线下一体化；从依靠人工导购和结算，转变为利用黑科技手段购买支付，实现门店数字化运营，快速提升店铺运营效率。此模块包含的关键要素如下所述。

- 家店一体：支持店铺现场购物、到店自提或者配送到家。

渠道连接：对微信、APP、网上商城等渠道进行统一管理

投放管理：结合会员标签与交互反馈指定自动化内容推送流程，定时、定向进行精准推送

关系数字化要素

会员管理：对会员等级、积分、权益、标签体系进行统一管理

内容管理：支持微信、H5、邮件、短信等全渠道内容制作与整合管理

图 8-13　关系数字化包含的主要内容

- 上下一体：实现线上订单线下自提，线下订单线上发货。
- 科技一体：利用科技工具实现店铺数字化转型，如智能广告、人脸支付、客流识别、智能价签等技术，提升运营效率；利用数字工具实现多渠道运营，如社交分享购、直播互动购、店中店触屏购、样品小程序购、VR全景购等。

（四）场景体验力

场景体验力表现在提升客户的场景体验感上，包括将不同业态进行整合的跨界整合模式，将场景植入 IP 主题的模式，让客户参与活动的模式，参与社群互动的模式，以及为客户提供便利性的模式。这五种场景模式从难到易，企业可以根据自身情况选择合适的场景模式。

五种场景模式的具体内容描述如表 8-3 所示。

表 8-3　五种场景模式的具体内容描述

场景模式	内容描述
跨界整合模式	定位客户的情感，围绕其价值观跨界植入美学元素、商品与体验，共同完成一个故事进行价值传递，让客户享受故事的过程——消费商品的过程
IP 主题模式	将 IP 所标签化的情感符号植入场景中，通过 IP 符号展现的价值观与客户形成价值共鸣，进而为企业带来粉丝流量
活动参与模式	根据粉丝高关注度的节日、事件和主题营造特定场景，让粉丝参与和感受活动，与其建立情感共鸣
社群互动模式	建立有共同价值观的社群，根据价值观策划各种活动、内容和服务，与粉丝建立共鸣，形成流量池
便利性模式	能够快速获取商品或服务，如便利店、当日达等

（五）商品吸引力

商品吸引力是新零售的核心关键，是传统企业转型的重要模块，它和场景体验力都是零售升级的主力。无论采用何种营销方式，最终还是要回归到商品，因为商品才是消费者购买的根本。商品吸引力可以从独特主张、极致功能、极致体验、极致服务和高性价比等五个方面来打造，如表8-4所示。

表8-4　从五个方面打造商品吸引力

主要方面	内容描述
独特主张	商品带给客户独一无二的价值主张或消费承诺，客户愿意为此主张或承诺买单
极致功能	在消费升级时代，客户对商品品质有着更高的要求，面对市场竞争，必须提供更加优质和极致功能的商品
极致体验	从商品的使用体验出发，能够满足客户的某种精神需求，更契合客户追求的价值观
极致服务	为客户提供优质、贴心、细致的服务（包括售前、售中、售后服务）
高性价比	正品低价，企业拥有更优秀的供应链能力，保证同等的商品品质价格更低，更具市场竞争力

（六）资源共享力

资源共享力是实现线上线下、区域之间、总部与分/子公司之间、产业生态链之间协同运营的基础。将不同单元的信息进行共享，实现流量、商品、会员、服务、数据、营销和区域的互通。如果是单一实体店，可以实现线上线下互通；连锁企业可以实现区域互通；集团企业可以实现集团与分/子公司互通；生态化平台企业可以实现生态链之间协作互通。

- 商品互通：需要强化线上线下商品的价格、订单、库存等的互通，供应链各环节按照统一标准录入系统，统一管理商品，便于商品的数字化分析与调度。
- 会员互通：就是将会员交易的各项数据打通，使会员的各项服务实现有效对接，连接会员交易的各种信息，推动线上线下会员信息的互通共用。统一会员的等级设定、积分标准、兑换机制和权益范围，实现会员跨区域、跨店铺甚至跨界享受权益。

- 服务互通：强调线上线下服务内容、服务资讯的互联互通，并以此推动服务价值的相互融通，包括售前、售中、售后的服务内容。
- 数据互通：全渠道、全方位地收集数据，实现线上线下会员数据互通、交易数据互通、活动数据互通等，并对这些数据进行深度分析与研究，挖掘数据中的关键信息，推进新零售的顺利运营。
- 营销互通：营销的全渠道集中管控，既支持单个店铺和单个区域的独立营销，也支持店铺间和区域间的联合营销。除此以外，还支持客户间的分销，由客户分享商品，传播商品信息，扩大商品的影响力，进而提升商品的销量。
- 区域互通：同一个区域内的各个实体终端一般会形成小的团体，它们运作中的会员服务、数据服务、终端体验等都要在"区域"这一层面进行协调对接。区域互通，就是要以区域化深耕为基点，精耕区域，让分散的实体终端形成区域化影响力，更好地挖掘客户价值，实现服务互通、终端互连，从而扩大各个实体终端的价值。

（七）数据驱动力

企业未来的竞争将是数据资产的竞争，零售企业只有全面数据化，才能形成大数据体系，让"数据+算法"驱动经营分析、驱动商品能力、驱动客户体验、驱动场区的运营效率。数据是企业新的生产资料，算法是新的生产力，利用新生产资料和新生产力才能全面改造生产过程。数据驱动力包括的主要要素如表 8-5 所示。

表 8-5 数据驱动力的主要要素

主要要素	内容描述
经营分析	对店铺进行整体分析，了解客户、客流及商品的整体销售情况，找出问题的原因，对未来经营方向做出预测
客户分析	洞察客户，了解客户画像、进店、停留、偏好、购买和离开等各项数据，为客户营销和店铺优化提供数据支持
商品分析	通过商品数据分析，进行商品结构优化、商品布局优化、商品销量预测和商品库存管理
场区分析	进行区域总体分析、重点区域分析、区域销售异动分析和区域品类分析

六、传统企业转型新零售的正确姿势，做好四个"在线"

传统企业的零售模式存在很多问题，诸如消费者购物受时间和空间的限制，运营体制不完善，难以协调线上线下的价格差距，供应链管理不够精细化，难以适应新的消费模式等。由于电商的冲击，市场份额被抢占，传统企业的发展模式急需转变。

传统企业可以借鉴电商的经营理念和方式，充分发挥在线零售的优势，通过建立并完善线上营销渠道，有效实行线上经营与实体经营相结合等措施，积极应对新挑战，时刻把握消费需求的动态变化，将传统的销售模式转变为在线零售和体验零售。

做好四个"在线"是传统企业转型新零售的正确姿势，如图8-14所示。

图8-14 四个"在线"

（一）员工在线

员工在线就是人机合一，以往零售行业人机分离，不太可能为每位营业员都配备电脑，无法要求其在店铺服务过程中随时查看电脑；如今，每位员工都有一部手机，所有员工要实现人机合一，这是做好新零售的第一步，也是很重要的一步。

（二）产品在线

产品在线，是拥有比传统零售更丰富的产品。这种在线方式比企业在线开设官网更有价值，因为官网上的产品往往都是产品图片和价签，缺乏个性化的推荐，客户不知道哪一款更适合自己，无从着手。而由员工打理的产品在线非常人性化，其结合线上平台和线下实体的优点，店员针对不同的客户推荐有针对性的产品，通过辐射各自范围内的客户，通常能够实现超乎预期的成单量。

员工在线 + 产品在线，即把产品交给员工来打理，为客户提供针对性的服务，不仅能提高员工销售的积极性，还能更加精准地把握客户的需求，提高产品的销量，更重要的是把客户与品牌的联系转变为客户与员工之间的交流互动。通过这样的柔性连接，会让客户产生依赖感和信任感，从而形成对品牌的黏性。在同质化产品竞争越来越激烈的零售市场，这种做法极大地提高了客户对品牌的忠诚度。

（三）客户在线

客户在线的原因一般是由于客户形成的黏性，一种是人拉人，企业员工热情周到的服务粘住了客户；另一种是人对人变成社交，用好的产品粘住客户，再利用客户与亲朋好友之间的社交扩散产品。客户需要的是有热情的员工来为其服务，跟其建立联系，还有优质的产品等待其选择，所以说"员工在线 + 产品在线"是客户在线的前提，客户在线是结果，而不是过程。

（四）管理在线

从零售企业层面来讲，做好监督和服务是实现管理在线的核心。企业的管理在线可以从管理和监督两个层面来解释。

（1）管理层面

企业员工在线是企业销售的重要因素，零售企业需要通过提高自身管理在线的能力，使员工的能力得到大幅度的提升，以适应零售转型的要求。让员工能够对客户进行更好地管理和服务，更加精准地了解客户的个性化需求，从而推荐有针对性的产品。

企业对客户的管理需要大数据的支持，细分客户群体，为不同类型的客户建模画像，让员工通过了解客户的具体特征，更加精准地推荐产品。对员工来说，重要的是提高自身业务能力，更多地了解产品和相关行业领域的知识，为客户提供专业性建议，从而赢得客户的信服，促使其产生购买行为。

企业要想提高员工能力，需要从两个方面入手：一是提高员工的准入门槛，二是加大对员工的培训力度。另外，企业还可以建立产品知识库，自动连接到每个员工，需要时员工可以从知识库中找到相应的专业知识，为客户答疑解惑。

（2）监督层面

企业对员工的监督至关重要，严格的监督管理可以维护品牌形象，使企业在向新零售转型的过程中减少差错，更加顺利。严格把控员工的服务水平和服务质量，确保员工对客户的个性化推荐更加准确，能够充分挖掘出客户的更大需求。新零售相比传统零售的监督管理更为全面、高效，在传统企业向新零售转型过程中，不仅能够为客户提供更好的服务，还可以提高企业的管理水平，在更加标准化的体系中塑造品牌形象，提升企业的影响力。

第九章

打破天花板，各行业新零售落地实践探索

在当前的市场环境中，线上红利快要见底，线下市场潜力再度释放，实体商业纷纷借助互联网、大数据等新技术重构人、货、场，加入到探索新零售的大潮中。本章将详细探讨便利店、电商零售、美妆零售、生鲜零售、家居建材、母婴行业、餐饮行业、文化商品零售等行业进行新零售转型的策略。

一、便利店：用新零售武装实现"小店变大店"

在零售行业中，电子商务曾是传统零售商的"劲敌"；而在新零售的大环境下，大型卖场转型艰难，扎根碎片化消费场景的便利店却悄然崛起，成为传统零售中的一枝独秀。伴随着新零售模式的兴起，传统便利店也在不断地寻求新的破局之路。

1. 便利店的优势

便利店，顾名思义，就是指以满足消费者便利性以及应激性需求为主要目标的零售业态。作为零售体系内几乎最接近终端消费者的实体业态，便利店具有以下三大优势。

（1）满足消费者追求便利性的需求

便利店能在购物空间和购物时间上满足消费者追求便利性的需求。首先，从购物空间的角度来说，与超市相比，便利店距离消费者更近，通常消费者步行几分钟便可到达。

其次，从购物时间的角度来说，一般便利店的营业时长为 16~24 小时，全年无休，基本上能为消费者提供"Any Time"（任何时间）式的购物服务。此外，消费者在便利店购物花费的时间较短，据统计，消费者从进入便利店到付款离开平均只需 3 分钟的时间。

（2）商品品类精选

与超市的面积相比，便利店的面积较小，店内商品的 SKU 也较少，但是

便利店能在有限的店面内为消费者提供更优选的商品，便利店内展示的商品，无论是生活必需品，还是应急性商品，都是精挑细选的，能满足消费者多样化的购物需求。此外，便利店内的商品陈列更为简单明了，消费者进入便利店购物可以快速找到自己需要的商品，无须像逛超市那样在不同的商品展示区域寻找目标商品。

（3）经营成本较低，可复制性强

由于便利店的面积较小，因此经营一家便利店的成本要比经营一家超市的成本低得多，再加上便利店的商品 SKU 较少，且在店铺选址上的灵活性更强，使得便利店拥有极强的可复制性。

2. 传统便利店面临的痛点

近年来，国家城镇化水平不断提高，社区和商业区的数量不断增多，人口聚集度不断提升，这些为便利店的生长提供了有利的条件。此外，人们对便利的追求是社会发展的大趋势，这些都意味着便利店会长久地保持强大的生命力和竞争力。但是，虽然便利店有着良好的发展环境，但在新零售模式的冲击下，传统便利店的经营面临着一些痛点，主要表现在以下两个方面。

（1）线上环节薄弱

传统便利店通常将运营重点放在线下实体店，从而忽视了线上服务和体验的建设和发展。进入便利店消费的消费者通常是即买即走，而便利店很少会为消费者建立消费档案，构建消费者数据库，无法形成清晰的消费者画像，这就导致经营者无法与消费者建立有效的联系，无法利用消费者数据库为店铺运营提供数据指导。同时，商家也无法及时向消费者传递促销信息，加强消费者的黏性。

（2）在供应链上处于劣势

与大型超市相比，便利店的进货量小，它们多是店主自己到批发市场进货，或者是小批发商送货上门。由于进货量小，通常难以获得较好的商品资源和服务，因此便利店在供应链上处于劣势。

3. 便利店如何向新零售模式转型升级

在移动互联网环境下，传统便利店在向新零售转型升级的过程中，必须遵循以下法则。

（1）丰富商品类型和服务内容

新零售强调一切以消费者为中心，因此便利店向新零售转型升级也必须围绕消费者来进行，最大限度地为消费者提供类型更丰富的商品和更优质的服务。

在商品方面，便利店经营者可以优化店内商品结构，提高商品的丰富度。在服务方面，便利店经营者可以通过调整店面设计、丰富服务内容等手段，为消费者创造更好的购物体验。例如，在店内设置餐饮区，为消费者提供除购物之外的生活性服务。

（2）加强数字化运营

便利店经营者要懂得运用大数据来为店铺赋能，借助大数据优化店铺选址、店铺选品、商品陈列、订单支付等环节，并通过数据来构建消费者精准画像，了解不同社区、不同消费群体的消费偏好，从而为优化店铺商品结构提供指导，为消费者精准匹配符合他们需求的商品。

对于拥有线上商城的便利店来说，要将线下便利店打造成一个流量入口，实现线下反哺线上，在线下为线上引入流量。

（3）优化供应链

对于拥有线上商城的便利店来说，便利店经营者要优化店铺供应链，通过自建仓配，并利用大数据和人工智能技术，完善店铺供应链信息系统，实现线上线下仓储、订单、消费者、交易等各个环节信息的统一管理。

同时，要充分发挥线下便利店的网点优势，将线下便利店打造成"实体购物点＋物流中心"。便利店除了为消费者提供购物服务，还能为消费者提供物流配送服务。例如，消费者既可以选择到便利店内购物，也可以选择在线上商城下单购买，然后由便利店送货上门。这样，对线上商城来说，不仅可以节约物流成本，还能提高物流速度，让消费者享受更优质的服务。

二、电商零售：全力打造双线购物

在互联网时代，虽然人们习惯通过电商购物，但在体验和服务方面，电商却始终不及线下实体店，而且随着越来越多的品牌入驻电商平台，电商市场的竞争也越来越激烈。在这种情况下，大部分电商通过电商与线下实体店的结合，实现线上线下的流量互换，全力打造双线购物，完成向新零售的顺利转型。

（一）电商转型的三个关键点

如今消费升级，电商企业只有抓住电商转型新零售的关键点，才能真正实现电商向新零售的蜕变，最终完成电商的完美进化。电商转型新零售的三个关键点如图9-1所示。

图 9-1　电商转型新零售的三个关键点

1. 产品

无论是在电商时代，还是在新零售时代，消费者最关注的还是产品本身。产品是基础，是新零售的核心所在。如果不去改变产品本身，那么电商转型只会变成换汤不换药的文字游戏，消费者痛点得不到任何消减，无法实现真正意义上的转变。

产品的改变包括产品的展示方式、产品的生产方式、产品的设计方式等诸多方面。传统电商在转型过程中，不能仅仅只是改变营销方式和逻辑，而不改变产品本身。例如，淘宝卖家应该围绕如何更好地展示产品来思考如何设计产品的图片、怎么描述产品详情页，以及如何装修店铺、发货包装、物流配送等，这些都属于产品，当然，还包括产品本身的一些价值。如今的消费者愿意花更多的钱买更喜欢的产品，找到更适合消费者需求的产品是消费升级的本质。当下的消费者更看重产品的品质和品牌背后所代表的生活方式。

2. 体验

传统电商在商品价格和物流方面都有待提升，但提升空间有限，而线下的消费者体验却存在很大的提升空间。无论是商品体验，还是服务体验，都可能比高价的商品更有升级的空间。

将线上线下两者结合起来，让线上给线下提供更为精确的指导，将线下作为一个依托当地人员分布、年龄结构和消费习惯等的据点，深入了解后在线上积累客户，并不断地去优化客户体验，这一点对于传统电商转型意义重大。

3. 线上线下融合

打通线上和线下渠道，实现真正的融合，才是新零售的最终归宿。因此，电商在转型过程当中应当摒弃平台逻辑和流量思维，将线上和线下渠道相融合作为主要突破口来实现，这也是电商企业进行线下商超布局的关键所在。

实现了线上和线下的互通，消费者能够在线下体验，线上下单，同样能够线上预订，线下提货。这种灵活多变的方式不仅能进一步提升行业的运行效率，还能消除消费者的痛点，从而让新零售的发展进入一个全新的阶段。

从这个逻辑上来看，电商转型思路在于打通线上和线下渠道，通过两种渠道的优势互补找到破解当下电商发展过程中的痛点和问题的方法，将电商行业的发展带入一个全新的阶段。

（二）电商转型的三种商业模式

为了给消费者提供更好的服务与体验，越来越多的电商品牌开始注重线下实体店的开拓。具体来说，电商转型新零售的3种商业模式如图9-2所示。

图9-2 电商转型新零售的三种模式

1. 开设线下自营门店

开设线下自营门店是电商切入新零售的模式之一。线下门店能够满足消费者的消费心理和需求，为消费者打造一个良好的消费场景，让其更直观地感受商品，并与他们形成良好的互动，使消费者在感受门店服务的同时，增强他们对品牌的好感度，从而增加他们对品牌的黏性。

例如，京东在线下开设"京东·京选空间"和"京东帮"服务店。通过这些店铺，原本只能在京东电商平台上购买的产品，现在在这些店铺中也可以买到。而且因为有实体店，所以消费者可以到店体验，从而通过渠道扩大京东在线下的影响力。

2. 战略入股线下零售

战略入股线下零售是电商切入新零售的另一种模式。越来越多的电商企业意识到线下门店的重要性，一些电商企业积极与实体零售企业进行战略合作，以加盟入股的方式实现向新零售的转变。

例如，阿里巴巴通过战略入股高鑫零售，有了线下的实体作为支撑，完成线上与线下的相互融合，从而更好地切入新零售。阿里巴巴与高鑫零售的合作是以商业互联网和大数据为核心，通过全面数字化完成"人、货、场"的重构和升级。新的战略联盟将融合两家企业的优势资源，使高鑫零售能够借助阿里巴巴的数字生态系统，推进实体店数字化，并将新零售解决方案应用于实体店，其中包括线上线下一体化、现代物流及个性化的消费者体验。

通过战略合作，线上电商获得了线下实体的支持，突破了自身发展的瓶颈，以较快的速度实现了线上与线下的融合。同时，线下实体也可以借助电商来优化系统，将实体零售引入数据分析，实现线上线下的优势互补，促进自身向新零售转型。

3. 与线下零售商合作

电商与线下零售商合作是电商切入新零售最直接的途径。电商面临发展瓶颈时，开始寻求与线下实体店合作，在平台上销售与其合作的实体店品牌的产品。这是电商切入新零售最快捷的方式，既能利用自身的互联网技术，提升入驻的实体店品牌产品的销量，又可以凭借线下零售商积攒的品牌效应提高自身平台的线上下单率，实现更大的经济效应，提升电商的品牌好感度。

选择与知名度高且口碑好的线下零售店合作，是电商切入新零售最有效的途径。尤其是对中小型电商企业来说，无法开设线下自营门店和入股线下零售，那么和线下的实体零售品牌合作是最佳选择。这样既可以让自身的线上平台产品品类更加丰富，又可以凭借合作商自有的线下体验优势和品牌的受众基础来突破电商平台发展的瓶颈。

（三）解锁社交电商新模式

随着移动互联网的升级迭代，社交电商抓住了商业发展与社交结合的契机，以其特有的属性迅速占领了移动社交网络。社交电商具有高度的传播性、互动性和聚类性，其善于利用移动终端，聚合社交媒体进行商业活动。如今，社交电商正在如火如荼地向前发展着。

1. 社交电商定义

社交电商是基于人际关系网络，借助微博、微信、短视频、小红书等社交媒介，通过社交分享、用户生产内容等手段降低企业获客拉新、裂变渠道的成本，促成商品的销售，并将用户终身价值最大化的新兴电商模式。社交电商将关注、分享、互动等社交化的元素应用交易过程中，是电子商务与社交媒体的融合，是以信任为核心的社交型交易模式，是分享经济环境下的一种新兴电商模式，其最大特点是具有强大的自我生长性和裂变性。

社交电商是以社交为纽带的一种商业模式，和普通电商基于商品的营销模式不同，其根基是人与人之间的互动和互相信任。因此，社交电商是以人为核心，经营的是人与人之间的关系。

2. 传统电商与社交电商的区别

社交电商与传统电商本质上都是零售，其核心环节始终围绕"人、货、场"三要素展开，只是两者对"人、货、场"的影响方式存在差异。传统电商是"人找货"模式，属于需求导向型消费；社交电商是"货找人"模式，通过社交网络，借助客户、分销商们的分享、推荐获取流量，降低企业获客拉新的成本。社交电商和传统电商在营销流程方面存在的区别如图9-3所示。

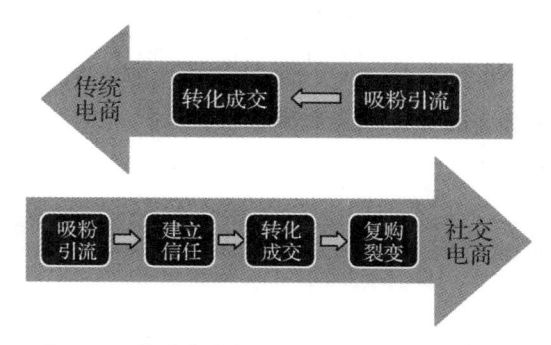

图9-3 传统电商与社交电商营销流程的区别

社交电商与传统电商的核心区别在于，谁与客户建立了信任关系，谁就有了促进客户复购、实现流量裂变的资本。

社交电商与传统电商的对比分析如表9-1所示。

表9-1 社交电商与传统电商的对比分析表

对比分析		传统电商	社交电商
盈利能力	获客渠道	需要按照点击、浏览或获取数量向电商平台支付广告费	通过客户之间的社交分享、自传播获取大量社交流量
	获客成本	获客成本较高	获客成本大大降低

续表

对比分析		传统电商	社交电商
经营模式	对象	商品	客户
	需求	满足不同人的共同需求	满足个人的不同需求
	本质	订单形式	社交关系
	基础	商品活动，如折扣	人与人之间的信任
	形态	工具	组织
成本结构		营销成本＋渠道成本	社交成本
流量模型		流量的获取符合"漏斗模型"	流量的获取采取"裂变模型"
客户生命周期		商业模式采用客户转化模型，在生命周期内，客户永远是客户，不存在合作关系	采用客户成长模型，在生命周期内，客户可以成长为合伙人，与企业合作实现共赢
实现客户价值		访客→购买→复购→转介绍	粉丝→客户→会员→合伙人

3. 传统电商进阶社交电商新零售的途径

传统电商进阶社交电商新零售的途径如图 9-4 所示。

图 9-4 传统电商进阶社交电商新零售的途径

（1）店铺引流

传统电商转型社交电商，本质上是为了降低获客成本，拓宽新的销售渠道。企业可以用好自身已有的资源，在此基础上实现流量的获取及裂变。

①增强引流意识。电商企业需要快速转变思维，从重视产品转移到重视客户，重视客户的终身价值，增强引流意识，将客户或访客引流到自己的社交账号中，如 QQ、微信或微信公众号等。

②客户的获取。企业可以通过参加电商平台的促销活动在短期内获取大量的订单和流量，这是企业快速获取流量的有效方式。另外，企业还要想方

设法吸引并留住到店访客。

③设置利益点。这有利于将客户或访客引流到自己的社交账号中，利益点设置必须要恰当，并且具有诱惑力，可以是金钱、产品或虚拟物品等。

（2）深度社交

与客户建立深度信任，是转化、沉淀客户的基础，也是打造私域流量池的重要一环。

①增加社交意识。传统电商企业转型初期，由于思维模式仍然停留在过去，尚不具备社交电商的思维，因此前期需要先增强社交意识，培养社交电商思维。

②增加社交频次。增加社交频次有助于流量的转化，企业在将客户引流到微信等社交账号上后，需要与客户持续交流、互动，待时机成熟后再进行转化。

③积极互动。通过互动了解客户的购物需求，抓牢客户的心，互动是企业拉近与客户距离的有效方法。

④建立信任。做社交电商，首先要和客户建立信任，只有得到客户的信任，才有可能进一步促成成交。社交电商企业可以从为人亲和、专业形象、事实见证、品牌实力、从业经验、真心待人等几个方面来培养和客户之间的信任感。

（3）流量转化

实现流量的转化主要有两个途径，一个是店铺粉丝的转化，另一个则是社交圈粉丝的转化。

①店铺粉丝的转化。获取粉丝只是成交的基础，持续吸引粉丝并通过相关活动将粉丝转化为客户才是长远目标。电商企业可以围绕提升店铺曝光度和增加与客户互动的方式来运营粉丝，加深客户对店铺的印象，提升客户对店铺的黏性，实现流量的裂变。

②社交圈粉丝的转化。社交圈粉丝的转化方式可以参考店铺粉丝的转化方法，同时还要基于社交圈生态的特殊情况设置对应的转化方式，如微博、微信、QQ、小红书、抖音、快手短视频等社交圈因为平台功能、规则及布局不一样，因此其装饰及布局也存在一定的差异性，电商企业要"因地制宜"，对不同的社交媒介的社交圈进行差异化规划和布局，实现营销价值最大化。

三、美妆零售：做好三项工作，助力向新零售转型

近年来，我国美妆零售市场呈现高速增长的态势，并持续保持快速增长的状态。各大美妆品牌面对的是一个拥有巨大潜力的市场，但也是一个不断变化的市场。在新零售模式的冲击下，美妆品牌商和企业应该以消费者为中心，从洞察消费者的消费需求出发，探索向新零售模式转型的方式。具体来说，美妆行业向新零售转型，需要做好以下三个方面的工作。

（一）洞察消费需求变化

要想在激烈的市场竞争中获得优势，品牌商和企业必须要了解消费者是谁，以及他们的消费偏好，这样才能更加精准地满足消费者的需求。在当前的市场环境下，美妆行业呈现出以下新的消费趋势。

1. 消费者结构趋于年轻化

根据相关研究报告预测，预计到2021年，"千禧一代"[指出生于20世纪时未成年，在跨入21世纪（即2000年）以后达到成年年龄的一代人]在我国人口总数中的占比将超过40%，而其所能贡献的消费额将会占全部人口消费总量的60%以上。由此可见，消费者的结构呈现出年轻化趋势。

2. 消费偏好多元化

年轻一代消费者的消费需求呈现出四个特点。

（1）追求商品的安全性、健康性

消费者关注化妆品成分的安全性、健康性，草本、纯植物、汉方等理念盛行。

（2）青睐多功能复合型商品

多功能复合型美妆商品因使用简单、便捷成为快节奏时代人们的刚需。

（3）追求商品的趣味性

趣味性是影响消费者做出购买决策的重要因素之一。好玩、有趣的商品不仅能凸显商品的卖点，还能满足消费者猎奇的心理需求，加深消费者的记忆。

（4）追求高颜值的商品

商品外观设计和包装是美妆类商品的重要组成部分，高颜值的外观设计和商品包装能够有效提升美妆商品的品牌调性，吸引消费者的注意力，刺激他们的购买欲。

（二）搭建私域流量池，深耕存量用户价值

私域流量，是相对公域流量而言的，指的是品牌商和企业不用付费，可以在任意时间，以任意频次，直接触达用户的渠道，如自媒体、用户群、微信号等。当前，流量红利时代已经过去，品牌商和企业凭借抢到流量就能实现转化、实现销售额增长的时代也随之远去。流量红利消散，获客成本增高促使企业发展私域流量，通过打造私域流量池，深耕存量用户的价值。

品牌商和企业运营私域流量池，其核心仍然是做好消费者的运营。品牌商和企业要能与消费者建立强连接，为消费者提供全场景、全时段、全方位的服务，这样才能深度、持续地挖掘消费者的价值。

美妆品牌商和企业搭建私域流量池，可以参考以下步骤。

1. 打通全渠道会员运营

运用大数据技术，打通全渠道会员运营场景，沉淀会员数据，为构建私域流量池奠定数据基础。

2. 为会员提供个性化服务

品牌商和企业运用微信、微博等社交工具，加强品牌商与会员的联系。基于精准的用户群体画像，随时随地地为会员提供个性化服务，深耕会员，提升会员对品牌的忠诚度。

3. 打造数字化运营场景

突破实体门店场景固定和营业时间的限制，打造品牌数字化运营场景，让消费者在数字化运营场景中享受更便捷的购物体验，提升消费者下单率和复购率。

（三）借助"黑科技"打造线下体验空间

互联网技术的发展使线上渠道购物变得越来越方便，但随着人们对线上零售、线下零售认识的加深，人们对线上、线下关系的认知逐渐从"非此即彼"转变为"互补融合"，线下渠道再一次受到重视。

对美妆类商品来说，商品本身的特性决定了线下体验店对绝大部分消费者有着不可替代的吸引力。因为在线下体验店，消费者可以试用美妆商品，亲身感受商品的质感、使用后的效果等。

而对美妆品牌商和企业来说，消费者在线下体验店体验商品和服务的同时，还能向品牌商和企业做出即时反馈，让品牌商和企业了解消费者的需求，

从而开发出更符合市场需求的商品。因此，美妆品牌商和企业不可忽视线下消费场景的建设。

当前各类新技术层出不穷，手段单一、相对古板的传统营销方式很难吸引消费者的目光。相对而言，有趣的新鲜事物和身临其境的感官体验更有吸引力。因此，美妆品牌商和企业在布局新零售时，不仅要注重线下消费体验的建设，更要懂得借助"黑科技"，推出自助式选购、虚拟试妆等服务，为消费者提供更加便捷、智能化的线下体验服务。

例如，M·A·C（魅可）潮店：自助式购物，黑科技互动。2019年1月，M·A·C（魅可）在上海开了一家新零售潮店，该店打破了传统美妆店铺的概念，将自助式购物、虚拟试妆、美妆定制服务等融为一体。

（1）小程序下单自助购物

M·A·C（魅可）新零售潮店未设置导购，消费者进店后可以通过扫码注册店铺专属小程序，通过小程序自助下单、结算，获得全新的逛店体验，如图9-5所示。

图9-5 扫码注册店铺小程序

在店铺各个区域设置小程序码，消费者扫码就可以了解该区域内的商品，然后将商品加入购物车，最后下单购买。

（2）"黑科技"美妆互动

店铺拥有多个"黑科技"美妆互动区域，给消费者带来新奇的互动体验。例如，在"断货王试妆机"区域，消费者点击屏幕上的口红色号，就可以实现云端试色，只需30秒就可以虚拟试遍18款热门"断货王"口红色号。

在"面面俱到底妆无人桌"区域，消费者将自己感兴趣的底妆类商品放在桌面上，桌面就会显示此款商品的质地、色号等信息，以及小红书笔记、商品使用视频等，帮助消费者全面了解该款商品。消费者还可以放置两款底妆类商品进行对比（见图9-6），从而选择最适合自己的商品。

图9-6 两款商品做对比

在"大拼眼技"区域，消费者可以根据自身的喜好自己选择眼影色，打造专属自己的个性化眼影盘。消费者还可以到店铺二楼使用3D打印技术打印眼影盘盖子，获得独一无二的自我创意眼影盘。

（3）美妆定制服务

在M·A·C（魅可）新零售潮店中，专业彩妆服务也是其一大特点。消费者在店铺内购买完商品后，可以带着商品到二楼体验由专业彩妆师为自己打造的专属妆容。

如果消费者想要了解更多彩妆知识，则可以通过店铺专属小程序预约免费彩妆体验服务。消费者无须购买商品，即可到现场体验由彩妆师为自己提供的一对一彩妆服务，或者由彩妆师为自己讲解彩妆化妆技巧。

四、生鲜零售：四大关键点助力实现新零售突围

生鲜行业一直被认为是电子商务行业发展的"最后一片蓝海"，同时也是最难攻克的一个"堡垒"。在新零售模式冲击下，生鲜企业也在不断探索新的运营模式，以推动生鲜新零售的商业创新及突破。

生鲜行业拥有巨大的市场潜力。对追求"多快好省"的中国消费者来说，企业原地不动就意味着给后面的追赶者让路。生鲜企业要想借力新零售实现"突围"，需要重点关注四大关键点。

（一）完善物流配送体系

生鲜商品具有保质期短、易损耗的特点，因此生鲜商品的物流配送和仓储显得尤为重要。对生鲜行业来说，布局前置仓成为其提高商品配送效率、降低运营成本的一种重要措施。

在前置仓模式中，每一个生鲜零售门店都是一个仓储配送中心，中央大仓只需对生鲜零售门店供货，由生鲜零售门店为消费者发货。简单来说，前置仓就是在距离消费者较近的地方（如某个社区、某个写字楼）设置一个小型仓库，消费者下单后由这个小型仓库发货，而不是由远在郊区的某个中央大仓发货，这样消费者在1~2小时内就可以收到货。

以每日优鲜的"城市分选中心+社区前置仓"物流模式为例，每日优鲜是一个以销售生鲜商品为主的O2O电商平台，其销售的商品覆盖了水果蔬菜、海鲜肉禽、牛奶零食等品类。每日优鲜的最大特点在于它建立了"城市分选中心+社区前置仓"的极速达冷链物流体系，为消费者提供自营精选生鲜商品最快30分钟送达服务。

每日优鲜的"城市分选中心+社区前置仓"冷链物流体系构成了"原产地供应商—城市中心仓—前置仓—消费者"的商品配送链路，商品从原产地一直到前置仓的物流完全由冷链配送体系完成，而商品从前置仓到终端消费者的"最后一公里"履约交付，则由本地配送员完成。

每日优鲜的具体运作流程如下：每日优鲜在某些城市建立城市分拣中心（即中心仓），然后根据订单密度在这些城市的某些商圈和社区建立前置仓，每个前置仓覆盖周边半径3千米的范围。每日优鲜产地直采的精选商品会先被配送到城市分拣中心，在城市分拣中心经过质检、分选、加工后，再根据智能补货系统提供的补货算法向各个前置仓补货。消费者在线上下单后，配送员从距离消费者最近的前置仓拣货并打包，再以最快的速度为消费者送货上门。

每日优鲜的这种物流配送模式既能保证生鲜商品的品质和新鲜度，也能从配送时效上给消费者带来更好的购物体验。

（二）数字化运营

生鲜新零售将向着更便捷、更数字化、更接近消费者的方向发展。生鲜企业要充分利用大数据技术，勾画清晰的消费者画像，了解消费者的购买需求，并运用大数据分析结果指导店铺选址、商品品类规划等。

例如，每日优鲜的数据化运营，让前置仓管理更科学。每日优鲜强调"千仓千面"，坚持根据各个仓所在的区域位置、周边消费者画像、各类商品销售情况、天气情况等几十个维度，每天计算每个前置仓、每款商品的补货量，这涉及数百万计的数据量的运算。因此，每日优鲜研发了一套大数据补货算法，并不断对其完善升级，通过运用该套补货算法精准、科学地对各个前置仓进行补货，最终将前置仓的损耗率控制在1%左右。

（三）建立多方合作共赢的商业合作模式

生鲜行业的参与者涉及生鲜商品供应商、商品物流商、商品销售商等。对生鲜商品销售商来说，通常是通过售卖生鲜商品来获得盈利。而在生鲜新零售模式下，生鲜销售商需要拓宽服务内容，创新合作机制，建立生鲜行业多方合作共赢的商业合作模式。

谊品生鲜以"垂直供应链+合伙人制度"形成企业核心竞争力。2013年7月，谊品生鲜在安徽省合肥市成立，它的定位是家门口的"菜市场"，采用社区生鲜折扣店模式，致力于为消费者提供优质、低价、新鲜、安全的蔬菜水果、肉禽水产、日用百货等商品。谊品生鲜最大的特点在于它采取的是"垂直供应链+合伙人制度"的商业合作模式。

（1）垂直供应链

谊品生鲜强调商品直采，但它的直采与传统意义上的直采又有所不同。传统生鲜零售店通常是直接从商品产地采购品相较好的商品，对于品相不达标的商品则不会考虑。但是，商品产地经营者要考虑商品的整体销售，不管商品品相好坏都要卖，因此如果生鲜零售店单独采购品相好的商品，其采购价格并不一定便宜，那么市场中的商品就不会有价格优势。

谊品生鲜的直采是由谊品生鲜自己负责供应链中的各个环节，谊品生鲜向商品产地付定金承包产能，然后谊品生鲜自己充当"批发市场"的角色，根据商品的等级的不同，将其分销到不同的渠道中，最终实现批发、零售一体化自营。例如，在鸡蛋的采购中，谊品生鲜会与某个养殖场合作，整体采购该养殖场的所有鸡蛋，然后谊品生鲜将这些鸡蛋进行分拣，品相好的鸡蛋卖给生鲜门店，个头稍小的卖给早餐店，或者卖给食品加工厂。在整个供应链中，谊品生鲜不需要与商品供应商谈进场费、谈账期、谈扣点，既有效降低了供应链的成本，又提升了供应链的运作效率。

(2) 合伙人制度

在企业的经营管理中，谊品生鲜采取的是合伙人制度。从宽泛的角度来说，谊品生鲜的合伙人制度体现在以下三个方面。

①门店端。门店端合伙人制度是谊品合伙人制度的最主要的部分。门店员工可以自掏腰包和公司合资开店，并从中获得分红。在一家门店中，员工出资比例一般不会超过店铺资金总投入的 40%，同时合伙人享受的是分红而非股权。因此，在对门店的管理上，谊品生鲜拥有主动权。门店端的合伙人制度充分调动了员工的积极性，也为门店的发展提供了资金支持。

②供应链端。在供应链端，谊品生鲜将很多具有不同需求、不同资源的合伙人聚集在一起共同打造生鲜供应链。合伙人之间是合作共赢的关系，而非博弈的关系。

③服务端。为谊品生鲜提供物流、门店装修等服务平台都需要与合伙人合作，最后按照贡献分配利润。

（四）丰富服务内容，创新业务经营形式

生鲜销售商销售的多是水果、蔬菜、零食等，其业务经营形式多是零售门店，销售的商品类型和业务经营形式比较单一。在新零售模式下，生鲜销售商需要丰富服务内容，创新业务经营性形式，搭建购物消费全场景，把消费者到店体验做到极致，为消费者提供除了生鲜商品之外更多的服务，如蔬菜加工、餐饮服务等，将门店打造成以生鲜零售为核心的生活服务中心，以满足消费者多样化的服务和互动性需求。

例如，盒马鲜生采用了"超市+餐厅"的运营模式，门店内主要经营蔬菜、肉类、水果和海鲜等商品。消费者在店内选购了食材之后，可以请店内工作人员现场加工，实现即买即烹，现场食用，图 9-7 所示为盒马鲜生门店内的就餐区。这种模式不但深受消费者的欢迎，提升了门店客流的转化率和线下体验，而且通过生鲜品类和餐饮制作深

图 9-7 盒马鲜生门店内就餐区

度结合，解决了生鲜经营中最难的商品损耗问题。

五、家居建材：借新零售模式为消费者创造全新购物体验

当前已经进入买方市场时代，80后、90后等新消费人群，在互联网环境下长大，他们对于家装类商品有着更为个性化和便捷化的需求。当这个群体成为家居市场的消费主力，传统的营销渠道和方式纷纷失灵，家居卖场的流量不断下滑，于是出现了家居新零售、场景化营销的概念。在新零售风口下，家居建材行业也在不断尝试新的经营模式，为消费者创造新的购物体验。

（一）家居建材行业的特点

家居建材行业是一个比较特殊的实体零售业。与其他零售业相比，它具有五个特性，如图9-8所示。

图9-8　家居建材行业的特点

1. 低频消费品

在日常生活中，家居建材类商品属于低频消费品。人们通常是在装修新房或翻修旧房时才会购买此类商品，所以此类商品的复购率较低。对家居建材品牌商和企业来说，要想通过商品和服务让同一个消费者复购十几次或几十次几乎是不可能的。

2. 商品关注度较低

在没有家装需求的情况下，很多消费者不会主动去了解和关注家居建材类商品，也不会在休闲时间去逛建材市场。因此，对家居建材品牌商和企业来说，谁能做好消费者教育，在消费者产生购买需求之前让自己的品牌和商品占据消费者的心智，谁就能在市场中占据更多的优势。

3. 商品信息较复杂

家居建材类商品包含的信息较为复杂，以木门为例，消费者在购买木门的时候，需要了解木门的设计风格、颜色、花色、材质、尺寸、五金构成、门锁功能等一系列信息。消费者要想搜集这些信息，需要花费大量的时间和精力。对家居建材品牌商和企业来说，如何以简短、精确、形象化、可信任化的方式向消费者传递这些专业知识，是未来转型的关键点之一。

4. 注重消费体验

消费者在购买家居建材类商品的时候，需要考虑商品的大小、颜色、风格等是否与房屋的装修风格相符，是否符合自己的喜好。这就要求消费者要亲自到线下的实体店去现场观察、比较和体验商品。由此可见，家居建材类商品更加注重消费的场景感和体验感。

5. 商品销售周期长

部分家居建材类商品，如橱柜、衣柜、沙发等，需要根据客户家装的风格和户型大小进行定制，一般是消费者在线下实体店选好款式后，由实体店的工作人员上门测量房屋尺寸，再向工厂下单定制商品。由于商品需要定制，商品所需要的交付时间较长，导致商品的销售周期变长。

（二）家居建材行业向新零售转型的四种方式

在新零售时代，家居建材行业应该坚持以消费者为中心，注重场景式营销，通过高品质的商品和服务来满足消费者对于理想家庭生活的诉求。具体来说，家居建材行业向新零售模式转型主要有以下四种方式。

1. 线上、线下融合

不少家居建材品牌商和企业开始利用"网络平台＋实体店"的模式，打通线上、线下，并走上线上、线下深度融合的道路，逐步向新零售模式转变。

例如，Nola 采取"线上服务＋线下体验"的方式，开启定制家居行业新模式。Nola 是由互联网家装垂直平台齐家网和定制家居企业好莱客合资成立的一个全新全屋定制品牌，该品牌以"轻时尚、轻生活"为品牌理念，致力于通过商品品质与服务为消费者提供独特的购买和居家生活体验。

Nola 生来就具有齐家网的互联网基因和好莱客的定制基因，形成了"互联网线上服务＋线下场景体验"的定制家居新零售模式。消费者在 Nola 网站预约全屋定制服务后，由好莱客运用终端软件设计系统快速出具全屋设计效果图，最后消费者到线下专卖店体验成交。

在线下专卖店的经营上，Nola 充分利用齐家网的线上流量资源为各个终端专卖店吸引流量。在产品研发上，Nola 借助好莱客超强的产品研发能力，全新研发适合于 Nola 市场定位的产品，并依托好莱客智能制造和系统建设方面优势，确保 Nola 定制产品的品质、产能、交期，从而保证为消费者提供高品质、高保障定制家居服务。

凭借齐家网在家装行业拥有的巨大流量优势，以及好莱客先进、成熟的产品生产制作资源，Nola 品牌既解决了专卖店的客流问题和产品销售问题，同时又解决了产品的定制化生产问题，为全屋定制行业开创了全新的发展模式。

2. 从销售商品转向倡导生活方式

家居建材品牌商和企业在销售商品的同时，可以向消费者倡导并传递某种生活理念，对消费者产生潜移默化的影响，进而引导他们关注相关商品。在这个过程中，"生活方式至上"会成为关键点。

在倡导一种生活方式促成消费的过程中，体验是促成消费者购买商品的关键因素。因此，通过构建某种生活场景让消费者形成直观的感受和体会至关重要。在这一方面，一些品牌商和企业已经做出了有益的探索，它们通过分析自身的销售数据，勾勒出目标用户画像，掌握目标用户群体对生活方式的诉求，然后在线下实体店搭建相应的生活场景，将低频的家居消费场景嵌入高频零售场景中。

林氏木业作为家居建材行业新零售模式的试水者，与阿里巴巴开展深度合作布局智慧门店，将家具与玩乐融合，构建沉浸式购物体验场景。在智慧门店中，林氏木业抛弃了常规的按照家具风格划分门店空间的模式，而是将商品融入生活方式中，通过深化场景互动为消费者带来沉浸式的购物体验，让消费者在体验某种生活场景的过程中产生消费动机和行为。具体来说，林氏木业布局的智慧门店具有以下特点。

（1）以不同用户群体划分空间，构建体验式场景

林氏木业分析了温馨家庭、年轻情侣和单身一族三种用户群体的画像特征，然后以这三种用户群体划分门店的空间，分别构建符合这三种用户群体需求的生活场景，然后引导消费者在这些场景中进行体验，并产生消费。

（2）将家具体验与玩乐相融合

林氏木业联合天猫超级品牌日，将旗下一家北京门店打造成汇聚潮流生活、家庭娱乐、聚会派对、休闲打卡购物于一体的"造乐 Home 趴馆"。场馆包括游戏街区（见图 9-9）、乐动空间（见图 9-10）、元气能量站、焦点派对

等多个潮流主题空间，让消费者在轻松的购物环境中边玩边逛，在逛和玩的过程中产生消费欲望。

图 9-9　游戏街区　　　　图 9-10　乐动空间

（3）智能购物云货架展示商品

林氏木业智慧门店通过使用互动大屏、云货架等智能产品，在门店内以投影的形式直观地展示商品，为消费者提供更多款式、更多颜色的商品选择，突破了实体门店因空间有限造成的所能展示商品数量有限的局限性。

3. 满足细分消费群体个性化需求

在家居建材行业，80后、90后形成了新的细分消费群体，他们有着独到的审美和生活方式，不盲目跟风、不随波逐流是他们的特质。面对需求个性化、审美小众化的细分消费群体，家居建材品牌商和企业提供的商品和服务应该更加细分化，大到整屋定制、全屋硬装，小到一件装饰品或摆设，都要十分考究。因为只有提供符合消费者需求的商品，才能促使其购买。

4. 为消费者提供解决方案

目前，消费者在购买家居建材类商品时通常是购买单品，并根据自身喜好和装修风格自主搭配。这主要是由两个方面的原因造成的：一是品牌商和企业为消费者提供的服务通常较为单一；二是家居市场存在一些不规范的操作，导致消费者不敢轻易尝试让家居建材品牌商和企业为自己提供装修解决方案。

未来，随着家居建材行业不断规范化的发展，能够为消费者提供从家装设计到全套家装建材、家具的服务商会越来越多；服务商在为消费者提供家居建材类商品的同时，还能为消费者提供装修解决方案。

服务商可以采取以下两种思路来实现为消费者提供解决方案的运营模式。

(1）销售商品 + 服务

家居建材品牌商和企业不仅要销售商品，还要不断地从商品中寻找它的延伸价值，增加与消费者的接触点，为消费者提供除了商品以外的更多的增值服务。例如，对于销售涂料的品牌商和企业来说，除了向消费者销售涂料外，还可以为消费者提供上门刷墙服务，创造新的价值增长点。

(2）提供全套解决方案

家居建材品牌商和企业可以为消费者提供全套解决方案，以满足消费者在某个特定场景下的多种需求。例如，厨房电器品牌商和企业为消费者提供智慧厨房解决方案，以满足消费者在厨房这个场景中的多种需求，例如抽油烟机可以在线查看菜单，借助中控面板可控制烤箱开关、温度和时长，通过冰箱触摸屏可实现冰箱储物管理和在线下单补菜等操作。总而言之，就是通过采取智慧厨房解决方案，将在厨房里需要做的事情和可能会遇到的情况都给出智能化的解决方案。

（三）线上商城 + 实体店，线上、线下互相赋能

对家居建材品牌商和企业来说，通过采取"线上商城 + 实体店"的模式，线上、线下互相赋能是实现向新零售转型的有效方式之一，具体操作可以分为两个环节。

1. 打造"商品 + 服务"线上商城

2010 年前后，部分家居建材品牌商和企业开始尝试建立线上商城进行互联网化的转型。对家居建材品牌商和企业来说，向互联网化转型的最终目的是打造一个线上端的"商品 + 服务"商城。要想更好、更快地实现这个目标，家居建材品牌商和企业可以以自营标准化商品为切入点，然后逐步扩大服务范围，最终打造出"商品 + 服务"线上平台。具体来说，分为以下三个步骤。

第一步：创建销售"标准化家具 + 家庭生活用品"的线上商城。

在家居建材行业，家庭装修基础建材，包括定制型衣柜、橱柜、床等商品一般是不适合通过线上渠道销售的，因为这些商品需要由工人入户进行尺寸测量、款式设计、安装等。线上更适合销售标准化家具，如标准化的沙发、桌椅、床等。由于这些商品是标准化商品，可以摆脱对线下实体店的依赖，实现全国范围内配送。

虽然沙发、桌椅、床等标准化家具能够实现全国范围内配送，但是这些商品的复购率较低，无法保证线上商城的流量。因此，在线上商城销售标准

化家具的同时，家居建材品牌商和企业可以在线上商城同时销售小件的家庭生活用品，如床上用品、锅碗瓢盆、小型家电等。这些商品体积小且复购率高，能够有效保证线上商城的日活跃用户数量，保证线上商城的流量。

第二步：扩大线上商城经营范围。

依托线下实体店能够提供现场服务的优势，将线上商城的销售范围扩大到家装定制类商品和基础建材类商品。

家装定制类商品和基础建材类商品需要入户测量尺寸、安装等，且这些商品的生产周期较长，所以对创建了线上商城的家居建材品牌商和企业来说，线上商城销售的这些商品可以交由专业的第三方品牌商和企业负责，即邀请家装定制化商品和基础建材类商品生产品牌商和企业入驻自己的线上商城，然后由他们为消费者提供商品和服务。

线上商城为这些第三方品牌商和企业提供线上业务渠道，帮助它们拓宽业务渠道。同时，这些第三方品牌商和企业借助线下实体店的优势，为消费者提供上门服务，丰富线上商城的服务内容，最终使线上商城和第三方品牌商和企业实现双赢。

第三步：形成家装服务提供商。

线上商城引入家装公司和家装设计师，形成能够为消费者提供从家装商品款式设计到商品生产、安装等各个环节服务的家装服务提供商。

这一步是最难的，但也是最有价值的。家居建材品牌商和企业构建的线上商城成长为家装服务提供商之后，就相当于抓住了家装入口处的资源，就能彻底打通从家装商品设计到商品零售的整个环节，为消费者提供家装商品设计、安装一条龙式服务，节约消费者的时间成本。

2. 优化线下实体店体验场景

线上商城能够为家居建材品牌商和企业吸引巨大的流量，而线下实体店所要做的就是通过场景创新为消费者提供商品体验场景，提高消费者的停留时长。

（1）在功能上对线上商城做出补充

家居建材类商品注重消费体验，且商品销售周期长，因此线下实体店为消费者提供的现场服务就尤为重要。当线上商城销售的商品延伸到家装定制类商品和基础建材类商品，并引入家装公司和家装设计师入驻之后，线下实体店内也需要同步布置线上商城中的商品进行展示，并入驻部分设计师。

（2）严选商品

在线下实体店内布局多种款式、数量巨大的商品，虽然能为消费者提供更多的选择，但也存在一定的弊端：一方面，对商家来说，数量众多的商品会增加商家的销售成本和库存压力；另一方面，对消费者来说，消费者需要花费大量的时间在大量雷同的商品中选择最符合自己需求的商品，这会增加消费者的时间成本。

因此，线下实体店要对商品严选和把控，恰到好处地控制店内的商品数量，帮助消费者解决选购时间长的问题。此外，要精心设计实体店内商品的摆放方式，既要体现商品的品质调性，又要为商品留下自由搭配的空间，为消费者创造更为舒适的购物体验，让消费者轻松选购。

（3）丰富实体店场景空间体验

家居建材品牌商和企业可以颠覆传统家居零售商场的空间模式，在实体店中融入饮品区、休憩区、阅读区等元素，丰富实体店的场景空间，为消费者打造更加轻松、惬意的休闲场景。

当然，这些休闲元素的融入都要与实体店内的商品形成有机的融合，这样才能让实体店在发挥展示商品、销售商品功能的同时，兼具让消费者休闲、放松的功能，从而提高消费者的停留时长，刺激其下单购买商品。

六、母婴行业：用"实体店＋互联网"突破壁垒

在传统零售模式下，由于母婴行业的信息不对称，商品毛利较高，零售企业只要开店就能赚钱。现如今，随着移动互联网的高速发展，孕婴童渠道逐渐成熟，消费者能够非常便捷地获知某一产品所有商家的信息，并能全面了解产品的生产过程、原材料等信息，行业信息公开化、透明化，商品毛利逐渐下降。

虽然二胎政策的落实使新生儿数量增加，母婴行业规模持续扩大，但随着资本进入、电商分流、传统零售卖场对孕婴童产品重视度的提升，再加上母婴市场的变化速度太快，消费者的消费习惯与消费方式多种多样，传统的母婴零售方式已经难以满足新一代母婴消费群体的需求，那些中小型母婴店的经营遇到瓶颈。

随着新零售时代的来临，线上与线下的融合正好为母婴行业变革营销模式提供了契机，"实体店＋互联网"成为母婴门店的突破口，这种全新的母婴

新零售将逐渐取代传统的母婴零售模式。一方面，消费者可以在线下体验产品与服务；另一方面，消费者可以享受线上便捷的下单、配送服务。传统母婴企业必须快速反应，改革经营策略，抓住机遇，吸引更多的消费者进店消费，增强自身的竞争优势与竞争力，以在激烈的市场竞争中获胜。

"实体店+互联网"的母婴经营模式是母婴企业实现线上线下双赢的经营策略。这种新的营销模式是如何突破壁垒的呢？

1. 从经营商品转变为提供服务

如今，80后、90后已经成为母婴消费市场的主力军，他们渴望获取专业的母婴知识、育儿经验和优质服务。

随着信息技术的发展，移动互联网的普及，新生代父母更愿意通过语音、视频等方式获得实时在线健康咨询、专业权威的母婴知识指导等。通过服务引入商品，这种"服务+商品"的形式给消费者提供了一颗定心丸，不仅可以增加消费者对其的信任，还能最大限度地增加消费者的黏性，增加客流量。

这种经营模式实现了把母婴消费由单纯的购买商品提升到了服务体验，这也是最触动和直接占领年轻母婴消费群体的有效"良方"。只有服务好目标消费者，才能最终实现母婴消费市场的最大化释放。

2. 结合社群营销，促进实体店经营发展

人们在任何时候都离不开社交，社交是当今社会人们最基本的需求之一。随着移动终端和互联网的普及，人们获取信息的渠道不再局限于传统的纸媒、电视媒体、户外广告等，而是转移到了移动互联网领域，年轻一代的消费群体不愿意再听从老一辈的育儿经验，他们更愿意通过微信、QQ、微博等移动社交平台与人沟通、交流，他们更加倾向于加入一些垂直类社群进行分享、讨论并学习诸如KOL（意见领袖）们的育儿经验。

实体母婴店应该围绕消费者的这一特点紧抓机遇，迅速构建社群营销，例如，建立同一定点位置的微信社群，有条件的门店还可邀请儿科医生加持，提升社群用户的信任度。以社群为基础，提供准确的商品服务，并在社群中进行心得交流，这种营销模式能够更深程度地提高用户的黏性。

3. 母婴实体店+电商，优势互补促进发展

在现实生活中，消费者的购买心理千差万别。任何企业都必须熟悉消费者的心理，挖掘消费者的需求。只有这样才能运用各种有效营销策略和手段对消费者投其所好，促成消费。

（1）实体店与网店对接

如今互联网已经深入人们的日常生活，实体门店必须与线上网店对接。母婴实体店只有拥有自己的网络店铺，才能实现无时空限制的线上购买服务，弥补传统实体店因闭店无法继续销售的缺陷。

目前，在母婴电商领域，除了天猫、京东、亚马逊等综合型电商平台之外，还有一大批垂直电商平台，如蜜芽宝贝、好孩子、贝贝网、孩子王等。同时，还出现了一些以妈妈网为代表的母婴社区和以辣妈帮为代表的移动母婴电商平台。此外，贝因美等品牌商也建立了自己的电商平台。

（2）实体店智能化升级

实体店要想办法摆脱以往单纯的销售，朝体验式销售、深度服务转型，如今消费者进店的目的不再只是购买产品，而是朝着产品体验、了解产品、提取货物、享受售后服务等方向扩展。对实体店进行智能化升级，实现功能多元化，以满足消费者的新需求。母婴实体店要对硬件进行智能化升级，为门店增添资讯、体验、展示等功能，不仅能提升用户的进店率，还能提升线上网店的销量。

4. 利用大数据分析指导店内商品销售

当前，信息规模呈现出爆炸式增长，如抖音、快手、微博、微信、贴吧、论坛、新闻评论、电商平台等场景中每天产出的文本、图片、音频、视频等各种数据信息数不胜数，内容覆盖企业信息、个人信息、行业资讯、商品使用体验、商品浏览与成交记录、商品价格动态等各个方面。

有效提取和挖掘这些海量数据，能够形成母婴行业大数据，通过大数据分析可以为母婴行业市场营销提供科学、客观的数据支撑。具体来看，市场营销中对商品、渠道、价格、消费者等要素的准确把握离不开有效的大数据采集与分析。

（1）基于大数据了解目标市场

基于大数据收集分析全面了解目标市场状况，如市场竞争态势、竞争对手优势和不足、自身产品的市场定位等。只有"知己知彼"，才能在竞争中立于不败之地。

（2）深度挖掘分析消费者档案数据

通过对积累的母婴消费者档案数据的深度挖掘分析，精准刻画消费者画像，了解目标消费者的行为特质、价值取向、消费需求和偏好等信息，实现精准个性的信息、产品与服务推送，提高消费者的企业忠诚度。

深度分析消费者的消费行为和兴趣偏好，可以得到消费者购买母婴产品的支出状况、选择的产品渠道、青睐的产品类型、产品使用周期、购买目的、家庭状况、工作和生活环境、个人消费理念等多方面的信息。如果母婴企业在日常经营活动中注重这些消费者数据信息的收集、积累和整理，即可建立消费者大数据库。

（3）大数据创新母婴行业需求开发

在大数据时代，网络新媒体的发展普及，使人们的信息分享行为更为便捷、自由，并由此形成了"网络评论"这一公众主动进行信息分享的舆论形态。大量网络评论形成的交互性大数据为挖掘相关市场潜在需求提供了巨大的想象空间和可能，需要企业高度重视。

人们经常能看到某个产品的使用体验信息，如产品的优点、缺点、功能需求、质量好坏、美观性、款式样式等内容的点评信息，这些评价内容是产品需求大数据的主要来源。同时，消费者对产品、品牌和企业的评价不但越来越专业、理性和客观，而且评论渠道也更加多元。

通过对大数据库中各维度数据信息的有效分析处理，母婴企业可以及时调整优化市场营销方案，制订更有针对性的营销战略，改变以往的经营管理模式，积极利用自动化数据信息采集软件收集、积累自身和整体母婴行业的相关数据，建立大数据库，并通过大数据分析实现精确的品牌市场定位、精准营销、成功的收益管理和潜在的市场需求开发，从而提高自身的市场竞争力和收益水平，在竞争日益激烈的母婴市场中站稳脚跟。

5. 打造半径商圈服务，增添异业联盟

母婴实体店铺要不断扩大自己的商圈服务范围，包括服务空间半径和服务时间。服务空间半径就是母婴店可以覆盖的服务区域（商圈半径），一般较为固定，但也可以通过提供送货上门服务等方式进行拓展。服务时间主要围绕消费者的行为习惯来确定，需要母婴店具有敏锐的客户洞察力。根据目标消费群体在不同时间维度的消费特质，对商品和服务进行有针对性的优化调整，有助于增加店铺的交易人数。

还可以根据需要增添异业联盟，如果母婴实体店位于社区内，为了提升用户的进店率，增加消费机会，这类母婴店还可以加入菜鸟联盟、亲子教育等。同时，母婴实体店还要发展网络经销商，增加单件商品销量，推行口碑传播，提升进店率，增加到店消费人数，形成O2O闭环。

在新零售时代，母婴实体店与互联网结合是促进其发展的重要因素。因此，母婴实体店必须为自己所处区域的用户提供优质的服务，最大限度地将用户的消费潜力挖掘出来，将线上、线下结合起来，实现"互联网营销"与"实体服务"合力并行，构建完整的O2O生态系统。

线下实体店向线上发展是互联网经济发展的必然结果，其典型代表是乐友。这个母婴连锁品牌的线上发展之路经历了三个阶段：实体店，实体店+网店，实体店+网店+APP。

乐友一直致力于为消费者提供安全健康、高性价比的母婴产品，通过全球精选的方式，与国内外优质供应商合作，在品牌门店上花费心思，从陈列方式和展现方式上能够为消费者打造高品质化、深度体验化的场景。在行业内，乐友率先确立了线上线下相结合的孕婴童零售模式。那时，乐友迈出的一步就是如今正火热的"新零售"。

2014年10月，乐友APP的出现如虎添翼，把电商基因和多年累积的门店管理经验融合在一起，实现"实体店+网店+APP"的运营模式，如图9-11所示。直至如今，乐友一直保持着行业的领先地位，并注重新渠道的开辟。乐友注重打造专业化服务，积极开发自主品牌，打通线上与线下渠道，促进全渠道整合发展，以此为用户带来安全、健康、专业的母婴服务。

图9-11 乐友天猫网店

七、餐饮行业：场景升级实现精准化用户营销

新零售的到来促使餐饮行业发生了很大的变化，人们对餐饮的需求从最初的温饱升级为社交需求、场景体验。场景是消费的入口，相当于餐厅与消

费者之间的情感纽带。恰到好处的场景能够将餐品、服务、品牌等要素融合在一起,并充分链接消费。

餐饮营销正在经历场景化、精准化的蜕变;如何更精准地锁定目标消费群体,并将受众沉浸到消费场景中,也是当下餐饮企业需要深思的问题。特别是在大数据背景下,有了消费者的精准画像,越来越多的餐厅通过场景优化迎合消费者的喜好。对于消费场景的升级与应用,从当下餐饮消费的角度来讲,是以特定的场景为背景来完成与衬托更美好的消费过程。相对于以往消费者单纯的"产品诉求",有温度的"价值认同"更能赢得消费者的关注和信任,这就是新零售时代"新餐饮"的发展趋势。

市场大环境的变化要求餐饮行业必须开展场景革命,进行消费升级,这样才能满足消费者不断变化的新需求,实现更加精准化的用户营销。餐饮业的消费升级不仅仅局限于"吃喝",为了适应市场需求,很多餐饮品牌拼起了"体验",而餐饮的场景升级正是提升体验、模式创新的重要一环。

1. 环境有设计感,餐品独特,表述新生活方式

现代年轻消费者的餐饮需求不只是餐品的口感,他们更在意用餐环境,更重视用餐的仪式感。象征着新生活方式的创新餐饮形式逐渐成为餐饮业的主流,而那种"为吃而吃"的餐饮时代终将走向末路。

例如,沙县轻食以其日系和风的清新文艺的装修风格、精致的摆盘、洋气的菜名(如古法手作卤香干、精致蔬菜沙拉、回味无穷卤蛋等)迅速赢得年轻消费者的喜爱,成为他们的轻食首选、"打卡"重地。究其原因,助力沙县轻食收获高关注度的主力军不是沙县小吃的原有消费群体,而是向往精致美好生活的年轻人,他们才是沙县轻食的核心目标受众。

2. 扩充消费渠道,营造社交场景

现代社会,单一的消费场所和商业模式很难吸引消费者,这样的餐厅也不会给他们留下深刻的印象,即使消费者在此消费,复购行为也不会出现。如果在顾客进店消费时,餐厅能营造一些社交化的场景,做一些社交性质的活动,顾客会更愿意参与进来。顾客有了切身体验,就愿意分享传播。事实也证明,如今的消费者越来越愿意为特定的场景买单。

许多餐饮企业通过设立诸如情侣包厢、情侣茶座、情侣套餐、情侣烧烤等服务项目来满足人们追求仪式感的情感诉求,或者以加强家人的团聚、朋友的聚会、父母子女情、兄弟姐妹情、同学情等来调动人们的消费欲望,满足人们商业会谈、情感交流、朋友聚会等方面的需求,为其提供更好的环境

氛围、更周到的服务、更形式化的场所和更丰富的饮食选择。

不管是自带零售属性的饮品、咖啡，还是纵向挖掘零售产品的火锅与传统菜系，线上线下相结合的新零售模式正在让产品体验契合更多的场景，最终让餐厅拥有更多的营收项目。

例如，瑞幸咖啡的品牌战略是无限场景。通过旗舰店、优享店，甚至企事业单位内部店等不同的店面形式与主题，堂食、外卖、外带等不同的消费方式，瑞幸咖啡将咖啡融入了不同的场景。将咖啡的消费与饮用场景无限化，目的不仅在于拓宽销售渠道，还在于提升中国人的咖啡饮用意识，从根本上提升国人的咖啡消费频次。

3. 跨界打造休闲、娱乐、社交、艺术等多种属性

如果说场景的意义在于将餐饮运营的各个板块融合起来链接消费，那么跨界的意义就在于将不同的场景融合起来链接消费。跨界让餐饮业走向了一个"一切皆有可能"的奇妙旅程。场景的跨界不仅促进了不同诉求场景的用户群流动，也让餐饮业的创新层出不穷，新的品类也在跨界中诞生。

（1）火锅＋茶饮

以呷哺呷哺旗下高端火锅品牌凑凑为例，凑凑奶茶的高颜值和口感赢得了不少年轻消费者的好评，凑凑火锅就是以"火锅＋奶茶"的经营模式扭亏为盈，其差异化服务给消费者留下深刻的印象。还有小龙坎的龙小茶、渡娘火锅的"度娘的茶"、海底捞的一起嗨等，饮品从昔日的配角变成火锅店里不可或缺的元素。

面对永远追求新鲜感和体验感的年轻消费者，将"吃"与"喝"合为一体，满足他们的"餐与饮"诉求，构建更多的品牌认知点，增加餐厅的盈利，将与核心产品相关的高频热点诉求放置于同一个消费场景之中，催生 1+1>2 的效果。

（2）美食＋音乐

就像酒吧与体育比赛搭配才相得益彰，美食也少不了音乐相伴。音乐餐厅如今日渐流行，例如胡桃里（见图9-12）就是一家定位"从晚餐就开始的夜生活"的音乐酒馆，它有着餐饮的属性，类咖啡厅的场景，又通过音乐与酒发酵出餐饮与

图 9-12　胡桃里

咖啡厅不具备的浓烈气氛……

通过餐饮、音乐、酒馆及艺术气息的跨界融合，胡桃里成为餐饮业的一个"新物种"。这个"新物种"吸引人气的根本原因不是满足了人们的猎奇心理，而是将几大消费板块的人群通过跨界引流至一处，形成了庞大的潜在消费人群。

4. 借助互联网科技，打造智慧餐厅

科技发展日新月异，餐饮行业也因此拥有更多的手段打造全新的饮食场景和感官体验。2018 年，海底捞、京东、五芳斋纷纷抢滩智慧餐厅市场。智慧餐厅能够让顾客切身感受科技带来的高效率和新潮感，体会到高度人性化的服务。

例如，福建有一家被誉为"火锅界 MUJI"的餐厅"山川食集"，利用人脸识别技术分析顾客的饮食习惯和口味喜好；在顾客点餐时，服务员根据智能系统传送来的数据分析结果，为顾客推荐既对味又营养的最佳菜谱。这些满载科技装备的智慧餐厅是火锅行业将服务与新科技结合的有益尝试，能够带给消费者探索式、浸入式的用餐体验，对整个餐饮行业会产生深远的影响。

5. 绿色食品、契合人们追求健康的生活理念

近年来，越来越多的消费者注重健康饮食，许多餐饮企业据此推出了一系列的促销措施，如推销健康食谱、引进健康信息（如提供与健康、运动相关的杂志，或附设健康俱乐部、瑜伽教室，或放映外国运动影片，举办健康食谱讲习班等）、提供健康设施（如设置按摩器、健身器、氧气供应等）、提供健康环境（如禁烟餐厅）等，以此适应消费者观念上的变化。

绿色天然食材备受消费者青睐，富含高纤维的蔬菜水果，没有污染且营养丰富的野菜，在餐馆菜肴中所占比例日渐增大，而原来作为餐馆的主菜、大菜的高脂肪、高蛋白食品则退居次要地位。

6. 重视个性化、特色化、形象化的服务

随着人们生活水平的提高，消费需求也日趋个性化，这要求餐饮企业重视消费者的实际需求，根据具体的消费场景、消费时间、消费对象提供有针对性的服务，并据此塑造符合消费者要求的企业形象；如情人餐厅、球迷餐厅、小盏餐厅、离婚餐厅等。

从现代消费者的消费心理来分析，许多人在进行某种消费时，不仅是在消费商品本身，也是在消费商品的名气和通过商品体现出来的形象；因为形象具有一定的象征价值，能够满足人们对身份、地位等方面的追求，能够让

人产生自豪感，或者成为一种谈资、一种经历。

7. 必要的道具配合餐厅的场景搭建

现代消费者在消费时往往带有许多感性的成分，容易受到环境氛围的影响。在饮食上可能不太注重食物的味道，但非常注重进食的环境与氛围。很多餐厅力图营造出各具特色的、吸引人的种种情调，依靠一些道具的配合搭建出或新奇别致，或温馨浪漫，或清静高雅等场景。

例如，某大学旁的"一点点奶茶店"，在门口搭建了一面主题墙，上面写着"爱她就请她喝奶茶"，还为顾客提供精美的笔和便利贴，让顾客将想说的话写下来，然后贴在墙上，粘贴成爱心的形状，形成了一面表白墙，有很多学生，特别是女生买了奶茶之后纷纷留言。喝奶茶，表心愿，并拍照留念，很多人还会分享到自己的朋友圈传播扩散。

八、文化商品：创意 + 商业，用情怀打造商业体验空间

在新零售模式的冲击下，实体商业逐步进入特色化、主题化的体验经济时代，文化商品零售行业也涌现出多种新型模式。以诚品书店、言几又、西西弗书店等为代表的主题集合书店将文化创意与商业相结合，创造出了一种独特的商业体验空间。

与传统实体书店不同，诚品书店、言几又、西西弗书店等书店采取复合经营的模式，店内融合了书店、咖啡、艺术品展览等多种业态形式，具有社交化、跨界符合经营的特点。下面就以诚品书店、言几又、西西弗书店等文化集合书店为例，剖析文化创意零售向新零售转型的方式。

（一）融合关联业态，实现多元覆盖

一个新兴品牌的成功往往需要经历一段漫长的成长过程，由于文化性的集合品牌自身特殊的属性，更需要下一番功夫，要融合多种业态，创造多元覆盖的经营模式。

例如，言几又以书店为载体，构建"书+X"场景融合。言几又创立之初，它只是一家店面面积100多平方米的民营实体书店，后来经过多次迭代升级，从一个社区书店逐渐成长为融合多种业态形式的"文化生活体验空间"。

在经营理念上，言几又强调自己是公共文化空间的策划者，始终践行"生活方式提案"的理念，将书作为纽带，以书店为空间载体，构建了"书+X"的场景融合，将书籍、艺术装饰品、影音商品、餐饮等多种生活场景融入门店，有的门店甚至引入美甲、美容等业态，以书为核心实现了多元覆盖，颠覆了传统书店只有阅读场景的理念。图9-13所示为言几又一个门店中的艺术装饰品展区。

图9-13 言几又门店中艺术装饰品展区

当然，除了在书店内融入多种关联业态外，定期举办线下活动也是文化集合书店丰富服务内容的表现之一。言几又常常举办签售会、读书会、讲座分享等活动，参加活动的书友可以在一起交流读书心得和体会。在书友的眼中，言几又不仅仅是一个书店，更是一个交友、交流的社区。

（二）以文化为核心，做文化衍生品，扩大品牌延伸价值

在物质生活发达的当下，在消费过程中人们越来越注重对社交需求、自我实现需求的追求。其中，人们对自我实现需求的追求尤为显著。因此，人们都很喜欢将人群属性标签化，于是就诞生了诸如"文艺青年""小资情调"之类的人群属性标签。很多商业场所和商品都愿意迎合人们的这种心理需求，通过赋予自身某种标签向人们释放某种心理暗示，从而刺激人们产生消费的欲望。文化类商品本身就具有易制造标签的特性，因此文化创意零售商品可以借助某种标签与目标用户群体在价值观上形成共鸣。

方所是一个以当代生活审美为核心，涵盖书籍、美学生活品、植物、服饰、展览空间、文化讲座与咖啡的公共文化空间，可以说方所是一家倡导美学

生活方式的书店。方所的运营者期许方所作为思想汇集者、美学生活重构者、公共文化空间策划者，将一个创造性的生活实验空间带给城市，成为汇集人潮、激荡思想的多元素发表平台，并开创一种富有生命力的新城市生活模式。

方所给定义自己为："方所是一群懂生活的人喜欢聚集的场所，要为懂得文化创意生活的所有人提供中国未来可能的美学生活方式。"方所的运营者认为，商业只是他们的手段，文化才是最终目的。方所不只是一个售卖图书的书店品牌，更是一种文化生活方式的标签。

除了以文化为核心，为自己贴上强调某种文化生活方式的标签外，一些书店也衍生出了不同的业态、品牌，丰富了书店获得盈利的渠道，拓展了书店文化长久发展的空间。

例如，西西弗书店成立于1993年，是一家全国性主题体验连锁精致书店，其坚持以文化为核心，延伸品牌价值。长期以来，西西弗秉承"参与构成本地精神生活"的价值理念，以"引导推动大众精品阅读"的经营理念发展连锁书店。在持续的发展过程中，西西弗始终坚持以文化为核心，创立了矢量咖啡、"不二生活"创意空间、七十二阅听课等子品牌。这些子品牌都是文化的衍生品，是西西弗坚持以文化为核心的体现。

（1）矢量咖啡：创造舒适的阅读体验

西西弗创立矢量咖啡就是为了给消费者创造舒适的阅读环境。矢量咖啡馆的设计极具欧式风情，里面的环境非常舒适、独具情调，落地大玻璃窗于气派中透着浪漫，突出阅读的时代感和现代感。

矢量咖啡馆作为阅读体验的延伸，以制作专业的意式咖啡、搭配精美西点、饮料为主要形态，为读者提供香浓的咖啡、舒适的阅读环境及惬意的交流空间。在这里，咖啡对读者来说是一种生活享受，也是一种阅读情调。

（2）"不二生活"创意空间：用文化创意产品传递生活方式和态度

西西弗希望在书与艺术之间开发、引进独特的文化创意商品，这是对文化理念、文化生活的延伸，也是西西弗书店区别传统书店的特色之一，于是就诞生了"不二生活"创意空间。

"不二生活"创意空间就像一个平民的艺术舞台，这里不仅有各大优质品牌的经典创意产品，还有西西弗自主研发的文化创意产品，如笔记本、咖啡杯、书签、手工布袋……产品形式多种多样，创意层出不穷。在这里，消费者不仅能够接触到各类趣味小物，还能感受到一种生活方式和态度。图9-14所示为"不二生活"创意空间里的环境。

图 9-14 "不二生活"创意空间

（3）七十二阅听课：用阅读构建儿童乐而忘返的快乐场所

"七十二阅听课"儿童阅读体验空间（7&12 Reading Call）是西西弗专门为 0~12 岁儿童打造的阅读体验空间，意在让儿童在快乐的氛围中学习知识，获得成长。其英文名"Reading Call"取自"阅听课"，"Reading"的意思是"阅读"，而"Call"有"闹钟""唤醒"的意思，寓意"阅听课"的存在像闹钟一样唤醒儿童的阅读兴趣，培养儿童的阅读习惯。

"七十二阅听课"儿童阅读体验空间采用直观、明确的顾问式导航系统，基于儿童不同成长阶段的特点，将书籍按照 0~3 岁、3~6 岁、6~12 岁三个年龄阶段分类。同时，在场地内开辟出适用于全年龄段的"卡通动漫""绘本天堂""知识探秘""艺术萌芽"四大类别图书区，最大限度地方便家长和儿童根据自身需求选择书籍。图 9-15 所示为"七十二阅听课"儿童阅读体验空间的环境。

图 9-15 "七十二阅听课"儿童阅读体验空间

（三）美学场景设计，营造富有趣味性、归属感的空间

人们的心理容易受到空间场景的影响，在不同氛围的空间里从事不同的活动，能够产生不同的体验，就像是在餐厅、KTV、图书馆里的感觉是完全不一样的。包含多种业态的书店并不是将各种业态中的场景堆放在一起，然后将各类商品上架陈列那么简单。书店内空间的设计要在具有美学性的基础上兼具趣味性，要能触动消费者的心，让消费者产生归属感。

例如，诚品书店苏州店构建了"游逛式"阅读体验场景，其整栋建筑以"净""探""聚"为设计理念，将整栋建筑定位为"一座人文阅读、创意探索的美学生活博物馆"，涵盖人文书店、文创平台与展演空间，以层次丰富的空间创造了一个集阅读、文创、观光、休闲于一体的复合式城市文化综合体，让喜爱阅读、追求美好生活的城市人群在探索的过程中体会到纯净、自然的本心。

诚品书店是诚品生活苏州店中的一个组成部分，在诚品生活苏州店中，诚品书店部分横跨整个二、三楼。要想进入诚品书店，首先需要从博览大厅踏过一座大型步梯。步梯一侧的墙上嵌入了大型书签，书签上列出了书店推荐的各类书籍；拾级而上，就像踏上了一段追溯历史的文学旅程，引领人们从博览大厅通向诚品书店。

诚品书店包括五大书区、四处特色空间、三家店中店，整个书店区域内长廊蜿蜒，将书与生活完美联结，传达着诚品书店款待人、款待书的精神，能够给消费者带来"游逛式"的阅读体验。

（1）五大书区

诚品书店中有中外文学、人文社科、艺术设计、生活风格、趋势学习五大书区。在图书展示区内，独特的镜面设计使空间更加开阔；15度微微倾斜的书架充分考虑了读者取书的舒适性，极具人性化。长廊内安装有台灯，消费者能够在自在的空间里沉醉于书的海洋。

（2）四处特色空间

除了展示图书外，书店内还设有诚品实演厨房 COOKING STUDIO、视觉实验室、文学茶荟与 mini cube 微课堂四处特色空间。

诚品实演厨房将厨房搬进书店，定期以不同的主题在书店里举办烹饪实演，并邀请料理专家现场教学，与观众分享经验。视觉实验室内展示了涵盖视觉、影像、动漫、自媒体等多种艺术创作形式的作品，以满足消费者对不同艺术作品的追求。文学茶荟区域展示的是与东西方茶道相关的书籍，以及茶具、

香器、精致小食等非书商品，以茶为媒介，将东西方茶道串联起来，使消费者在茶香四溢的空间里品读文字的魅力，感受品茗的乐趣。mini cube 微讲堂里会不定期举办文学、艺术等文化讲座，向人们传达台湾诚品的传统与意蕴。

（3）三家店中店

诚品书店内设置有诚品儿童馆、诚品风格/精品文具馆及墨册咖啡（blackpages CAFÉ）三家店中店。

位于二楼的诚品儿童馆为消费者提供儿童书籍、图画绘本、青少年读物、益智玩具等商品，以满足消费者家庭亲子阅读的需求。而在诚品风格/精品文具馆中，爱好创意的年轻人能够找到充满设计感的文具、工艺品和创意杂货。

文学气息浓郁的墨册咖啡是诚品书店自营的咖啡品牌，它是消费者逛书店的中转站，是消费者休憩、放松的场所。墨册咖啡品牌定位为"源自输液，研磨文字"，从味道、调性到环境都充满了人文气息。

此外，诚品将咖啡与音乐相结合，咖啡馆旁边的音像区售卖黑胶唱片与音像产品，不仅会播放民谣、爵士乐、古典音乐等，还会不定期举办音乐沙龙。消费者在墨册咖啡点上一杯咖啡，品读一本图书，再加上音像区播放的音乐，使咖啡、图书、音乐彼此交融，让来到这里的消费者体会到别样的意趣风情。

从建筑设计的角度来考量，诚品书店的空间设计呈现出一种戏剧感，其中蕴含着人文之美、艺术之美、创意之美，满足了人们阅读、观赏、休憩等多种需求，在给人们带来趣味感的同时，能够让人产生归属感。